普通高等教育"十二五"系列教材

能源动力类专业

电厂金属材料

（第四版）

主编　宋琳生

中国电力出版社
CHINA ELECTRIC POWER PRESS

内 容 提 要

　　本书为普通高等教育"十二五"系列教材，是热能与动力工程专业技术基础课教材，全书共分七章，除包括金属学原理、热处理、金属材料的基本知识外，还以一定篇幅阐述了高温金属材料的原理、性能和应用，以及电厂常见金属材料的失效、设备事故分析等内容。

　　本书为普通高等学校本科能源与动力工程专业教材，也是电厂汽轮机、锅炉、辅机以及修造行业技术人员自学教材，同时也可作为电力系统金属材料培训教材。

图书在版编目（CIP）数据

　　电厂金属材料/宋琳生主编. —4 版. —北京：中国电力出版社，2013.1（2025.1 重印）

　　普通高等教育"十二五"规划教材

　　ISBN 978 - 7 - 5123 - 3775 - 6

　　Ⅰ.①电… Ⅱ.①宋… Ⅲ.①发电厂—金属材料—高等学校—教材 Ⅳ.①TG14

　　中国版本图书馆 CIP 数据核字（2012）第 279843 号

中国电力出版社出版、发行
（北京市东城区北京站西街 19 号　100005　http://www.cepp.sgcc.com.cn）
望都天宇星书刊印刷有限公司印刷
各地新华书店经售

*

1990 年 10 月第一版
2013 年 1 月第四版　2025 年 1 月北京第三十五次印刷
787 毫米×1092 毫米　16 开本　11.25 印张　271 千字
定价 **32.00** 元

前　言

　　本书为普通高等教育"十二五"系列教材，是能源与动力工程专业技术基础课教材。本书第一版于1990年正式出版，自出版以后，受到广泛的好评，因此于2003年、2006年修订出版了第二、第三版。

　　随着电厂机组容量和参数的不断扩大，大容量、高参数机组动力设备所使用的金属材料的新技术、新工艺要求也在不断更新，这就要求教材要跟上电厂生产的实际需求，本书正是在这种要求下进行修订的。本次修订基本保持原书的框架，对书中金属材料的牌号和相关技术术语、符号和单位均按照最新的国家标准进行更新。另外，此次修订对书中大部分的显微组织图进行了重新描绘和修整，以期达到更好的效果。

　　本书由上海电力学院宋琳生修订。

　　在本书不断的修订过程中，先后得到了上海锅炉厂王德泰、东方汽轮机厂王培德、华东电力试验研究院刘琦和顾亚平、华东电力设计院陈子安和朱永柱、上海电力学院石钢生等同志的帮助，特此表示诚挚的感谢。

编　者

2012年11月

第 一 版 前 言

　　本书是根据 1987 年 4 月原水利电力部直属高等学校金属材料教学协作组会议十一所院校讨论通过的《电厂金属材料》教学参考大纲编写的，1988 年 5 月在武汉水利电力学院召开的机械类教学委员会会议上定为电厂热能动力专业教材。本书还可作为电力职工大学、各类讲习班的教材，并可供火电厂、电力修造企业的技术人员参考。

　　本书从各院校多年来的教学要求出发，既注重金属学的基本知识，又强调知识的实用性，密切结合生产实际和日益发展的大型火力发电厂对新材料的要求，力求使学生具备在设计、运行和维修工作中必需的金属材料知识和选材、用材的能力，特别是对热力设备和辅机耐热、耐蚀、耐磨材料的选用能力。

　　本书由上海电力学院宋琳生主编、华北电力学院齐纪渝参加编写，由武汉水利电力学院林咸成主审。

　　由于水平有限，书中的错误和不妥之处一定不少，恳切希望读者批评指正。

编　者
1989 年 11 月

目　录

绪　　论

　　《电厂金属材料》是为高等学校热能与动力工程专业学生编写的技术基础课教材，主要结合电厂锅炉和汽轮机应用金属材料的情况阐述金属学知识，并专门列了一章介绍锅炉和汽轮机主要零部件用钢及其事故分析。

　　金属学是研究金属材料的成分、组织和性能之间关系的一门学科。由于金属材料有许多优良的性能，所以它是应用极为广泛的工程材料。金属材料的性能是由其内部的组织结构所决定的，不同的组织结构，就会有不同的性能。而金属材料的组织结构，则因其化学成分、处理条件、应用工况的不同而有所不同。所以，如果改变金属材料的化学成分、处理条件、应用工况，金属材料的组织结构就会发生变化，而金属材料的性能亦因之而改变。不同性能的金属材料，在工程上有不同的用途。

　　金属学主要由两大部分内容组成，一部分是金属的基础理论，其中包括金属的性能、金属的晶体结构与结晶、金属的塑性变形与再结晶、合金理论、钢铁合金相图、钢的热处理；另一部分是介绍工业上常用的金属材料（碳钢、铸铁、合金钢、有色金属及其合金等）的牌号、成分、组织、性能及其应用。有些书将重点放在介绍金属材料及热处理知识上，书名就叫做《金属材料及热处理》；本书则因密切结合火力发电厂的实际而编写的，故定名为《电厂金属材料》。

　　金属材料是工农业和科学技术发展的重要基础。机器设备的零部件大多数都是用各种不同性能的金属材料来制造的，人们的日常生活用具也离不开金属材料。学习并掌握了有关金属学的知识后，才能正确地选用金属材料，合理地制订不同金属材料的加工工艺，充分发挥金属材料的作用。

　　电力工业是国民经济的先行工业。随着电力工业的发展，火力发电厂中大容量、高参数的锅炉和汽轮机机组逐渐增多，对电厂金属材料的要求也越来越高。由于电厂金属材料多数是在高温、高压和有腐蚀性的介质工况下长期工作，会发生组织和性能的变化，甚至可能引起某些零部件失效。零部件失效后，往往会造成事故，直接影响火力发电厂的安全生产。因此，火力发电厂有关技术人员，除了要懂得金属学的一般知识外，还要了解和掌握电厂金属材料在运行过程中组织和性能的变化规律，正确及时地处理金属零部件失效问题。

　　人类社会的文明和进步是与金属材料的应用和发展分不开的。在应用和发展金属材料上，我国曾经有过伟大的贡献。远在公元前 1700 多年，我国就掌握了冶炼青铜的技术，懂得了按不同的化学成分比例冶炼锡青铜，具有不同的性能，用来制造不同使用要求的器具，随后又发明了炼铁术。春秋、战国时代，已经应用钢铁材料来制造农具、手工业器具和兵器；到了汉、唐、宋等朝代，进一步发展了生产和应用金属材料的技术；一直到明朝，我国应用金属材料方面在世界上还是处于遥遥领先的地位。据史料记载，欧洲的炼铁术是由我国传授过去的，我国应用铁器的历史要比欧洲早一千多年。在我国早期的科学技术著作中，如先秦的《考工记》、宋代沈括的《梦溪笔谈》、明代宋应星的《天工开物》等，都记载了关于金属材料的冶炼、铸造、焊接和热处理等方面的珍贵资料。五百年前的《天工开物》著作中，有关锉刀制造、翻新和热处理工艺有如下记述："凡铁锉，纯钢为之，未键之时，钢性亦软，以已键钢錾划成纵斜纹理，划时斜向，则文成方焰，划后烧红，退微冷，入水键。久用乖平，入火退键性，再用錾划。"从以上这段记载中可见，当时我国已经完全掌握了淬火和退火的操作工艺，懂得了热处理对性能的影响及其规律，热处理技术已发展到相当高的水平。我们不能妄自菲薄，应该奋发图强，继承和发扬光荣的历史传统，努力发展国民经济，努力发展科学技术，深入开展对金属材料的科学研究，为人类社会的进步和发展继续作出应有的贡献。

　　电厂金属材料是一门实践性较强的学科，在学习本课程时，必须重视实验课的学习，重视金工实习和工艺学的学习，加强理论联系实际。而且，本课程理论系统性较强，概念较多，在学习过程中必须及时复习巩固，在理解的基础上加强记忆，融会贯通。

第一章　金属材料的基础知识

第一节　金属材料的性能

在日常生活和工程设备中，所应用的金属材料是多种多样的。金属的性能是选择和使用材料的依据。金属的性能包括使用性能和工艺性能。使用性能是指材料的物理、化学性能和力学性能；工艺性能是指金属的铸造性能、锻造性能、焊接性能、热处理性能和切削性能。

一、金属材料的工艺性能

金属制品和机械零件在制造过程中要经过冶炼、铸造、锻造（或铆焊），以及切削加工和热处理等一系列的工艺过程。金属材料适应冷热加工的能力称为加工工艺性能，简称工艺性能。工艺性能好的材料易于加工，生产成本低；工艺性能差的材料在加工时工艺复杂、困难，不易达到预期的效果，加工成本也高。

1. 铸造性能

金属材料的生产，多数是通过冶炼、铸造而得到的，如各种机械设备的底座，汽轮机和发电机的机壳、阀门，磨煤机的耐磨件等。液体金属浇注成型的能力称为金属的铸造性能。它包括流动性、收缩率和偏析倾向等。

流动性是指金属对铸型填充的能力。金属的流动性好，可以浇注成外观整齐、薄而形状复杂的零部件。在常见的金属材料中，铸铁的流动性优于钢，青铜的流动性比黄铜好，可以容易地制造各种零件。

收缩率是指铸件冷凝过程中体积的减少率，称为体积收缩率。金属自液态凝结成固态时体积要减少，会使铸件形成缩孔和疏松，即形成集中或分散的孔洞，严重影响金属零件的质量。铸件或铸锭集中的孔洞叫做缩孔，铸件在造型时应预留冒口，以便将缩孔留在冒口内，铸后将冒口切掉。疏松是数量很多而分散的小缩孔，缩孔和疏松都使材料的性能下降，甚至导致失效。收缩率大的金属，形成缩孔和疏松的倾向大。

铸件冷凝时，由于种种原因会造成化学成分的不均匀，称为偏析。偏析使整体冲击韧性降低，质量变坏。

缩孔、疏松和偏析等铸造缺陷都是不允许产生的，在生产过程中应予以消除。

2. 锻造性能

重要零件的毛坯往往要经过锻造工序，如汽轮机、发电机的主轴、轮毂、叶片，大型水泵和磨煤机的主轴、齿轮等。材料承受锻压成型的能力称为可锻性。

金属的锻造性能可用金属的塑性和变形抗力（强度）来衡量。金属承受锻压时变形程度大而不产生裂纹，其锻造性能就好。换句话说，金属承受锻压时变形抗力（变形时抵抗外力的大小）越小，即锻压时消耗的能量越小时，其锻造性能就越好。

金属的锻造性能取决于材料的成分、组织和加工条件，如锻造温度（始锻、终锻温度）、变形速度、应力状态等加工条件。通常碳钢具有较好的可锻性，低碳钢的可锻性最好。随着含碳量的增加，钢的可锻性降低。合金钢的可锻性略逊于碳钢。一般情况下，合金钢中合金元素含量越多，其可锻性就越差。铸铁不能承受锻造加工。

　　金属的冷热弯曲性能也取决于材料的塑性和强度。电厂锅炉蒸汽管道弯头和水冷壁管道弯头是经过冷热弯曲成型的。材料承受弯曲而不出现裂纹的能力称为弯曲性能。一般用弯曲角度或弯心直径与材料厚度的比值来衡量弯曲性能。

　　3. 焊接性能

　　在电厂中有大量金属结构件是用焊接方法连接的，如锅炉管道、支架、蒸汽导管、输粉管道、风管、汽包、联箱等。金属材料采用一定的焊接工艺、焊接材料及结构形式获得优质焊接接头的能力，称为金属的焊接性，也称为可焊性。

　　金属的焊接性能主要取决于材料的化学成分，也取决于所采用的焊接方法、焊接材料（焊条、焊丝、焊药）、工艺参数、结构形式等。衡量一种材料的焊接性，需要做焊接性试验，其方法是按国家标准焊接成十字形试样，再切片检验或做力学性能试验。钢的焊接性能还可用碳当量方法进行估算。

　　影响钢焊接性能的主要因素是钢的含碳量。随着含碳量的增加，焊后产生裂纹的倾向增大。钢中其他合金元素的影响相应小些。将合金元素对焊接性能的影响都折合成碳的影响，即为碳当量，用符号 Ce 表示，其计算公式为

$$Ce = C + \frac{Mn}{6} + \frac{Cr + Mo + V}{5} + \frac{Ni + Cu}{15} \quad \%$$

式中　C、Mn、Cr、Mo、V、Ni、Cu——钢中该元素的百分含量。

当　Ce<0.4% 时，焊接性能优良，焊接时可不预热；

　　　Ce=0.4%～0.6% 时，焊接性能较差，焊接时需采用适当预热等工艺措施；

　　　Ce>0.6% 时，焊接性能很差，焊接时需采用较高预热温度和较严格的工艺措施。

　　金属材料的热加工性能还包括热处理性能，如淬透性、淬硬性等，将在本书第三章中叙述。

　　4. 切削性能

　　金属零件往往要经过机械加工成型，如车、铣、刨、磨、钻、镗等。金属材料承受切削加工的难易程度，称为切削性能。切削性能不但包括能否得到高的切削速度、是否容易断屑，还包括能否获得较小的粗糙度、表面质量如何等。

　　金属的切削性能与材料及切削条件有关，如纯铁很容易切削，但难以获得较小的粗糙度；不锈钢可在普通车床上加工，但在自动车床上，却难以断屑，属于难加工材料。通常，材料硬度低时切削性能较好，但是对于碳钢来说，硬度如果太低时，容易出现"粘刀"现象，粗糙度也较高。一般情况下，金属承受切削加工时的硬度在 HB170～230 之间为宜。

　　二、金属材料的力学性能

　　力学性能是指金属材料在外力作用下所表现出来的抵抗变形和破坏的能力以及接受变形的能力，旧称为机械性能。机械设备能否安全运行，在很大程度上取决于金属材料的力学性能。

　　金属在常温时的力学性能指标有强度、塑性、硬度、冲击韧性、断裂韧性等。这些性能指标均是通过一定的试验方法测试出来的。

　　（一）强度和塑性

　　强度是指金属在受到外力作用时抵抗变形和破坏的能力。金属材料由于受力、变形及破坏情况不同，强度可分为抗拉强度、抗压强度、抗弯强度、扭转强度、剪切强度和疲劳强度

等。由于某些特殊用途的轻质高强度材料的出现，又出现比强度（强度/密度）的概念。电厂设备在几百摄氏度的高温下运行，金属还有高温强度等，这些内容将在第五章中叙述。

按照国家标准对材料进行各种破坏性试验（如拉伸、压缩、弯曲、扭转、剪切、疲劳试验等），可测得金属相应的强度指标。这些试验中最常用的是拉伸试验，通常所说的材料强度，就是指抗拉强度。例如，金属材料手册中所载的普通碳钢，是根据拉伸试验所测得的抗拉强度、断后伸长率和断面收缩率等作为主要考核指标的。

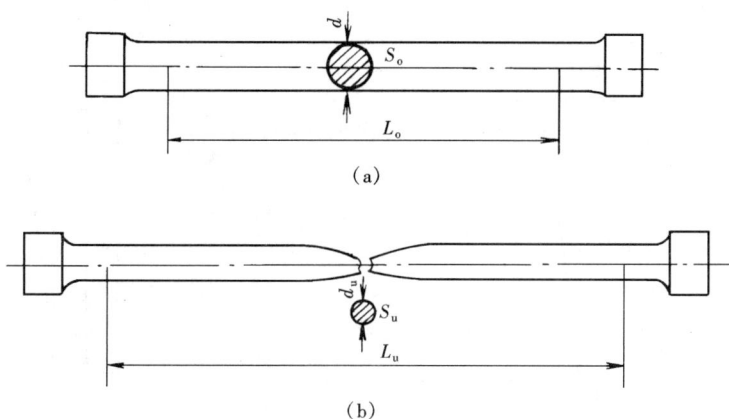

图 1-1　拉伸试样
（a）标准试样；（b）被拉断后的试样

1. 拉伸试验

依照材料试验的国家标准，将材料制成图 1-1（a）所示的拉伸试样，在拉伸试验机上施加一个缓慢增加的拉力 F，试样便随着拉力的增加而变形，直至断裂。图中 d 为试样直径，L_o 为试样测量长度，称为标距，试样的详细尺寸和表面粗糙度均依国家标准制备。

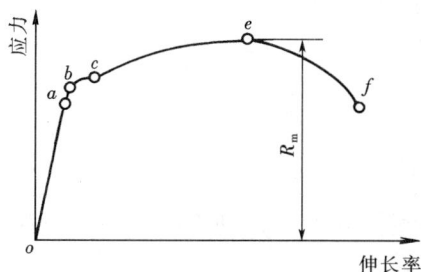

图 1-2　低碳钢的应力—伸长曲线

将制成的标准试样在拉伸试验机上加力，试样所受外力与伸长的关系，可用应力—伸长关系曲线表示出来，如图 1-2 所示。应力 $R = F/S_o$，S_o 为试样受力前的截面积，$S_o = \pi d^2/4$；伸长率用相对伸长表示，伸长率又称为延伸率。

材料不同，其应力—伸长关系曲线的形状不同。塑性材料（如低碳钢）在被拉断前有明显的屈服和颈缩，而弹性材料（如弹簧钢）和脆性材料（如工具钢和铸铁）却没有这种明显的变化。图 1-3 所示为不同材料的拉伸曲线。从曲线上可以看出，在开始加力的阶段，曲线都有一直线部分，这时应力和伸长率呈线性关系，遵从虎克定律。这说明任何材料在开始受力时，先发生弹性变形，随着应力的逐渐加大，材料由弹性变形转为塑性变形或断裂。

从低碳钢的拉伸曲线（见图 1-2）中可以看出，oa 段是直线，材料处于弹性变形阶段，这时如果去掉外力，试样仍可恢复到变形前的状态。a 点所对应的应力，以前称为比例强度。b 点所对应的应力以前称为弹性强度，去掉外力后试样会保留微小的塑性变形量。c 点所对应的应力值称为屈服强度，所谓屈服强度是指当金属材料呈现屈服现象时，在试验期间达到塑性变形而外力并不增加的应力点，以前称屈服极限，也称为屈服点，以前用符号 σ_s 来表示，现在用符号 R_e 来表示。强度往往是某特性的最大应力值，又称为极限，如比例极限、弹性极限、强度极限。

屈服强度可分为上屈服强度和下屈服强度，上屈服强度是指试样发生屈服而外力首次下降前的最高应力，用 R_{eH} 符号表示；下屈服强度是指在屈服期间，不计初始瞬时的最低应力，用 R_{eL} 符号表示。R_{eH} 及 R_{eL} 在不同类型曲线上的位置如图 1-3 所示。

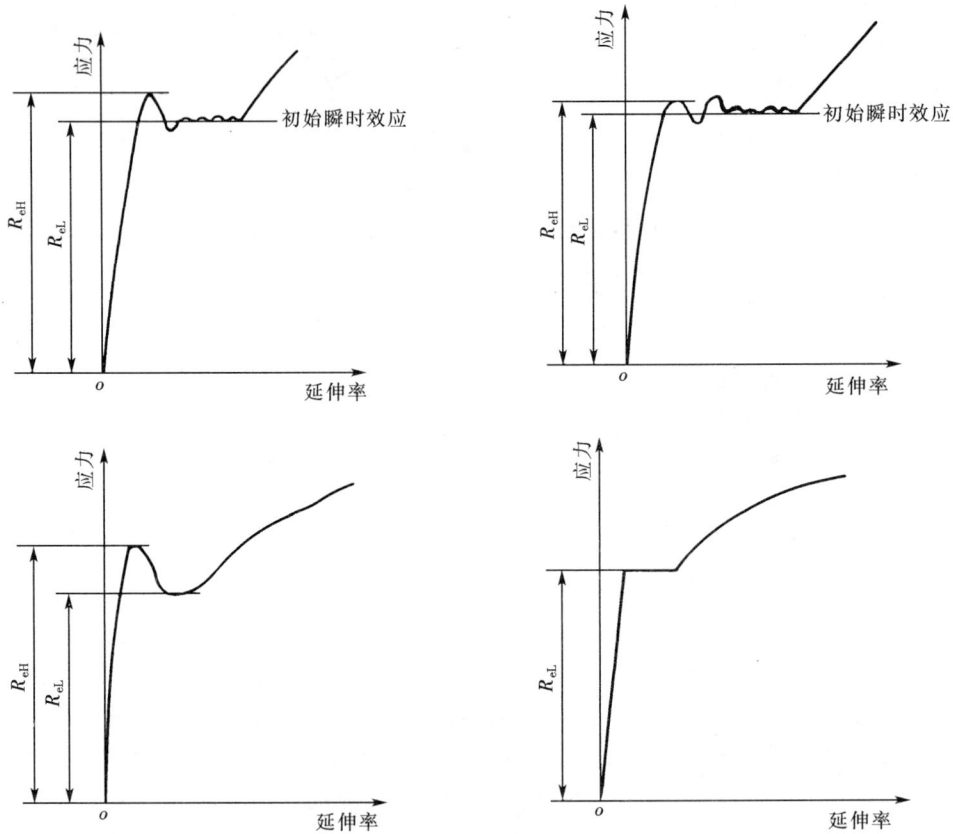

图 1-3　不同材料的拉伸曲线

　　一般机械零件和工程结构件都不允许在使用中产生塑性变形，否则会因失效而发生事故。所以屈服强度是机械设计和工程设计中的重要依据。

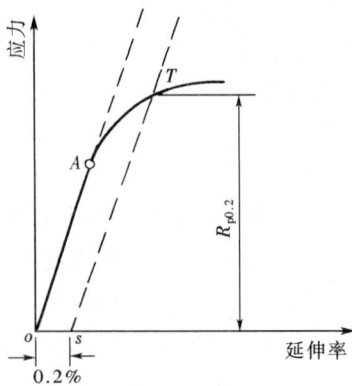

图 1-4　规定非比例延伸
强度拉伸图

　　在拉伸试验机上对试样继续增加拉力，金属材料就发生了明显的塑性变形（见图 1-2 曲线中的 ce 段），在明显塑性变形的同时，应力值也有所增加。e 点所对应的应力值称为抗拉强度，用 R_m 表示（以前用 σ_b 表示）。当材料所承受的应力值超过抗拉强度时，塑性变形继续增加，但应力反而降低了，这时试样出现颈缩，最后导致断裂。抗拉强度 R_m 也是机械设计和工程设计的重要依据。

　　有的材料（如高碳钢、弹簧钢等）在拉伸时没有明显的屈服现象，需要用作图的方法来求得其屈服时的强度值，它们的拉伸曲线及作图法如图 1-4 所示。根据国家标准，材料在受拉时，发生微小塑性变形（$\varepsilon_p = 0.002 = 0.2\%$）时的应力值称为材料的规定非比例延伸强度，用 $R_{p0.2}$ 表示，（以前称为条件屈服强度，用 $\sigma_{0.2}$ 表示）即图中 T 点所对应的应力。

金属的塑性是指材料产生塑性变形而不破坏的能力。在拉伸试验中，材料的塑性用断后伸长率 A（以前用 δ）和断面收缩率 Z（以前用 ψ）表示。

拉伸试验的试样被拉断后，其标距部分所增加的长度与原标距的比值的百分率称为断后伸长率或延伸率，其计算式为

$$A = \frac{L_u - L_o}{L_o} \times 100\%$$

式中 L_u——试样被拉断后标距的长度（见图 1-1）。

拉伸试样被拉断后，其横截面积的缩减量与试验前试样的截面积之比的百分率，称为断面收缩率，其计算式为

$$Z = \frac{S_o - S_u}{S_o} \times 100\%$$

式中 S_u——颈缩处的截面积（见图 1-1）。

工程上以材料的断后伸长率或断面收缩率确定材料的塑性。塑性很差的材料称为脆性材料，一般认为 $A < 5\%$ 的材料称为脆性材料。

2. 疲劳强度

在实际工作中，许多机器设备的零部件所承受的外力不仅大小可能改变，同时方向也会改变。这种交变的外力将在零件内部引起交变的应力。金属材料在交变应力作用下发生断裂的现象，称为"金属的疲劳失效"。汽轮机的轴及叶片等零部件的损坏，多数是"疲劳失效"引起的。

（1）疲劳失效的特点。疲劳失效的断口有其特殊性，一般是由两个明显的部分组成，如图 1-5 所示。一部分是疲劳裂纹扩展的部分，称为疲劳破坏范围（即图中 D 区），其特征是经过摩擦而较为光滑，晶粒较细，有时呈瓷状，甚至可观察到若干弧形或放射形的特征，有时能发现疲劳源中心及疲劳源数目；另一部分是突然断裂部分，称为瞬时脆性破断范围（即图 G 区），其特征是断口呈光亮的结晶状或纤维状，晶粒较粗。两个区域之间有一明显的分界线，称为疲劳前沿线，即 acb 线。

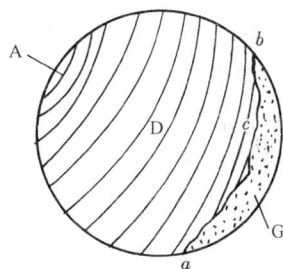

图 1-5 疲劳断口示意
A—疲劳源；D—疲劳破断区；G—瞬时
脆性破断区；acb—疲劳前沿线

从疲劳断口的特征可以看出，疲劳裂纹的产生和发展与金属材料内部组织结构的变化有关。一般认为，在交变应力作用下，金属表面或断面内部的某一缺陷处由于应力集中开始产生微裂纹，这种微裂纹又在交变应力的继续作用下逐渐扩大，当剩余的断面（即 G 区）已不能承受所加的外力时，即发生了脆性断裂。

疲劳断口中两个区域的大小，与材质、交变应力的大小和有无应力集中现象密切相关。

（2）疲劳强度的测定。金属材料在无限多次交变载荷的作用下，不致引起破裂的最大应力称为疲劳强度。它是评定抗疲劳失效的性能指标。

测定金属材料的疲劳强度，普遍采用旋转弯曲式疲劳试验机，即在旋转的试样上加一弯曲外力，使试样内部产生拉—压的交变应力。为了测定某一金属材料的疲劳强度，试验时需

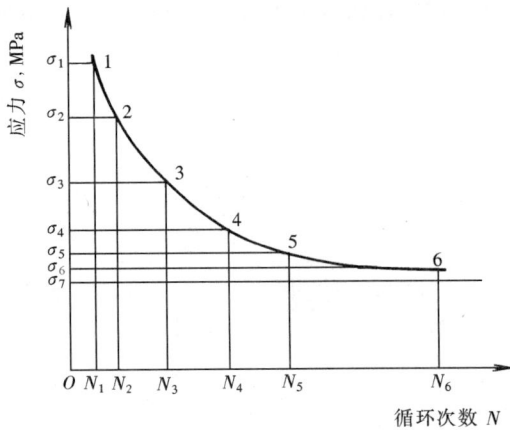

图 1-6　疲劳强度曲线

要制成 6 个以上的同样试样。第一个试样在较大的应力 σ_1 作用下进行试验（钢的 $\sigma_1 \approx 0.6R_m$），第二个及以后各个试样的试验应力 σ_2、σ_3…应依次减低 20～40MPa。在试验过程中分别记下每个试样破裂时的循环次数 N_1、N_2、N_3…。最后将试验结果用应力 σ 为纵坐标，循环次数 N 为横坐标作图，画出该金属材料的疲劳强度曲线，如图 1-6 所示。

疲劳强度曲线又称 σ-N 曲线。从曲线可以看出，交变应力 σ 越低，循环次数 N 就越多。当应力降至某一定值时，曲线与横坐标平行，即表示在一定条件下，当应力的最大值低于某一定值时，材料可能经受无限次循环仍然不会发生疲劳断裂。这个最大应力值，称为该金属材料的疲劳强度。当交变应力循环对称时，用符号 σ_{-1} 表示。

对于钢铁材料，如 N 达 $10^6 \sim 10^7$ 次时仍不发生疲劳断裂的最大交变应力值就为其疲劳强度。对于有色金属，一般规定应力循环次数为 10^8 或更多次数，才能确定其疲劳强度。

（3）影响金属材料疲劳强度的因素。影响疲劳强度的因素很多，内在的因素有金属材料本身的强度、塑性、组织结构和材质等；外界的因素有制成的零部件的几何形状、表面粗糙度和工作环境等。

金属材料本身的强度和塑性越好，抗疲劳失效的能力也就越高。大量实践证明，经过淬火及回火后所得到的组织结构，疲劳强度可以进一步提高。但是，假如金属材料存在着夹杂物等缺陷时，容易成为疲劳源而降低疲劳强度。若表面粗糙度大或结构上有应力集中的现象，均会使疲劳强度下降。金属材料的零部件若在腐蚀性介质中工作，腐蚀性介质侵入微裂纹后，会促使零部件产生疲劳失效。

由于疲劳失效的微裂纹绝大多数是先从表面产生和发展的，因而采用表面强化处理，可以提高疲劳强度。

（二）硬度

硬度是金属表面局部体积内抵抗外物压入的能力，即材料抵抗局部塑性变形的能力。它可以作为衡量材料软硬程度的指标。硬度试验较拉伸试验有许多优点，首先，不必像拉伸试验那样将材料制成试样再做破坏性试验，只在工件表面试验即可；其次，硬度试验特别适合于脆性材料，如淬火钢、硬质合金和表面硬化处理的材料；再次，硬度试验方法简便，对工件的试验条件要求不高，塑性材料的硬度值还可以近似地换算成强度指标。

1. 布氏硬度

布氏硬度试验是用一定直径 D（mm）的钢球或硬质合金球为压头，施以一定的试验力 F（kgf 或 N），将其压入试样表面，经规定的保持时间 t（s），卸除试验力后试样表面将留下压痕，如图 1-7 所示。测得压痕平均直径为 d（mm），求得压痕球形面积 S（mm^2）。试验力 F 除以压痕面积 S 所得的值即为布氏硬度值，以符号 HB 表示，即

$$HB = \frac{F}{S} \quad N/mm^2$$

通常布氏硬度值可按所测得的压痕平均直径 d 查表求出 HB 的具体数据，其单位一般不标出。布氏硬度值的书写表示方法应包含下列几个部分：①硬度数据；②布氏硬度符号；③球体直径；④试验力；⑤试验力保持时间（10～15s 不标注）。

由于所用的压头材质不同，布氏硬度值必须用不同的符号来区分。当压头为钢球时（适用于 HB≤450 以下的材料），符号为 HBS；当压头为硬质合金球时（适用于 HB 在 450～650 较硬的材料），符号为 HBW。

【例1】　120HBS10/1000/30，表示直径 10mm 的钢球在 9.807kN（1000kgf）试验力作用下，保持了 30s 测得的布氏硬度值为 120。

【例2】　500HBW5/750，表示直径 5mm 的硬质合金球在 7.355kN（750kgf）试验力作用下，保持了 10～15s 所测得的布氏硬度值为 500。

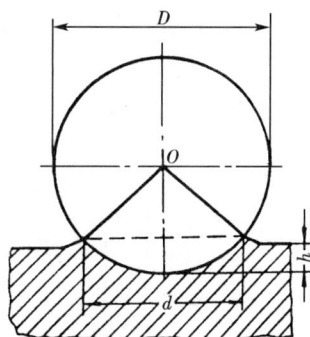

图 1-7　布氏硬度试验示意

2. 洛氏硬度

洛氏硬度测量原理与布氏硬度基本相同，但洛氏硬度不是根据压痕的面积，而是根据压痕深度确定硬度值的。压痕越深，硬度就越小，如图 1-8 所示。可以将硬度值直接刻在表头上，以深度表示的硬度值可以从表上直接读出来，而不必像布氏硬度那样查表和计算。

洛氏硬度以 HR 表示。如果用 120°圆锥金刚石压头和 1.471kN（150kgf）外力，就应以 HRC 表示。HRC 硬度值为两位数，适用范围在 HRC20～70 之间。这种测试硬度的方法，应用得最为广泛。

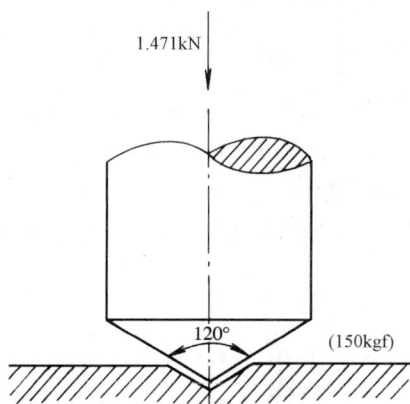

图 1-8　洛氏硬度试验示意

由于采用了金刚石压头和较小的外力，HRC 适合于硬度较大的材料。若用洛氏硬度测量退火钢、有色金属等较软的材料（HRC<20），则需用压头是直径为 1/16 英寸的淬火钢球及 980N 的外力以 HRB 表示；对于薄小工件，则需用 120°的圆锥金刚石压头和 588N 的外力，以 HRA 表示。

洛氏硬度的优点是测量时操作简便，直接读数，在工件上留下的压痕较小，对工件的表面破坏程度小。但当被测材料的组织不均匀时，测量的结果不够精确，最好多测几个点，取其平均值。洛氏硬度适合测量较硬材料的硬度，如淬火钢等。

3. 维氏硬度

工程上常用的布氏和洛氏硬度（HB 和 HRC）分别适宜测量较软和较硬的材料，而维氏硬度（HV）却可测量从极软直到极硬的材料。

维氏硬度的测定原理基本上和布氏硬度相同，也是以压痕面积和力的比值表示硬度值，所不同的是维氏硬度压头不是钢球，而是一个锥角为 136°的金刚石四棱锥体，如图 1-9 所示。试验时以压力为 F 的外力将压头压入工件表面，经一定时间后卸力，然后测量出压痕对角线长度 d，计算出压痕面积 S，以单位面积上的压力值表示维氏硬度，即

$$HV = \frac{F}{S} = \frac{F}{\dfrac{d^2}{2\sin 68°}} = 1.854\,4\frac{F}{d^2} \quad N/mm^2$$

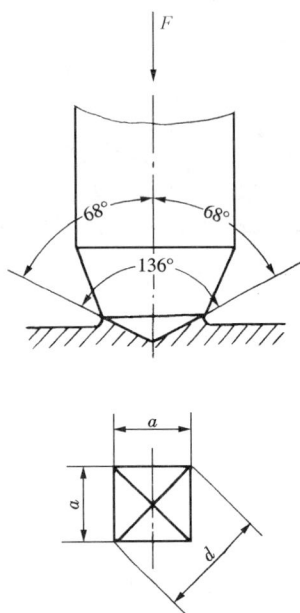

与布氏硬度测量方法一样，也可用计算或查表法确定维氏硬度值。维氏硬度值的范围很宽，从 HV10～3000，适合于一切材料及表面淬火、化学热处理的工件。维氏硬度试验可以根据试样大小、厚薄和其他条件的不同选用 1～1176.84N 的外力。对于厚度较大、淬硬层较深、估计硬度较大的工件，宜选用较大的外力。但也应注意，对于 HV>500 的材料有可能将压头压碎，以选择小于 490N 的外力较好。维氏硬度试验常用的外力有 49、98、196、294、490、980N 等。

维氏硬度的另一个优点是可以配合显微镜在小于 9.8N 的外力下测量材料的硬度，如测量某个金相组织中的某相的硬度等，称为显微硬度法，以 Hm 表示，计算式为

$$Hm = 1854.4\frac{F}{d^2} \quad gf/mm^2$$

式中　F——外力，常用的外力为 0.019 6、0.049 04、0.098 07、0.196 1、0.490 35、0.980 7、1.961 4，N；

d——压痕对角线平均长度。

图 1-9　维氏硬度
试验示意

维氏硬度的缺点是仍需要测量和查表，不能像洛氏硬度那样直接读出硬度值。

（三）冲击韧性

机械零件在工作中除受静外力的作用之外，有时还承受动外力（有一定速度的冲击外力）的作用，用强度、硬度、塑性等静外力的指标不能满足要求，需要用冲击韧性来表示。冲击韧性是材料抵抗冲击性外力而不破坏的能力。

冲击韧性试验是在冲击试验机上做的。一般是把试样制成带缺口的形状，如图 1-10 所示的梅氏试样，其尺寸（mm）为 $10×10×55$，测量一次冲断时的冲击功，用来作为材料冲击韧性的值。冲击试验原理如图 1-11 所示。试验时，将缺口背对摆锤刃，将摆锤提起至一定的高度 h_1 落下，将试样冲断后又升到 h_2 的高度。摆锤在冲断试样时所消耗的功可直接从试验机刻度盘读出来，称为冲击功，以 A_K 表示。据此还可求出单位面积上消耗的功 a_K，称为冲击韧性。

$$a_K = \frac{A_K}{S} \quad J/cm^2$$

式中　S——试样缺口处截面积。

对于标准试样，通常都直接用 A_K 表示其韧性。一般金属材料的 A_K 值大致为：灰铸铁、淬火的高强钢，$A_K < 8J$；未淬火、回火的中碳钢，$A_K = 24～40J$；淬火、回火后的碳钢及合金钢，$A_K = 40～120J$。

显然，材料的冲击韧性受材料强度、塑性的综合影响。

需要说明的是，这种试验方法作为衡量金属材料的韧性指标是不严格的，因为它与零件

在实际工作中所承受冲击外力的情况不相符合。在实际工况中，零件往往不可能受到一次冲断那样大的冲击力，更多的是小能量多次冲击，为此，现在已有了小能量多次冲击的试验方法。但冲击韧性的试验方法能够灵敏地反映出金属的破断趋势和韧性。如钢的回火脆性、过热脆性都能在 A_K 值上反映出来，因此这种方法在生产上仍被广泛用于检验产品的质量。

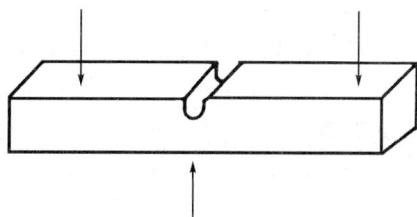

图 1-10 梅氏冲击试样

试样尺寸（mm）：$10\times10\times55$；槽深 2mm；槽宽 2mm

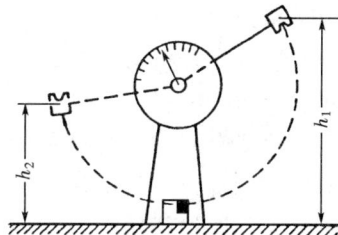

图 1-11 冲击试验原理

上面讨论了金属材料的强度、塑性、硬度、韧性等最基本的力学性能指标，实际上这四者中真正独立的是强度和塑性。前者表示对变形和破坏的抗力，后者表示塑性变形的能力。硬度则是对局部塑变的抗力，它与强度有极为密切的关系，而韧性受强度和塑性的综合影响。因此，在鉴别金属材料的力学性能时，常常以强度和塑性为主要指标。

（四）断裂韧性

近几十年来，在世界各地相继发生了许多低应力（小于屈服强度）断裂的工程事故，例如船舶的突然折断，输油管道和高压容器的崩裂等。这类事故的特点往往是大型、重要零件的塑性材料发生脆性断裂。经过长期的分析研究，用断裂力学的观点来看，就是在实际构件中总难免有裂纹存在，由于这些裂纹在工作应力作用下失稳扩展，导致了构件的破坏。基于这一点，近年来对这种低应力脆断进行了大量的理论分析和实验研究，取得了很大成就。

1. 关于断裂力学

在工程上选择金属材料的传统方法，是根据零部件的工作条件，对塑性和韧性提出一定的要求，并根据该材料的屈服强度 R_{eL}（R_{eH}）或抗拉强度 R_m 来计算许用应力值，即

$$[R]=\frac{R_{eL}^T}{n}$$

式中　　$[R]$——许用应力，即该材料的最大工作应力；

　　　　R_{eL}^T——工作温度 T 时材料的屈服强度；

　　　　n——安全系数。

安全系数 n 是根据各种条件规定或是经验数据，它考虑了降低材料强度的诸因素，如材料的缺陷、应力计算中的近似程度等。但是，传统的设计原则只适用于塑性破坏的零部件。

工程上有许多是属于脆性破坏的事故，通过对大量脆性破坏事例的分析，可将裂纹在外力作用下扩展的形式分为三类，如图 1-12 所

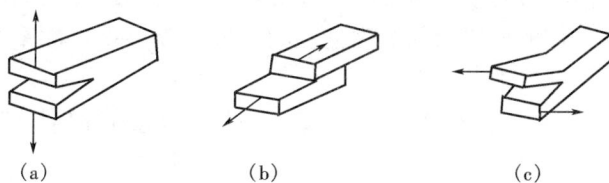

(a)　　　　　　(b)　　　　　　(c)

图 1-12 脆性破坏的类型

(a) 张开型（Ⅰ型）；(b) 滑开型（Ⅱ型）；(c) 撕开型（Ⅲ型）

示。这三种类型的脆性破坏，以张开型（又称为Ⅰ型）的扩展断裂较为常见，且在外力作用下也较为危险。

材料的脆断总是由裂纹的扩展所引起的，而金属材料的裂纹在材料的生产、加工以及使用过程中又总是不可避免地产生和扩展。研究带有裂纹的材料强度及其抵抗脆性断裂能力的学科称为断裂力学。

断裂力学认为，材料是连续与不连续矛盾的统一体，有裂纹的材料是否断裂取决于裂纹失稳扩展的能力。如果材料的裂纹不能保持稳定状态，即失稳扩展，其结果就导致脆性断裂；反之，即使有裂纹，若能保持稳定状态，材料也不会发生脆性断裂。所以，金属材料对裂纹失稳扩展的抗力，就反映了抵抗脆性断裂的强度。这种标志金属材料抵抗脆性断裂性能的指标，称为金属材料的断裂韧性。

2. 断裂韧性的评定

金属材料的断裂韧性是材料固有的性能，也是通过一定的试验方法测定出来的。由于试验的方法不同，裂纹在外力作用下失稳扩展、脆性断裂的形式也不同，目前常用的断裂韧性计算公式为

$$K_{1C}=\sigma_c\sqrt{Ya}\quad MN/m^{\frac{3}{2}}$$

式中　K_{1C}——断裂韧性；

　　　σ_c——断裂时的应力值；

　　　Y——与裂纹形状及加力方式有关的系数；

　　　a——裂纹长度。

试验表明，构件中的裂纹越长（a 越大），则裂纹前端应力集中就越大，使裂纹扩展的外加应力，即脆断应力 σ_c 就会越小，即

$$\sigma_c\propto\frac{1}{\sqrt{a}}$$

试验还表明，脆断应力也和裂纹形状及加力方式有关，即

$$\sigma_c\propto\frac{1}{\sqrt{aY}}$$

当 a 和 Y 已知时，可根据一定的试验方法测出脆断应力 σ_c 并代入上式，即可计算出 K_{1C} 值。显然，材料的 K_{1C} 值越高，材料阻止裂纹扩展的能力就越强。因此，K_{1C} 是材料抵抗裂纹失稳扩展能力的指标，是材料抵抗低应力脆断的韧性参数。对于大型、厚、重和重要的结构件、运输工具和容器，提高材料的断裂韧性是近代金属材料研究工作中一个重要的课题。

断裂韧性在电厂金属材料中有相当重要的作用。由于电厂的大型、重要构件，如锅炉汽包，汽轮机转子、主轴、叶片等，是在高温及复杂的应力状态下运行的，对于这些在特殊状态下工作的金属材料断裂韧性的研究，就显得更加重要。

第二节　金属的晶体结构与结晶

一、金属键与晶体结构

在自然界中，金属元素占四分之三。金属原子的结构特点是：价电子数目较少（1～3

个），电子层数较多，原子核对价电子的引力较弱，价电子极易脱离原子核形成自由电子，金属原子则成为正离子，如图 1-13 所示。自由电子在正离子之间作高速运动，形成带负电的电子气。金属原子间这种正离子与自由电子的电性引力结合，称为金属键。

金属键与非金属原子间的结合键（离子键和共价键）不同。金属离子间的键合力很大，且由大量原子结合成整体金属，故金属的强度高；自由电子在电场力作用下作定向运动，使金属具有导电性；金属离子周围的键是等价的、对称的，因而金属原子在空间的位置必须有规则地排列且势能最低，即呈晶体结构。金属离子在平衡位置上作高速振动，温度越高，振幅就越大。金属的这种结构决定了其具有优良的导热性。

总之，金属键不仅决定了金属为晶体结构，也决定了金属的物理、化学性能。为研究方便，以后称金属离子为金属原子。

绝大部分固态金属都是晶体结构。晶体与非晶体的区别在于晶体原子排列是有规则的，符合晶体学规律。

如果将金属原子在空间排列的规律抽象成纯几何的空间格架，对金属结构的研究将非常方便。这种三维的空间格架，称为晶格（或称空间点阵）。组成晶格的最小几何单元，称为晶胞。显然，金属的结构是由大量晶胞在空间堆垛形成的，图 1-14 所示为简单立方晶格。

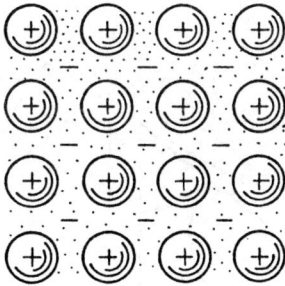

图 1-13　金属原子结合模型

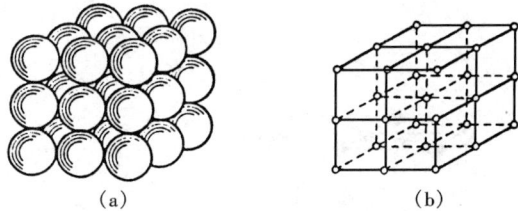

图 1-14　简单立方晶格
(a) 晶体中金属原子的排列；(b) 金属的晶格

晶胞各边的长度 a、b、c 称为晶格常数。简单立方晶格的晶格常数为 a（$a=b=c$），各边夹角 $\alpha=\beta=\gamma=90°$。晶格常数的单位，通常是 Å（埃）表示，法定计量单位为 nm（纳米），1Å$=0.1$nm。金属的晶格常数很小，通常在纳米数量级。

金属的键合力和晶体结构不同，其物理、化学性能和力学性能则不相同。金属的性能是由其晶体结构决定的。

常见的晶体结构有三种，即体心立方晶格、面心立方晶格和密排六方晶格。

1. 体心立方晶格

体心立方晶格与简单立方晶格相似，其晶胞是一个立方体，如图 1-15 所示，晶格常数用 a 表示。在体心立方晶格中，立方体的每个顶角上各有一个原子，为相邻的八个晶胞所共有，每个晶胞只占这个原子的 1/8。立方体的几何中心有一个原子，为该晶胞独有，所以每个晶胞平均占有的原子数为：$8\times1/8+1=2$（个）。

具有体心立方晶格的金属有 α-Fe、Cr、Mo、W、V 等。

2. 面心立方晶格

面心立方晶格与体心立方晶格相似，其晶胞也是一个立方体，如图 1-16 所示，每个顶角上有一个原子。所不同的是，立方体六个面的中心各有一个原子，为相邻两个晶胞共有，每个晶胞占 1/2，体心没有原子。这种晶胞平均占有的原子数为：$8 \times 1/8 + 6 \times 1/2 = 4$（个）。

具有面心立方晶格的金属有 γ-Fe、Cu、Al、Au、Ag、Ni 等。

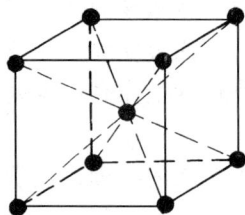

图 1-15　体心立方晶胞　　　　　　　　　　图 1-16　面心立方晶胞

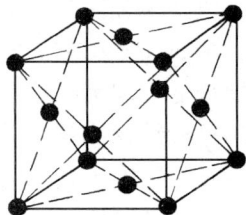

3. 密排六方晶格

密排六方晶格的晶胞是一个正六棱柱体，如图 1-17 所示，其 12 个顶角处和上下两个正六边形中心各有一个原子，每个晶胞分别占有原子的 1/6 和 1/2。正六棱柱可以分为六个正三棱柱，在相间的三个正三棱柱的几何中心又各有一个原子，为该晶胞所独有。这种晶胞平均占有原子数为：$12 \times 1/6 + 2 \times 1/2 + 3 = 6$（个）。

具有密排六方晶格的金属有 Mg、Zn、Be、Cd、室温的 Ti 等。

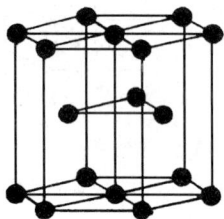

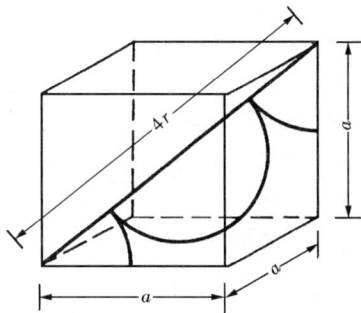

图 1-17　密排六方晶胞　　　　　图 1-18　体心立方晶格中原子半径与晶格常数的关系

二、晶面、晶向与晶格致密度

为了研究方便，可以把金属原子看成球形，并且人为规定与邻近的原子是相切的，并将球的半径规定为原子半径。图 1-18 所示为体心立方晶格中的原子半径与晶格常数的关系。可以很容易计算出体心立方晶格中原子半径 r 与晶格常数 a 的关系为 $r = \sqrt{3}a/4$；面心立方晶格中原子半径 r 与晶格常数 a 的关系为 $r = \sqrt{2}a/4$。

晶体中任意三个原子的中心可以决定一个平面，称为晶面。显然每个晶面上的原子排列是不同的。同样，任意两个原子的中心可以决定一条直线，称为晶向。不同晶向上的原子排列也是不同的。这就决定了单晶体具有理化性能和力学性能的各向异性。立方系晶体的晶面和晶向及其表示方法如图 1-19 所示。

不同晶格的原子排列的疏密程度是不同的。根据原子半径 r 与晶格常数 a 的关系，可以计算出三种常见晶格的原子致密程度。致密程度常用致密度表示。致密度是晶胞中的原子体积所占晶胞体积的百分数。体心立方晶格致密度计算如下：

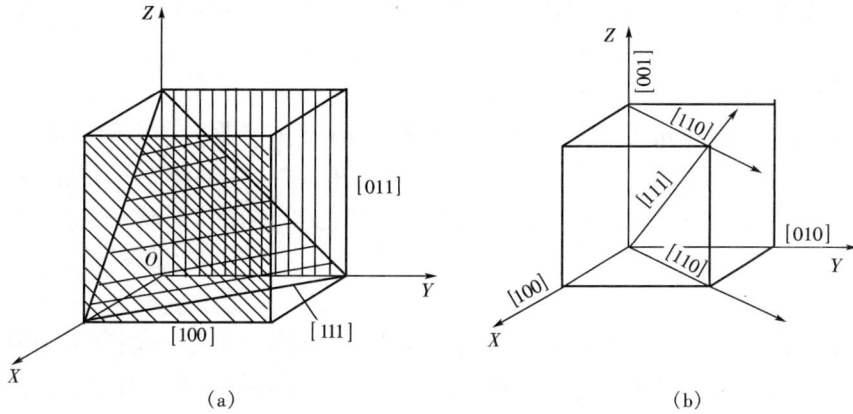

图 1-19　立方系晶体的晶面和晶向

(a) 立方晶格中的三个重要晶面；(b) 立方晶格中的几个重要晶向

$$致密度 = \frac{2 \times \frac{4\pi r^3}{3}}{a^3} = \frac{2 \times \frac{4}{3}\pi\left(\frac{\sqrt{3}}{4}a\right)^3}{a^3} = 68\%$$

面心立方晶格和密排六方晶格的致密度计算结果均为 74%。由此可以看出，面心立方晶格和密排六方晶格都是较为密排的结构，它们的原子致密度都比体心立方晶格高。

三、单晶体与多晶体

如果依晶格中晶胞的长、宽、高取坐标系 X、Y、Z，将坐标原点选在一个顶角原子上，晶格就有了方位和方向，称为位向，如图 1-20 所示。显然，在单晶体中晶格的位向是一致的。在自然界中，常常可以看到食盐、方解石的单晶体。金属的单晶体很小，为 $10^{-3} \sim 10^{-1}$ cm 数量级。金属总是以多晶体的形式存

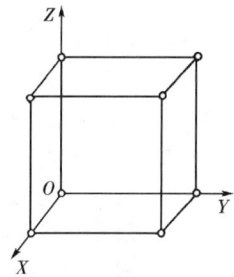

图 1-20　晶胞坐标系

在，所以往往看不到金属的单晶体，金属单晶体的各向异性也被抵消了，多晶体形貌如图 1-21所示。

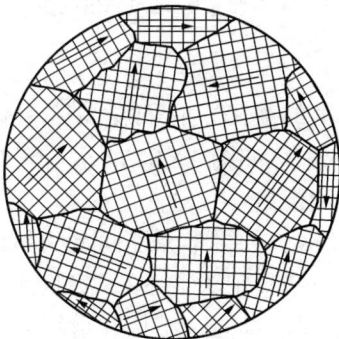

图 1-21　多晶体示意

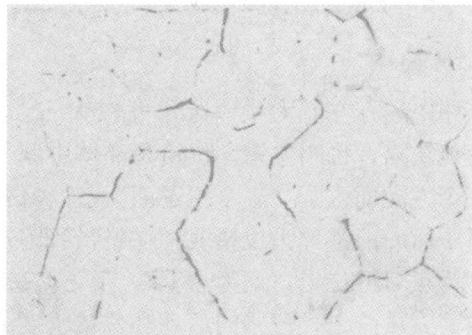

图 1-22　工业纯铁的显微组织（600×）

图 1-22 所示为工业纯铁的金相照片。从图中可以看出，它是属于多晶体组织，由大量位向各异的单晶体组成，这些小的单晶体称为晶粒。各种金属和合金的晶粒都与工业

纯铁相似，它们的形状都是不规则的。这种不规则的多晶体组织是金属自液态结晶时所形成的。

四、晶体的缺陷

实际的金属与上面所讲的理想金属也不一样。由于在工业生产中的凝固和加工条件等因素的影响，在晶粒内部和晶界上都存在着大量缺陷，这些缺陷对金属的物理、化学性能，特别是力学性能有很大影响。金属晶体的缺陷依照其几何形状分为点缺陷、线缺陷和面缺陷。

1. 点缺陷

点缺陷是指晶格中三维尺寸都很小的点状缺陷，如晶格空位、间隙原子和异类原子等。

由于结晶、加工及原子热运动等种种原因，在晶格中原子的位置出现空缺，致使该点周围产生小的拉应力场，晶格点阵产生局部畸变，晶格畸变导致了金属强度和硬度的增加，这种缺陷称为晶格空位，简称空位，如图1-23所示。

和空位相反，在晶格中原子的位置已排满的情况下，多余的原子存在于晶格的空隙处，称为间隙原子，如图1-23所示。在间隙原子周围局部地方产生小的压应力场，引起晶格畸变。

在实际金属（如合金）中往往有其他金属或非金属的原子存在，称为异类原子。异类原子可以取代晶格中的原子，也可以存在于点阵间隙中。由于异类原子的半径与金属原子半径不同，会产生微小的晶格畸变，点阵间隙中的间隙异类原子所引起的晶格畸变更大些，如图1-24所示。这些晶格畸变都能导致金属的强度和硬度增加。

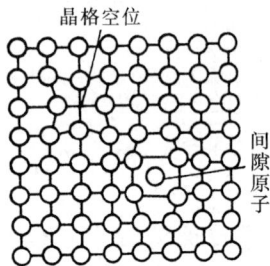

图1-23　空位及间隙原子　　　　图1-24　异类原子引起的晶格畸变

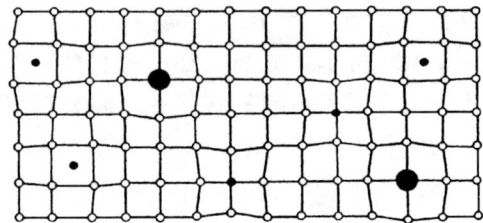

2. 线缺陷

在晶体中还存在着大量一维尺寸较大、二维尺寸较小的缺陷，它们在晶体中呈线状分布，称为线缺陷，也叫位错。位错是晶体中原子的错排现象，如图1-25所示，它好像在晶格中自某个方向插入了"半个原子面"，这种位错称为刃型位错。

半原子面的前沿称为位错线，在位错线附近形成畸变区。如果半原子面是从晶格上方插入的，称为正刃型位错，记为"⊥"；反之，称为负刃型位错，记为"┬"。实验证明，在晶体中存在着大量位错，位错的运动和位错密度的变化对金属的性能、结构和组织的变化都起着重要作用。

3. 面缺陷

面缺陷是晶体中二维尺寸较大、一维尺寸较小的呈面状分布的缺陷，如晶界、亚晶界等。在多晶体中相邻晶粒的位向不同，在交界的地方原子排列不可能很规则，于是产生一层过渡层。在过渡层中的原子排列不整齐，和液态金属的结构相似，晶粒边界这层过渡层的厚度约为几个原子到十几个原子，其形态和结构如图 1-26 所示。

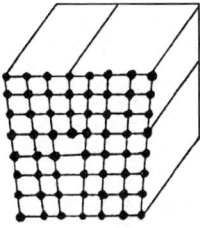

图 1-25　刃型位错示意　　　　　　　　图 1-26　晶界结构模型

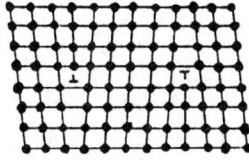

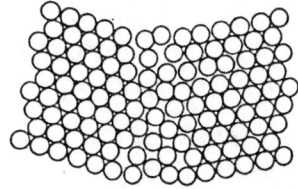

相邻晶粒的位向差如果小于 15°，称为小角度晶界，可以看作由许多纵向排列的同号刃型位错组成；当位向差大于 15°时，称为大角度晶界。随着位向差的增加，晶界的厚度也增加。在实际金属中多数晶界是大角度晶界。

在晶界上原子的无规则排列，使得晶界的性能与晶内差别很大：晶界原子比晶内原子易于发生化学反应，因而容易被腐蚀；晶界原子近于液态结构，致使晶界熔点低于晶内；异类原子和杂质在晶界上存在时能量低，故晶界是杂质原子易于聚集的地方；由于晶界处原子排列无规则，金属的塑性变形（滑移）受到阻碍，致使晶界的强度比晶内高。因此，金属晶粒的大小对金属的性能有很大影响。

在实际金属中，晶粒内除点缺陷和线缺陷外，还存在许多位向差很小的小晶块，称为亚晶粒，或称镶嵌块。在塑性变形后或热处理之后，亚晶粒将增加。亚晶粒之间的位向差仅在 1°～2°之间，故可以看作是由位错排列所致。由于它们的尺寸很小，一般在电子显微镜下才能观察到，它们与晶界相似，所以又称为亚晶界。亚晶界对金属的性能也有很大的影响。

五、纯金属的结晶

金属材料在生产过程中除少数粉末冶金材料外，一般都要经过熔炼、浇注、轧、锻；或者经过熔炼或熔化，浇注成铸件后，再经冷、热加工后使用。因此金属的凝固过程及铸态组织对金属材料的质量有着重要影响。

金属材料自液态凝固的过程称为结晶。在结晶过程中，金属的结构从无规则的液态转变为有规则的晶体，同时，有些金属在结晶后还会有结构的变化（固态相变），所以对结晶过程的研究，也有助于了解金属结晶后的相变规律。这里先讨论纯金属的结晶，在以后的章节里，再讨论合金的结晶。

（一）结晶的条件

纯金属在结晶时都有一个固定的转变温度，称为熔点，或平衡结晶温度。金属的温度高于熔点时，金属以液体状态存在；低于熔点时，金属则以固体状态存在。在平衡结晶温度时，液体与固体同时存在，这时液体的结晶速度与固体的熔化速度相同，是动态平衡状态，就像 0℃时水与冰同时平衡共存一样。

我们知道，温度冷到零度时，水是不能结冰的。液态金属也是一样，冷却到熔点时是不能结晶成晶体的，只有冷到低于熔点的温度时，即有一定的过冷度时才能结晶。过冷度按下式计算：

$$\Delta t = t_R - t$$

式中　　Δt——过冷度；

　　　　t_R——理论熔点；

　　　　t——实际结晶温度。

　　具有一定的过冷度是液态金属能够结晶的必要条件，即结晶的热力学条件。显然，过冷度越大时，即实际的结晶温度 t 越低时，结晶的条件就越好，其结晶倾向就越大。实际上，当液态金属的冷却速度越大时，过冷度就越大。

　　不同金属，结晶时所需的最小过冷度不同，可由热力学计算得出。

　　金属的实际结晶温度可以用热分析法测得。热分析法是金相研究中经常应用的实验方法，图 1-27 所示为热分析法实验装置示意。将实验用纯金属放入坩埚中加热使之熔化，然后自然冷却。在液体金属中插入测温热电偶，每隔一定时间记录一次温度，直至室温。用这种方法可测出结晶时的冷却曲线，如图 1-28 所示。曲线有一水平线段，说明金属在结晶过程中温度是恒定的，这是由于金属在由液态转变为固态时，要放出结晶潜热。这种潜热的释放恰恰补偿了金属向周围散逸的热量，而使结晶过程处于恒温状态。当结晶过程结束时，即液态金属都已转变为晶体后，金属的温度又随着散热而降低，直至室温。曲线上水平线段的长度代表结晶过程的时间。

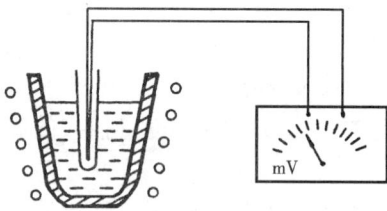

图 1-27　热分析法测定金属冷
却曲线装置示意

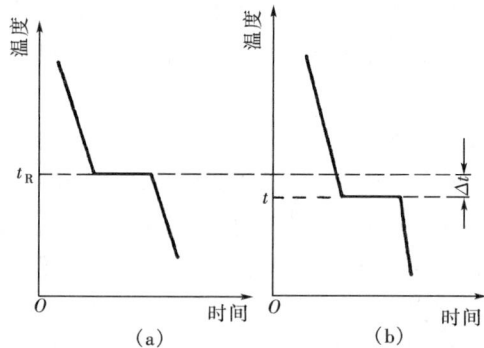

图 1-28　纯金属结晶时的冷却曲线
（a）理论结晶冷却曲线；（b）实际结晶冷却曲线

（二）结晶的过程

　　应用热分析法测定冷却曲线可以测出金属实际的结晶温度，但在结晶过程中，晶体结构是如何得到的呢？由于多数金属的熔点高、又不透明，难以用实验的方法直接观察结晶过程中的变化。通过 X 射线或中子衍射实验，可以知道结晶过程是一个晶核的形成及晶核长大成为晶体的过程，即形核—长大过程。

　　研究表明，液态金属在降温过程中，当温度接近熔点时，就已开始向晶体结构过渡，不断出现类似晶体结构的小集团。这些小集团时聚时散，称为"短程有序"。温度越低，有序排列的范围就越大。当其尺寸大到一个临界值时，小集团就不再熔化，这就是最初形成的小晶体，称为晶核。随后，晶核长大成一个单晶体——晶粒。

　　在液态金属中，由上述的小集团而形成晶核的过程称为"均匀形核"，也叫自发形核。此外，还有一种形成晶核的方式，称为"非均匀形核"，也称非自发形核。实际生产中，金属的成分并非十分纯净，当液态金属中有不熔的杂质或高熔点的金属颗粒时，液态金属便附着于这些固态颗粒的表面上形核，或者附着铸模的模壁上形核。通过热力学分析可知，非均匀形核所需的能量是均匀形核的 1/3 左右，可见非均匀形核比均匀形核容易得多，在较小的过冷度时即可形核。

　　无论是均匀形核还是非均匀形核，都是在一定的过冷度情况下发生的。晶核形成后随着长大，同时放出结晶潜热，以补偿液态金属向周围散失的热量。晶核长大可以看作是液体原子不断地附着在晶核的表面，使晶核的体积不断增加，直至碰到其他小晶体为止的过程。这时液态金属的原子已经完全附着在各个小晶体上，这些小晶体就是固态晶体的晶粒。晶粒与晶粒交界的地方最后形成晶界，结晶过程结束。结晶过程如图 1-29 所示。

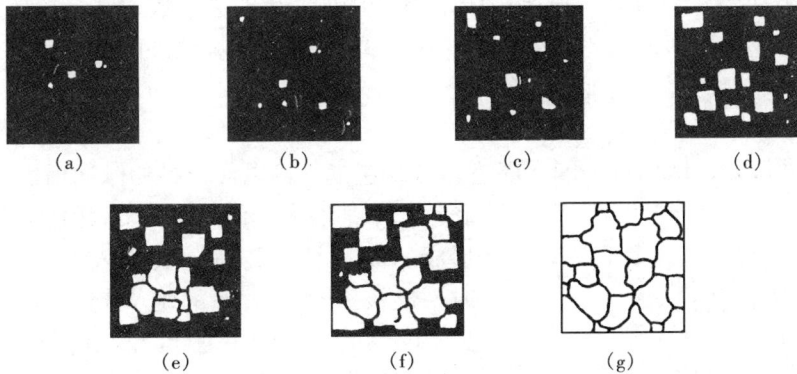

图 1-29　结晶过程示意

　　需要指出的是，在晶核刚刚形成的时候，其外形是规则的多面体形状，但由于在长大过程中结晶潜热的散失在各个方向不均匀，根据尖端放热的原理，小晶体棱角处的散热要快些，这里的过冷度要稍大些，液体金属优先附着在棱角处，致使棱角处优先向着液体深处生长。这样，小晶体不再是规则的外形，而是所谓树枝状长大，即在小晶体棱角处长出树枝状的枝干来，如图 1-30 所示。随后又长出二次、三次分枝，最后将枝间填满，形成了多晶体的金属组织。

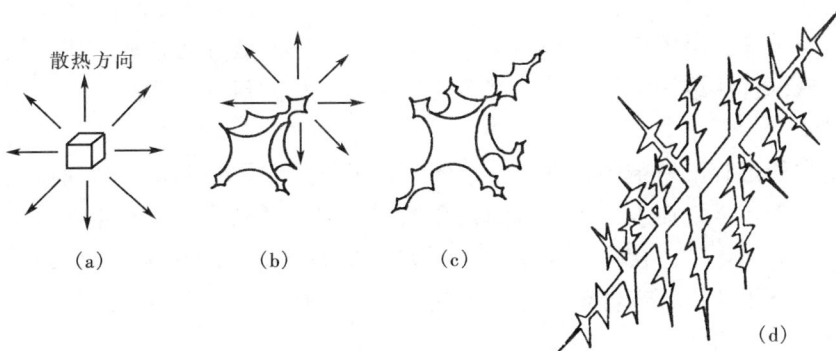

图 1-30　晶体长大示意

　　金属晶体树枝状长大的结晶过程，决定了晶体会产生点、线、面缺陷。在枝晶间填充原子时，在原子的平衡位置上难免有多余原子或缺少原子，于是形成间隙原子或空位。枝晶向液体深处伸展时发生弯曲，则会产生位错和亚晶界。晶界是最后形成的，由于相邻两晶粒间位向的差别，晶界上的原子排列是无规律的，形成一层无规则的过渡层。

（三）影响晶粒大小的因素

金属的晶粒大小是影响金属性能的重要因素。在常温下的一般规律是：晶粒越细小，金属的强度、塑性、韧性、抗疲劳的能力就越高。晶粒粗大的金属，其力学性能很差，在生产中应尽量避免。电力工业的一些重要机械产品对金属晶粒的大小都有一定的要求。

由于结晶的过程是由形核和晶核长大两个基本过程所组成的，因此，结晶后晶粒的大小取决于形核速率和长大速率。显然，形核速率越高，即单位体积内形成的小晶核越多，金属的晶粒就越细小；当形核速率低而长大速率高时，少数晶粒长得很大，金属晶粒就粗大。

形核速率称为形核率，用单位时间内单位体积中所产生的晶核数 N［晶核数/（s·mm^3）］表示。晶核长大速率称为长大率，用单位时间内晶体表面向前推进的线速度 G（mm/s）表示。影响形核率 N 和长大率 G 的因素有三个。

1. 过冷度

由结晶条件可知，增加过冷度，即增加冷却速度，可以使结晶的倾向增加。这时形核率和长大率都增大，但一般只希望增大形核率 N，即

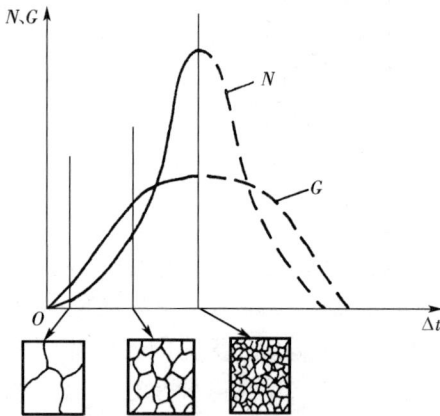

图 1-31　形核率 N、长大率 G 与过冷度 Δt 的关系

形成的晶核越多越好。实验表明，当增加过冷度时，形核率和长大率的增大趋势是不同的，如图 1-31 所示。从图 1-31 可知，随着过冷度的增大，形核率增大的趋势比长大率增大的趋势大（图中实线部分）。当过冷度较小时，长大率增大较快，易于得到粗大的金属晶粒；当过冷度增大时，形核率急剧增大，结晶后的金属晶粒细小。当达到极大的过冷度（生产上很难达到）时，由于温度降得过低，金属原子扩散运动能力减弱，使形核率和长大率都减小，甚至为零（图 1-31 中虚线部分，冷速达每秒上万摄氏度时），金属原子则无法规则地排列成晶体，从而形成非晶态金属。

由以上分析可知，增大铸件的冷却速度是细化晶粒的有效办法，如采用金属模浇注、加内冷铁、采用低温浇注或用水冷模等，都可达到细化晶粒的目的。

2. 不熔杂质

液态金属中如果有不熔杂质或高熔点金属时，可促进非均匀形核，从而增大形核率。因此，在铸造生产上，常常加入一些难熔的合金粉末，即人工晶核，以细化晶粒，这种方法称为变质处理。加入的人工晶核称为变质剂。例如，在灰口铸铁的铁水中加入硅钙合金粉末，以细化铸铁中的石墨片；在铝合金中加入钠盐，在钢中加入稀土合金，以细化金属组织。

3. 金属的流动与振动

如果能增加铸件中液态金属的流动，不但可增加冷却速度，还可将枝晶冲断，增大形核率。因此，生产上可以在铸件或铸锭周围加一人工磁场，进行电磁搅拌，或进行超声搅拌、机械振动等，或采用离心浇注，都可以得到较高质量的铸件。

（四）固态金属的同素异晶转变

有些金属（铁、钴、钛、锰、锡等）从液态结晶以后，在继续冷却过程中还会发生固态的晶格转变。固态金属由一种晶格向另一种晶格的转变，称为同素异晶转变，也称为同素异

构转变，或者称为固态转变、相变等。

图 1-32 所示为工业纯铁的同素异晶转变。铁的熔点为 1538℃，铁在结晶后具有体心立方晶格，称为 δ-Fe；在冷至 1394℃时，发生同素异晶转变，转变为具有面心立方晶格的 γ-Fe；再继续冷却时，到 912℃又转变为具有体心立方晶格的 α-Fe，再冷却时将不再发生结构的变化。912℃ 以下的 α-Fe 和 1394℃ 以上的 δ-Fe 具有同样的晶体结构，但晶格常数略有不同。

金属在一定的平衡转变温度下发生从一种晶格向另一种晶格的同素异晶转变时，也必然是通过金属原子的重新排列来完成的，这与液态金属结晶时原子的重新排列是相似的，即有一定的转变温度，转变需要一定的过冷（或过热），其转变过程也是通过形核—长大来完成的。

固态转变与液态结晶的不同点是：液态

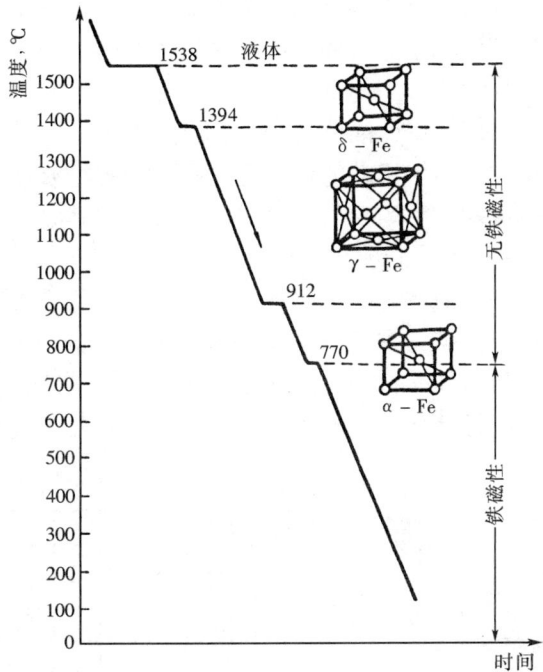

图 1-32　工业纯铁的冷却曲线及晶体结构变化

金属结晶时，既可在液态金属中形核，也可在不熔杂质上形核。而固态转变时，只能在某些特定的地点（如第二相界面上、晶界上、缺陷处）形核；当旧晶体的晶粒细小时，形成新的晶粒时形核率高，因而新晶体的晶粒也就细小；固态转变所需的过冷度要大于液态结晶时的过冷度，这是因为在固态转变时，需要原子的扩散。原子在固态扩散迁移，当然比在液态困难得多，在冷却速度很快时（如淬火），有时能达到几百摄氏度的过冷度。另外，在发生固态转变时，常常还伴有体积的变化，如 γ-Fe 转变成 α-Fe 时，其体积膨胀 1%，导致金属内部产生内应力，这种内应力称为组织应力。

第三节　金属的塑性变形与再结晶

金属在外力作用下，随着力的不断增加，可先后发生弹性变形、塑性变形，直至断裂。这在图 1-2 所示的拉伸试验时的应力—伸长率曲线中可以清楚地看出。

在应力低于弹性强度 σ_e 时，金属所发生的变形为弹性变形。其特点是在外力去除后，变形便消失了，这种变形是暂时变形。当应力大于屈服强度后，金属所发生的变形则为塑性变形。其特点是在外力去除后，塑性变形部分就保留了下来，属于永久变形。当应力大于抗拉强度 R_m 时，金属就会很快断裂。

金属的塑性是指材料能承受永久变形的能力。金属发生塑性变形后对组织和性能都会有明显的影响，本节将探讨这个问题。工业用的金属均为多晶体，其塑性变形过程较为复杂。下面先分析单晶体，然后再讨论多晶体。

一、单晶体的塑性变形

晶体塑性变形的主要形式是滑移和孪生。

（一）滑移

如果对单晶体金属锌做拉伸试验，当单晶锌被拉长后，锌的表面出现许多倾斜的近乎平行的细线，称为滑移线。在锌晶体的内部，发生了一部分晶体相对于另一部分晶体的相对滑动，即滑移。

对滑移后的晶体进行 X 射线分析表明，晶体发生相对滑动后仍然是完整的晶体，且晶格位向不变，滑动的距离是晶格常数的整数倍。这种由整个晶体沿着一个滑移的平面发生的整体滑动，称为刚性滑移。发生滑移的晶面，称为滑移面。

1. 滑移的受力分析

当单晶体发生滑移时，对滑移面上的受力情况做一下分析，如图 1-33 所示。作用在滑移面上的拉力 F 可以分解为垂直滑移面的正应力分量 σ 和平行滑移面的切应力分量 τ。由图中分析可知，作用在滑移面上的正应力 σ 只能引起晶格的弹性伸长，即弹性变形，应力取消时，弹性使变形恢复原状。只有在 σ 很大（超过原子间的结合力）时，才能将晶体拉断。

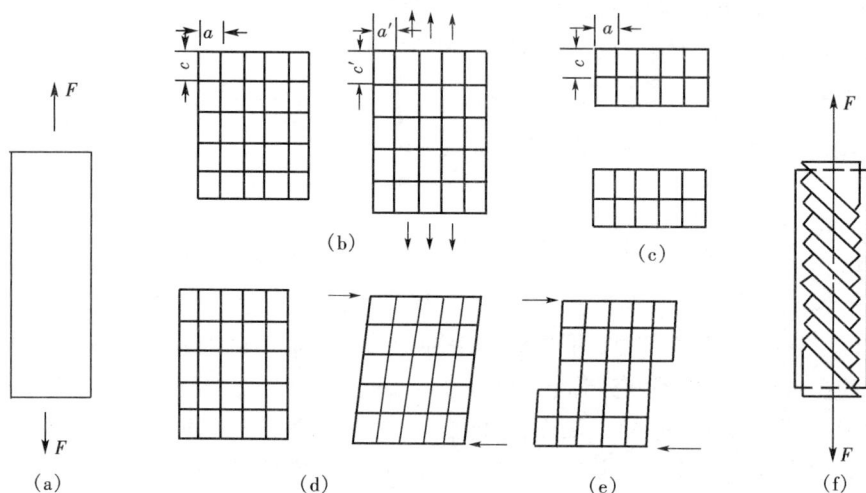

图 1-33　正应力及切应力对晶体的作用

(a) 未变形；(b) 弹性正应变；(c) 断裂；(d) 弹性切应变；(e) 滑移；(f) 变形后的晶体

晶体在切应力作用下，发生剪切弹性变形。这时，如果取消外力，晶体则恢复原状。但当切应力分量大到一定值时，晶格发生刚性滑移。能使晶体滑移的最小分切应力，称为临界切应力。

从金属晶体受力分析可知，作用在滑移面上的正应力分量远远没有达到晶体结合力时，切应力分量已经达到临界切应力值。因此，金属受力后总是先发生塑性变形，在大量塑性变形后才发生断裂现象。

实验还证明，晶体在产生滑移变形时，不是沿着任何晶面都能滑移的，只有在原子最密排的晶面上才能发生滑移。晶体中原子排列最密的晶面，称为密排面。这些密排面往往就是滑移变形的滑移面，如图 1-34 所示。其中（a）为示意图，（b）为实例。图 1-34（a）表示（面心或体心）立方系晶体的切面，图中Ⅰ-Ⅰ面是密排面。由于密排面内原子之间的距离小，结合力强，而密排面与密排面间距离远，结合力弱，因此，产生滑移所需的能量小；相反，非密排面（Ⅱ-Ⅱ面）内原子间的距离大，结合力弱，而面与面间距离小，滑移一个原子间距所需的能量要大得多。因此，图1-34（a）中的Ⅰ-Ⅰ面就可能成为滑移面。图1-34（b）为奥氏体钢中的滑移面形貌。计算和实验均可证明滑移面只能是晶体中最密排的晶面。

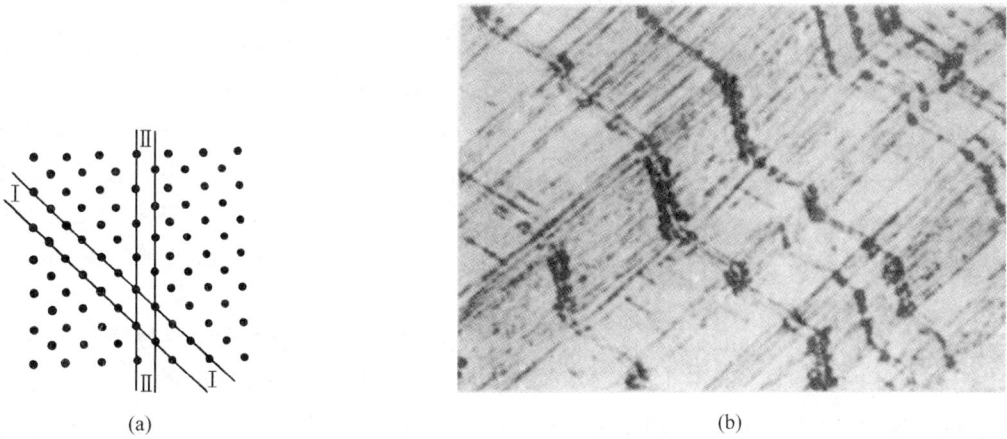

图1-34　滑移变形

（a）滑移面示意；（b）奥氏体钢中的滑移面

　　根据同样的道理，当晶体沿着密排面滑移时，滑移的方向一定是沿着面内最密排的方向。这是因为密排方向上原子之间的距离小，滑动一个原子间距所需的能量小的缘故。

　　一个密排面及面上一个密排的晶向，组成一个可能滑移的通道，称为滑移系。显然，晶体中滑移系越多，其塑性就越好。面心立方晶格与体心立方晶格金属的滑移系比密排六方晶格金属的滑移系多，因此密排六方晶格的金属镁、锌等塑性较差。面心立方晶格与体心立方晶格的滑移系虽然相同，但滑移方向对塑性的贡献更大些，因此具有面心立方晶格的铜、铝、镍和γ-Fe等比具有体心立方晶格的铬、钼、钨、钒、α-Fe等塑性好。

　　2. 滑移的机理

　　金属晶体如果按照上述刚性滑移的机理发生滑移变形，即部分晶体发生整体滑动时，所需的切应力比实际晶体滑移时所需的临界切应力大二至三个数量级。如铁在刚性滑移时所需的切应力为2300MPa，而实际测得的临界切应力为29MPa；铜在刚性滑移时所需的切应力为1540MPa，而实际测得的临界切应力为1MPa。这说明实际晶体滑移时，并不是刚性滑移。

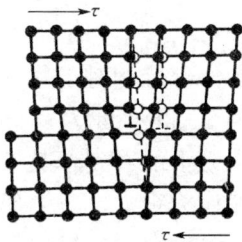

图1-35　位错移动示意

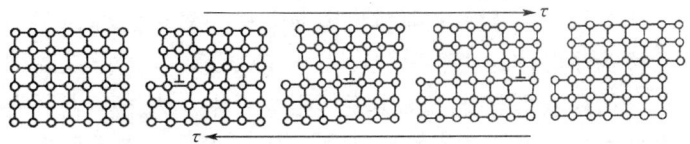

图1-36　滑移的位错移动机理

　　近几十年的研究和实验证明，滑移变形的真正机理是由位错的移动来完成的，如图1-35所示。由图1-35可以看出，在剪切应力作用下，刃型位错从实线位置移动到虚线位置，位错线附近的原子仅需移动很小的距离，所需要的能量是很小的。在切应力的作用下，位错从晶体的一端运动到另一端，其结果是整个晶体滑动了一个原子间距，如图 1-36 所示。这个结果和刚性滑移的结果是相同的，而其微观过程是由位错的移动来完成的。金属中存在着大量位错，位错沿着滑移面运动，在宏观上引起金属的塑性变形。

由以上分析可知，金属的键合力是很高的，即其本质强度很高，但在外力作用下，金属中所存在的大量位错在切应力很小时即可运动，导致滑移变形。金属经一定量的塑性变形后，内部缺陷增加，以致断裂。因此，金属中位错的数量、分布对金属的性能影响很大。假如金属中没有位错，金属的塑性变形只有依刚性滑移来进行，金属的强度就很高。随着位错数量的增加，金属的强度下降，但当位错数量增至很大时，位错线之间发生的交互作用，反而阻碍位错的移动，金属强度又有上升的趋势。金属强度与位错密度的关系如图 1-37 所示。

位错的数量用位错密度 ρ（$1/cm^2$）表示，ρ 为单位面积上位错线的数量。在实际金属中，由于结晶和金属加工等原因，是不可能没有位错或使位错密度很低的。在退火钢中，位错密度通常在 $10^6 \sim 10^8 1/cm^2$ 的数量级，而在承受冷塑性变形之后，位错密度可达到 $10^{12} 1/cm^2$ 数量级。

金属经冷塑性变形后由于位错密度增加，使晶格发生畸变，而导致强度和硬度上升的现象，称为加工硬化，工程上又称为冷作硬化。同样地，可以想出许多办法使位错运动受到阻碍，即增加临界切应力 τ_K 的值，因此，阻碍位错的运动是增加金属强度（即强化）的方法之一。金属的强度、硬度增加，塑性、韧性就会降低。

从对金属塑性和强度本质的分析，可以更深刻地理解强度和塑性的物理意义。

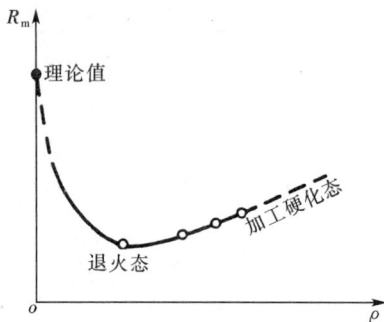

图 1-37 金属强度 R_m 与位错密度 ρ 的关系

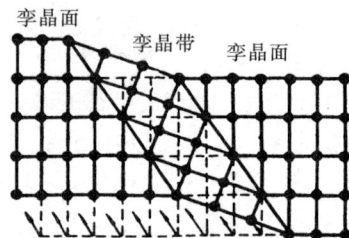

图 1-38 孪生变形示意

（二）孪生

孪生是晶体的另一种塑性变形方式。在切应力作用下，晶体的一部分相对于另一部分产生剪切变形，变形后的晶体呈镜面对称，对称面称为孪晶面，如图 1-38 所示。晶体发生孪生后称为孪晶体，由于其位向发生了改变，经过抛光腐蚀后在显微镜下能看到孪晶带。

与滑移变形相比，孪生变形很少发生。因为孪生所需的剪切应力很大，孪生变形往往只在低温的体心立方晶格金属中发生，或在滑移系很少的密排六方晶格金属中发生，或在受到冲击变形的金属中发生。

二、多晶体的塑性变形

实际使用的金属材料几乎都是多晶体。多晶体塑性变形时，每个晶粒的塑性变形与单晶体塑性变形基本相同，但由于晶界的作用及相邻晶粒之间位向不同，多晶体的塑性变形与单晶体相比又有所不同。下面从晶界和位向差两个方面讨论多晶体塑性变形的特点。

（一）晶界的影响

晶界是相邻两个晶粒的边界，晶界上的原子排列是无规则的，金属中的杂质原子往往存在其间，这对于位错的运动形成很大阻力。有人用只有两个晶粒的试样进行拉伸试验，变形后试样出现了所谓"竹节现象"，如图1-39所示。这说明晶界附近晶体的塑变抗力很大。由此可以推断，多晶体金属的晶粒越细小（单位体积内晶粒数越多）时，该晶体的塑变抗力越大，即强度越高。

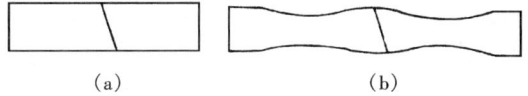

图1-39　两个晶粒的试样拉伸
时的"竹节现象"
(a) 变形前；(b) 变形后

（二）位向差的作用

从材料力学知道，拉伸试样受拉时，外力的切应力分量在与外力呈45°角度时最大。因此，晶体中与外力方向接近45°的滑移系最容易发生滑移，而接近0°与90°时，切应力分量最小，晶体不易发生滑移。由于多晶体金属中相邻晶粒之间晶体位向不同，当一个晶粒的位向接近45°发生滑移时，必然受到相邻晶粒的牵制作用，相邻晶粒间的位向差越大时，牵制作用越大，从而增加了塑变抗力，使强度提高。

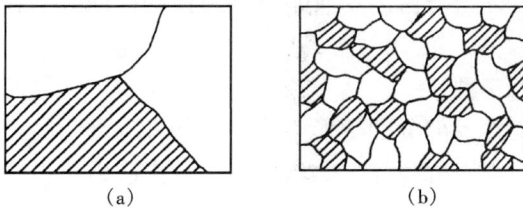

图1-40　晶粒大小对塑性变形影响示意
(a) 粗大晶粒的金属；(b) 细晶粒的金属

由以上分析可知，金属的晶粒越细，其强度就越高。细晶粒的金属不仅强度高，塑性也好，这是因为多晶体在应力作用下，塑性变形分散在更多的晶粒之中，晶粒越细，多晶体各处的塑性变形就越均匀。相反，多晶体的晶粒很粗大时，某些大晶粒的位向不利于滑移变形，则在较大的体积内牵制塑性变形，使塑性变形不均匀。图1-40示意地反映出晶粒大小对塑性变形的影响，图中带阴影线的晶粒是位向接近45°易于变形的晶粒。显然，图（a）中晶体对塑性变形的牵制作用比图（b）晶体的大，而图（b）晶体的塑性变形分布均匀，塑性好。

在实际生产中，我们总是希望金属零件的晶粒越细越好。在电力设备中，有些重要零件的晶粒度被限定在一定级别之内，尤其是承受冲击的构件，如碎煤机的锤头和锤杆，细晶粒金属的强度高、塑性好，则冲击韧性也高，能够承受反复的冲击而不易产生疲劳损坏。

三、冷塑性变形对金属组织和性能的影响

金属材料在外力作用下产生塑性变形，其内部的组织和力学性能、物理、化学性能也发生一系列的变化，主要的变化是加工硬化，同时在金属内部产生形变内应力。

（一）加工硬化

从低碳钢的拉伸曲线（见图1-2）可以看出，金属在受外力作用屈服后，如继续变形则需要增加应力，即随着塑性变形的增加金属不断强化、硬化，直至达到抗拉强度，这种现象称为加工硬化。例如A3钢，抗拉强度要比屈服强度高出一倍左右，因而这种强化作用是不可忽视的。尤其对于纯铜等不能利用热处理强化的纯金属，是一种强化金属的重要方法。

低碳钢的加工硬化现象如图1-41所示，出现了加工硬化后强度可提高80%以上。建筑

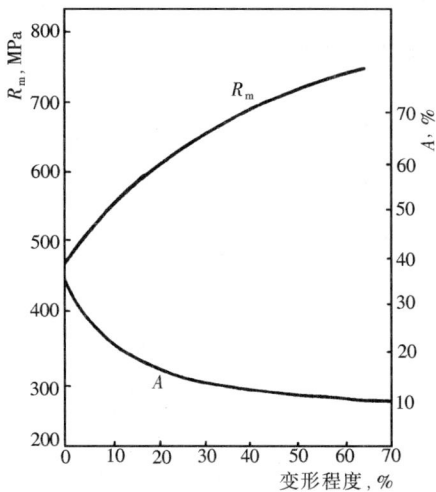

图 1-41　低碳钢的加工硬化现象

用钢筋应先经过冷拔强化。在电力工业中，有些零部件如斗轮机斗齿、冷卷弹簧等都是利用加工硬化进一步提高强度的。但加工硬化会使金属的电阻增加，耐腐蚀性下降，特别是金属的塑性、韧性下降，这是设计人员需要考虑的。

观察不同加工量（形变量）金属的显微组织，会发现金属的晶粒逐渐被拉长，甚至会变成细条状、纤维状，这说明晶粒发生碎化，亚晶的数量增加。晶界和亚晶界数量的增加，使位错运动受阻，形变抗力加大，导致强度和硬度增加。另外，随着塑性变形量的增加，位错密度增加到 $10^{12}/cm^2$ 数量级，使运动中的位错发生复杂的交互作用，位错线相互缠结、堆积，阻碍了位错的运动，也会使强度、硬度提高，塑性、韧性下降。

（二）形变内应力

金属经塑性变形后，由于多晶体的变形不均匀，有的晶粒须以弹性变形协调整体的变形，又由于塑性变形产生了大量的缺陷，因此，外力所做的功有一小部分以弹性能的形式残存于晶体中，称为形变内应力。

形变内应力按照其存在的范围不同，可分为三种。

第一类内应力，也称为宏观内应力。由于工件各部分的变形不均匀，如杆件受弯时，一边受拉应力，另一边则受压应力。这是一种存在于工件整体上的内应力，这类应力只占全部应力的 1%～2%。

第二类内应力，也称为显微应力。这是由于金属各个晶粒间因变形不均匀形成的应力，它存在于晶粒和亚晶粒之间，这类应力也只占全部应力的 1%～2%。

第三类内应力，也称为晶格畸变应力。由于金属在塑性变形时产生了大量的位错和点缺陷，使晶格发生畸变，储存了较高的能量，这种晶格畸变的内应力占全部内应力的 97% 左右。

金属经塑性变形后的形变内应力会使金属零件在使用中形成应力集中，引起裂纹，也会因使用中应力松弛导致工件变形，塑性变形引起的应力腐蚀还会使金属生锈，这都是应该避免的。因此，金属在经过大量塑性变形加工后，一般都需要做退火处理，以消除内应力。

四、回复与再结晶

经过塑性变形的金属，发生了一系列的组织、结构和性能的变化，金属晶体的晶格也发生大量畸变，处于热力学不稳定状态。由于塑性变形而储存在晶体中的这部分能量称为形变储存能。金属有自发地降低能量恢复变形前组织、结构的趋势，因此，形变后的金属加热时，将发生一系列的组织和性能的变化，变化的主要形式是回复与再结晶。

1. 回复

经过塑性变形的金属在加热温度较低时，金属组织基本不变，硬化现象仍然保留，但内应力大大消除，这种现象称为回复。

由于偏离平衡位置的原子有自发地回到平衡位置的趋势，邻近的空位与间隙原子互相抵消，或并入其他缺陷；位错的排列趋于整齐，在位错自身应力场的作用下，能自发地进入能量低的稳定状态。位错从无规则分布，转化为垂直分布的"位错墙"，即形成小角度晶界或亚晶界，如图 1-42 所示，从而出现许多新的亚晶结构。

由于加热温度较低，原子的活动能力（扩散）较低，晶粒被拉长、碎化等组织变化不能恢复，位错密度也不能明显降低，即形变金属的显微组织和结构没有明显变化。因此仍保持高的塑性变形的抗力，即保留了加工硬化。但晶格畸变应力大大下降，使内应力大部分消除。回复现象对于那些需要保留加工硬化又需要消除内应力的零件（如冷卷弹簧在 200～300℃ 消除应力退火），具有实用意义。

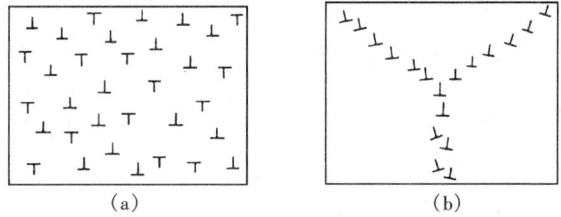

图 1-42　回复时多边形化示意
（a）变形金属的位错分布；（b）多边形化后的位错分布

2. 再结晶

塑性变形后的金属在较低温度下加热时，虽经回复使内应力大部分消除，但显微组织和结构没有明显的改变，形变储存能未能完全释放，金属组织仍处于不稳定状态。如继续提高加热温度，使金属原子的扩散能力增加，这种高能不稳定状态将消除，晶粒拉长和碎化趋于消失，金属的组织、性能完全恢复到变形前的状态。这种变化实质上是一个重新形核、长大的过程，称为再结晶。

实际上，再结晶是回复过程的继续。形核的微观过程是：位错重新排列而出现整齐、稳定的亚晶粒，进一步升高温度使亚晶粒合并，形成较大的亚晶，再逐渐长大形成晶粒。再结晶后的金属组织与形变前的退火组织相同，加工硬化现象完全消失，位错密度也降至变形前的状态，如图 1-43 所示。

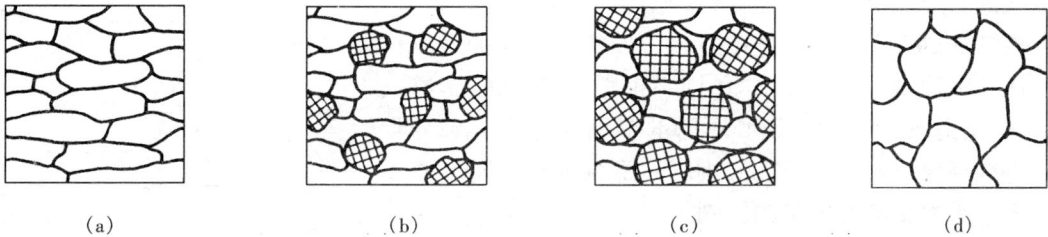

图 1-43　再结晶时晶粒长大示意
（a）冷塑变后的晶粒；（b）再结晶晶核的形成；（c）再结晶晶粒的长大；（d）再结晶过程完成

再结晶是重新形核、长大的过程，但与液态变成固态的结晶不同，再结晶是在变形最严重、储存能最高的地方首先形核。长大过程也不是呈树枝状长大而是亚晶的合并长大形成新的晶粒；再结晶与同素异晶转变也不相同，它没有发生原子排列结构的变化，即无晶胞类型的变化，因此不属于相变过程。

3. 再结晶温度与晶粒长大

再结晶过程不是相变，而是以降低储存能为驱动力的组织变化。因此再结晶温度不是固定的温度，而是在一定范围内变化。它受形变量大小、金属的纯度、加热的温度和时间等因素影响。

再结晶温度首先取决于金属的预变形程度。没有产生塑性变形的金属加热时不会出现再结晶的现象。金属的预变形度越大，其形变储存能就越多，加热时再结晶的倾向就越大，所需的再结晶温度也越低。当形变量大到一定程度后，再结晶温度趋于某一固定值，如图 1-44 所示，这一温度值称为最低再结晶温度（T_a）。金属的最低再结晶温度与金属的熔点有关，高熔点的金属 T_a 较高；反之则低。T_a 与金属熔点 T_R 的关系为

$$T_a \approx (0.35 \sim 0.40) T_R$$

式中温度以热力学温度计算。

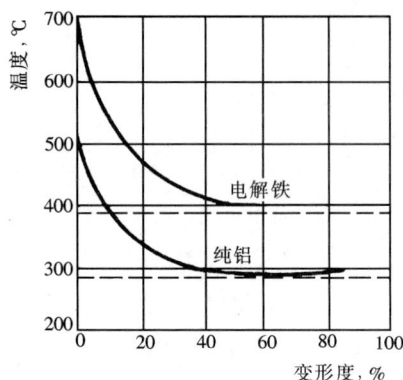

图 1-44 再结晶温度与
预变形量的关系

其次，再结晶温度与金属的成分和组织有关。金属中的杂质，特别是合金元素，大多能阻碍金属原子的扩散，即减缓再结晶过程，所需的再结晶温度则高一些；如果金属中存在第二相颗粒，尤其是弥散分布的第二相颗粒，也可能阻碍原子的扩散，使再结晶温度升高。

再结晶过程是靠原子扩散来实现的，需要一定时间，因此加热速度越快，保温时间越短，所需的再结晶温度就越高，反之则越低。

再结晶的过程实质上是亚晶粒长大的过程，当形变储存能释放后，金属获得细小均匀的多晶体组织。但加热温度过高，保温时间过长，都能使已形成的细晶粒组织继续长大，而成为粗大晶粒的组织，使金属的性能变坏，这是应该力求避免的。回复、再结晶和晶粒长大过程中，随加热温度的增加，组织和性能变化如图 1-45 所示。

再结晶退火在工业生产中适用于冷拔、冷拉的金属材料。往往在冷拔或冷拉后，安排一道或数道再结晶退火（也称中间退火）工艺，使变形后的金属性能恢复到变形前，再继续变形，如冷拔无缝钢管，冷拉钢丝、铜丝等。

五、热加工与冷加工的区别

前面讨论的金属塑性变形是在常温下进行的，通常称为冷加工变形。由于冷加工变形时变形抗力大，并引起加工硬化，对于截面尺寸大的工件（如钢锭）或较为硬、脆的材料（如工具钢），冷加工变形则无法进行。金属加热后，其塑性变形抗力会减小，塑性也大大增加，可以用热

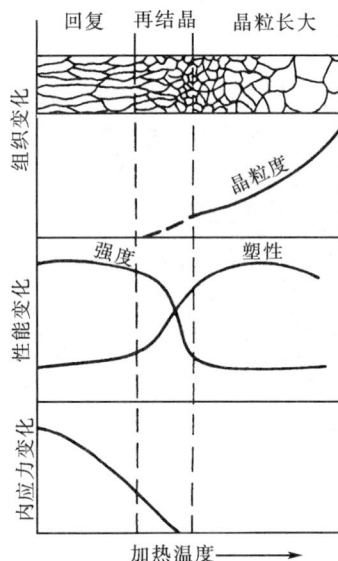

图 1-45 加工硬化的金属
在加热时组织与性能的变化

轧、热锻等工艺加工成型。但是，由于金属的熔点不同，塑性变形抗力差别很大，如钨、钼等在 1000℃时其塑性变形抗力仍很大，而铅、锡等在室温时其塑性变形抗力就很小。因此，用金属学的观点来看，凡在金属的再结晶温度（T_a）以下的加工变形称为冷加工，而在再结晶温度以上的加工变形称为热加工。

金属热加工的塑性变形量大，不会出现加工硬化，可以很快加工成型。在热加工中，金属的某些缺陷（如气孔、裂纹等）可以在高温下焊合，因而热加工后金属的组织细密，质量好。故许多重要工件在机加工前，往往安排一道锻造工序，如汽轮机的主轴、叶轮、叶片，

发电机，风机，水泵的主轴、齿轮等。

第四节 合金的相结构及二元合金相图

一、合金的相结构

工业上应用得最多的金属材料是合金而不是纯金属。纯金属虽有优良的导电、导热等性能，但冶炼和提纯困难，特别是力学性能低，因而应用范围窄小，不能满足工业生产的不同要求。可以用改变成分、组织、结构的办法得到性能各异的合金材料，以满足日益发展的工业和国民经济的需要。

（一）合金的概念

由一种金属元素与另一种或多种金属元素或与非金属元素组成的具有金属特性的物质称为合金。例如，铜和锌组成的合金称为黄铜，铁和碳组成的合金称为钢或铸铁，铝、镁和铜组成的合金称为硬铝等。

组成合金的基本物质，称为组元。组元通常是金属或非金属元素，也可以是稳定的化合物，如黄铜中的铜和锌，硬铝中的铝、镁、铜等。在钢和铁中铁和 Fe_3C 化合物，在铝铜合金中铝与 $CuAl_2$ 化合物，都可称为组元。由两个组元组成的合金，称为二元合金。同样，根据组元的个数不同有三元、多元合金。由给定的组元可以组成成分不同的一系列合金，这一系列合金称为合金系。例如铜和锌可以配制出任何比例的铜锌合金，称为铜-锌系。铜-锌系是二元系，如果是三个或多个组元组成的合金系，则称为三元系或多元系。

合金组织中，具有同一成分、同一原子结构、与周围物质以明显界面分开的各个均匀部分，称为合金相，简称相。合金组织是由相所组成的。如果合金组织由一个相组成，称为单相组织。同样，根据相的个数不同有两相、三相或多相组织。前几节讲到的纯金属组织是由许多小的晶粒组成的，每个晶粒有界面分开，但各晶粒内部的化学成分、原子结构都相同，是同一相，所以纯金属是单相组织。如果合金组织中的各个晶粒都是由单一的合金相组成的，该合金也属于单相组织。在工程上应用的合金中多数是由两个或两个以上的相组成的，即两相或多相组织。图1-46、图1-47所示分别为单相与多相组织的合金显微组织照片。

合金的性能是由合金的成分和组织决定的，即取决于组织中的相、相的成分、相的相对量、相的形态和分布情况。下面讨论组成合金的相结构。

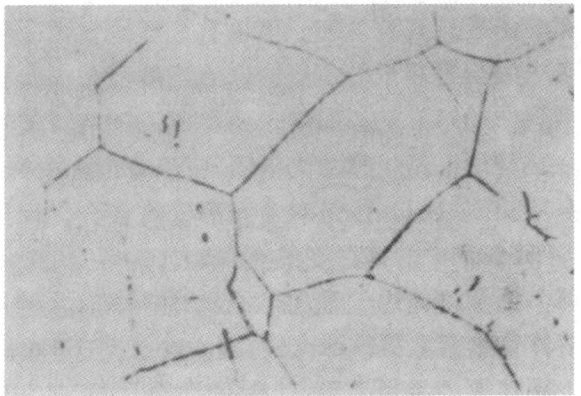

图1-46 单相的奥氏体钢的显微组织（600×）

（二）合金的相结构

固态合金的相结构（组成合金的相）分为两类，即固溶体与化合物。

1. 固溶体

合金元素在液态时是完全互溶的，形成均匀的合金溶液。如果合金自液态结晶所形成的晶体也是完全互溶的，就像固态的溶液一样，且其原子结构仍与合金中某个组元的结构相同，这样的固态金属相称为固溶体。

固溶体的晶体结构与合金中某一组元的结构相同时，该组元称为溶剂，其他组元则称为溶质。例如前述的黄铜（H80），含有 80% 的铜（溶剂）与 20% 的锌（溶质），黄铜的组织是单相的 α 固溶体，具有与铜相同的面心立方结构。

依照溶质原子在溶剂中存在的形式不同，固溶体又分为置换固溶体和间隙固溶体，如图 1-48 所示。

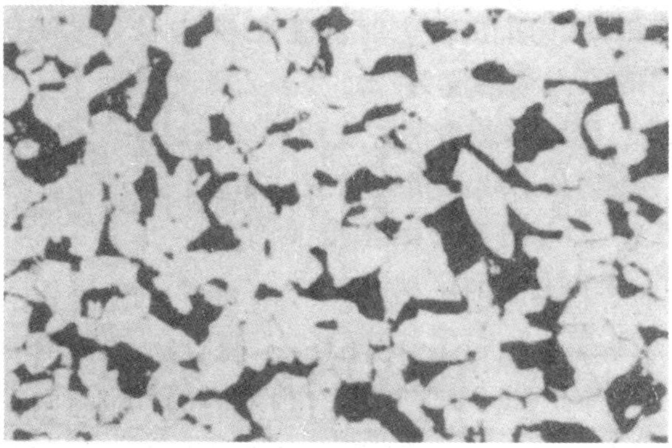

图 1-47　多相的 40 号钢的显微组织（410×）

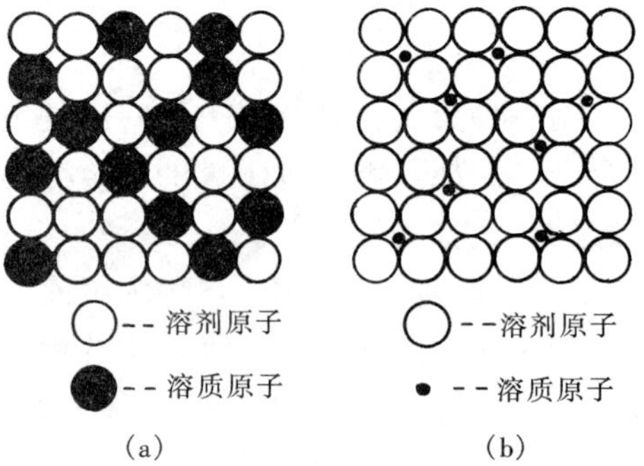

○－－溶剂原子　　　　　○－－溶剂原子
●－－溶质原子　　　　　·－－溶质原子
　（a）　　　　　　　　　（b）

图 1-48　固溶体的两种类型
（a）置换固溶体；（b）间隙固溶体

（1）置换固溶体。溶质原子如果取代溶剂原子的位置而存在，这类固溶体称为置换固溶体［见图 1-48 (a)］。在合金中，当溶质原子与溶剂原子半径相差不很大时，通常易形成置换固溶体。一种金属与另一种金属的原子之间通常形成置换固溶体。

固溶体中能够溶解溶质的最大限量称为溶解度，也称为固溶度。固溶度一般随着温度变化而改变，通常是随着温度升高而增加，但也有相反的情况。当溶质原子与溶剂原子半径相近，在元素周期表中的位置邻近时，固溶体的溶解度较大，反之则较小。如果满足这样的条件，溶质与溶剂的原子结构也相同时，两种原子还有可能以任何比例互相置换、互为溶剂，形成固溶体。这种固溶体，称为无限固溶体，如铜与镍、金与银、铁与铬等。这样的合金组织，是具有单相的组织。但是对于大部分的合金，固溶度是有限的，称为有限固溶体，如在 456℃ 时，锌在铜中的固溶度最大（39%）。

（2）间隙固溶体。当固溶体中的溶质原子尺寸较小时，溶质原子在溶剂原子的点阵间隙中存在，这类固溶体称为间隙固溶体［见图 1-48 (b)］。在间隙固溶体中，通常的溶质原子是碳、氢、氧、氮、硼等原子半径小于 0.1nm 的非金属原子。当溶质与溶剂的原子半径之比 $r_质/r_剂 < 0.59$ 时，可以形成间隙固溶体。

例如碳原子溶入体心立方晶格的 α-Fe 中所形成的间隙固溶体称为铁素体，碳原子溶入面心立方晶格的 γ-Fe 中所形成的间隙固溶体称为奥氏体。由于溶剂晶格中的空隙有限，间隙固溶体的溶解度都是有限的。如在 727℃ 时，碳在铁素体中的最大固溶度为 0.02%；在 1148℃ 时，碳在奥氏体中的最大固溶度为 2.11%。

（3）固溶体的性能。固溶体是由两种或两种以上原子组成的合金相结构，由于原子的尺寸大小和性质不同，必然会引起晶格的畸变，如图 1-49 所示。事实证明，间隙固溶体所引起的晶格畸变更大些。

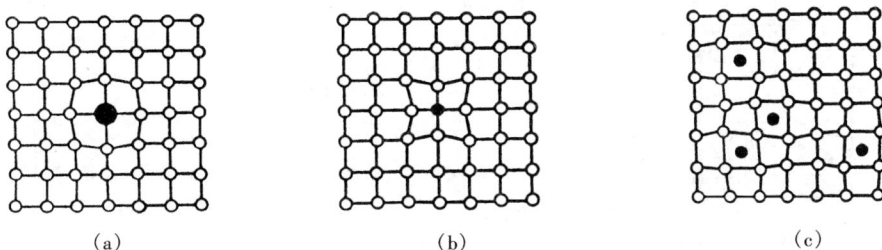

图 1-49　固溶体的晶格畸变
(a)、(b) 置换固溶体；(c) 间隙固溶体

晶格的畸变必然使位错运动受到一定程度的阻力，增加了塑性变形抗力，使金属的强度、硬度升高。但在较大的应力作用下，位错仍能向前运动，因而金属的塑性并没有明显的降低。合金设法配制成固溶体，在保持好的塑性基础上，提高其强度，这种方法称为固溶强化。

固溶强化是金属强化的方法之一，例如在碳钢中加入少量合金元素，可以使合金的强度提高又不失去韧性。在低碳钢中加入 1.3%～1.6% 锰的低合金钢，强度可以从 240～260MPa 增加到 300～400MPa，电厂锅炉的汽包就是用这种材料制成的。也有的在锅炉汽包的碳钢中加入锰、钼、铌，以提高其强度。利用固溶强化的方法提高金属的强度主要适用于结构材料。但是，单纯用固溶强化的方法对材料的强化是有限的，若要进一步提高强度或硬度，还要配合其他强化金属的方法。与下面讲到的化合物相比，固溶体在合金中是一种韧性相。

2. 化合物

从化学中可知，元素在周期表中的位置相距越远时，其亲合力就越强，越容易化合并形成稳定的化合物。在合金中，如果溶质的原子超出固溶体的溶解度，便会析出新相（沉淀）。新相可能是以另一种组元为溶剂的固溶体，也可能是由组元组成的具有新的晶体结构的中间相，即化合物。

合金中的化合物有两类，一种是以金属键为主，形成具有金属性质的化合物，称为金属化合物；另一种是以共价键或离子键结合的非金属化合物，如 SiO_2、FeS 等。后者不具有金属性质，属于有害杂质，使金属性能变坏，称为非金属夹杂。这里只讨论金属化合物。

金属化合物的晶体结构与组成它的组元不同，晶体结构一般比较复杂，属于第三种结构。金属化合物的熔点高、硬度高且脆，当它在合金中出现时，可使金属的强度、硬度提高，耐磨性提高，但塑性、韧性下降。金属化合物是合金钢（特别是工具钢）及有色金属中主要强化、硬化相。在合金中设法配制细小而分散的金属化合物，提高其强度和硬度，这种方法称为弥散硬化。

例如：在铁碳合金中，铁和碳原子可以结合成高熔点、亚稳定的化合物 Fe_3C。它有固定的原子比 3：1，性质硬且脆，从结构看，属于复杂间隙化合物，在铁碳合金中是一个组元，如图 1-50 所示。又如：当金属性更强的铬、钼、钨、钒、钛等金属原子与碳可形成熔点更高、硬度更高的稳定碳化物，从结构看，它们属于简单晶格的间隙化合物。例如钒与碳形成的 VC 化合物，具有面心立方晶格，碳原子规则地排列在八面体间隙的中心位置，VC

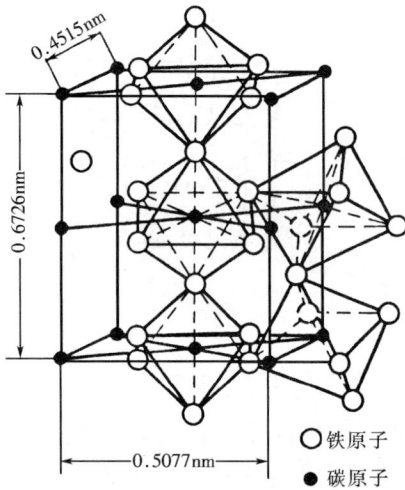

图 1-50　Fe₃C 的晶体结构

有固定的原子比（1∶1），它有极高的熔点（3023℃）和极高的硬度（HV2800）。在合金工具钢和硬质合金中，它与 WC、TiC 等是重要的硬化相。

二、二元合金相图

合金的性能是由合金的成分、组织决定的，研究合金成分、组织、性能之间关系最重要的工具是合金相图。二元合金相图是最简单的相图，也是研究多元相图的基础。

（一）相图的概念

二元合金的相结构有固溶体和化合物两类，合金组织中固溶体和化合物可以是一种也可以是多种，它们的种类和含量随着合金的成分而变化。对于某一成分的合金，在不同温度时其组织和组成相也不相同。这些规律均严格地在相图中表现出来。

合金相图又称平衡图或平衡状态图。它以合金成分为横坐标，以温度为纵坐标，表示同一合金系在平衡状态下不同成分的合金在不同温度下由哪些相组成，以及相间平衡关系的图形。平衡是指热力学平衡，即一定成分的合金在一定温度下各相的量不再发生变化，处于动态平衡状态。处在平衡状态下的相称为平衡相。

1. 相图的表示

纯金属的相图可以用表示温度的纵坐标及其上几个临界点表示。图 1-51 所示为工业纯铁的冷却曲线及相图。图中左边是工业纯铁的冷却曲线，右边是工业纯铁相图。相图中 3 点所表示的温度为工业纯铁的理论熔点，2、1 两点为两次同素异构转变的临界点。3 点以上是液相，3～2 之间为体心立方晶格的 δ-Fe 相，2～1 之间为面心立方晶格的 γ-Fe 相，1 点以下是体心立方晶格的 α-Fe 相。所以，纯金属相图用一温度轴即可表示出来。

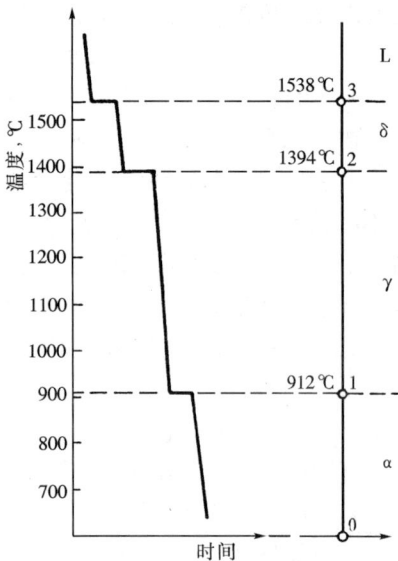

图 1-51　工业纯铁相图

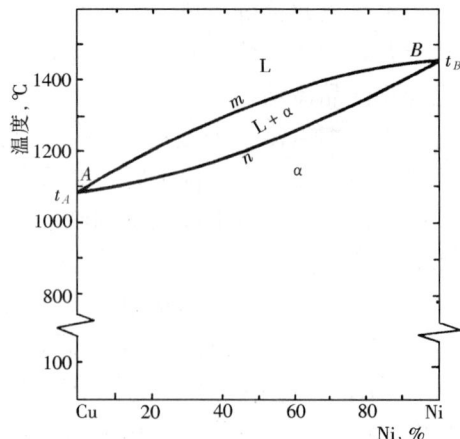

图 1-52　铜-镍合金相图

二元合金的组织组成的相不仅与温度有关，且与合金的成分有关。如用一横坐标表示合金的成分，用纵坐标表示温度，即可将不同成分的合金在不同温度下的平衡相及相间的平衡关系表示出来。图1-52所示为铜-镍合金相图，Cu-Ni横坐标表示从0％Ni至100％Ni的合金系的所有成分。这样二维坐标平面上任一点（称为表象点），即表示一个成分的合金在某一温度时的状态（相）。如表象点在 AmB 以上，表示合金处于液相（液态）；表象点在 AnB 以下，表示合金处于 a 固溶体相（固态）；若表象点在 AmB 与 AnB 之间，则表示合金处于两相平衡共存的状态。

2. 相图的测定

二元合金相图可以用多种方法测定，其中最简单、最常用的方法是采用热分析法。下面以Cu-Ni合金为例，介绍用热分析法测定相图的步骤。

（1）配制不同成分的Cu-Ni合金，测出结晶开始温度（上转变点）及结晶终了温度（下转变点），见表1-1。

表1-1　　　　　　　　不同成分Cu-Ni合金的结晶温度测定表

合金序号	含Cu量（％）	含Ni量（％）	结晶开始温度（℃）	结晶终了温度（℃）
Ⅰ	100	0	1084.5	1084.5
Ⅱ	80	20	1175	1130
Ⅲ	60	40	1260	1195
Ⅳ	40	60	1340	1270
Ⅴ	20	80	1410	1360
Ⅵ	0	100	1455	1455

（2）绘制表1-1所列六种成分合金的冷却曲线，如图1-53（a）所示。

（3）将各冷却曲线的临界点平移至相图上，如图1-53（b）所示，并将同类的点描成线，称为相界线（相线），即得到一个完整的Cu-Ni合金相图。

由图1-53可以看出，纯Cu与纯Ni的冷却曲线上都有一个小平台，表示纯金属结晶时，由于放出潜热，结晶在恒温下进行。而合金的冷却曲线却有两个转变点，上转变点表示结晶开始的温度，下转变点表示结晶终了的温度。两点间的冷却速度减慢，说明结晶过程中也有潜热放出。结晶过程是在一个温度间隔内完成的，在这个温度间隔内的某一温度，液、固两相平衡共存。随着温度降低，液相逐渐减少，固相逐渐增加，到下转变点时，完全结晶为固相。由上转变点连成的线 AmB 称为液相线，由下转变点连成的线 AnB 称为固相线。

用热分析法测定相图时，如果配制的合金越多，描的点越多，测得的相图就越精确。

除了热分析法之外，相图还可以用磁分析法、电阻法、膨胀法及热力学计算法测得，这些方法分别利用了合金在相变时物理性能和物理化学性能发生变化而测得的。

（二）杠杆定律

由二元合金相图不仅可以确定任何成分的合金在任何温度下有哪些相，还可以借助杠杆定律确定两相区内两个平衡相的成分及两个平衡相的相对质量，如图1-54所示。因此，杠杆定律是分析二元合金相图的重要工具。

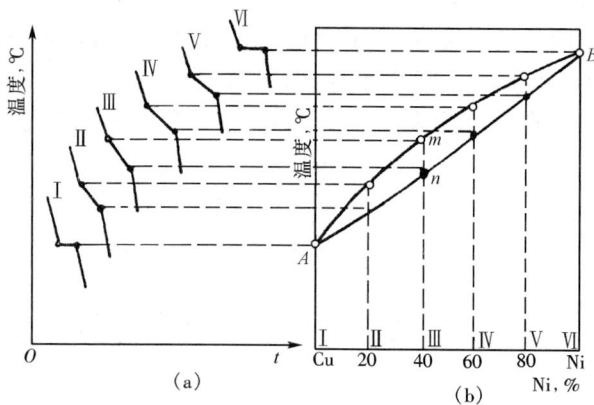

图 1-53 Cu-Ni 合金相图的绘制
(a) 冷却曲线；(b) 相图

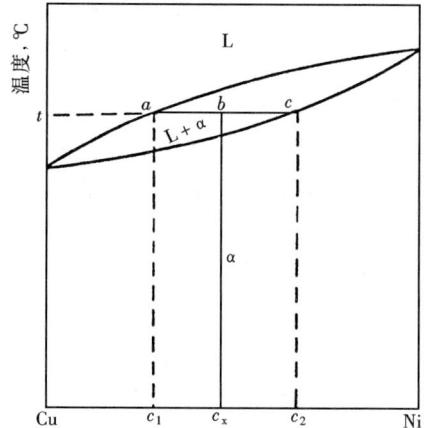

图 1-54 杠杆定律的证明

1. 确定二平衡相的成分

在图 1-54 给出的 Cu-Ni 合金相图中，液相线以上是液相区 L，固相线以下是固相区 α，两相线之间是二相平衡共存的两相区 L+α。若有任何一个成分的合金 c_x，在温度 t℃时处在两相区 L+α 内，这时的表象点为 b。若通过 b 点作一水平线与液相线及固相线相交于 a、c 两点，则 a、c 点的成分 c_1、c_2 即是两平衡相 L 及 α 的成分，其原因可做如下分析：

设有 c_1 成分的合金，当它从液相区冷至 a 点（t℃）时，恰好达到饱和（临界温度）。若温度稍低，就会析出 α 固溶体，温度稍高，则未达到饱和。同样，c_x 成分的合金在 t℃ 时有两相平衡共存，其中液相恰好处在（临界）饱和状态，若其成分不是 a 点的成分 c_1，液相的成分无论偏左或偏右都会偏离饱和（临界）状态而失去平衡。由此可以确定 c_x 成分的合金在 t℃ 时，液相的成分是 a 点的成分 c_1。

同理可以推断固相的成分是 b 点的成分 c_2。假设有 c_2 成分的固态合金自室温加热至 t℃，恰恰达到临界状态。温度稍高，则开始熔化，温度稍低，则未达到临界状态。c_x 成分合金的平衡固相成分若不是 c_2，其表象点无论向左或向右偏离 b 点都会失去临界熔化状态。由此可以确定 c_x 成分的合金在 t℃ 时的固相成分是 c 点的成分 c_2。

由以上分析可知，合金在结晶过程中，固、液两相的成分都不是合金的成分（c_x），而是随着温度的降低在不断变化，即当液态金属的温度刚刚降至液相线之下时，开始结晶出的 α 固溶体含高熔点组元（Ni）多，随着温度的降低，不断结晶出 α 固溶体，其成分中的 Ni 组元逐渐减少，直至全部液体都结晶成 α 固溶体时，合金的成分为 c_x。与此同时，液相成分也在变化，刚刚开始结晶时，液相的成分为 c_x，随着结晶过程的进行，液相逐渐减少，其含 Ni 量也逐渐减少，直至液相完全消失。由此可以得出结论：合金在两相区的结晶过程中，液相的成分沿液相线变化，固相的成分沿固相线变化。

2. 确定两平衡相的相对质量

图 1-54 所示的 Cu-Ni 合金相图中，仍以 c_x 成分的合金为例，设 c_x 成分的合金质量为 1，t℃ 时液相 L 的质量为 Q_L，固相 α 的质量为 $Q_α$，则

$$Q_L = 1 - Q_α$$

因为合金中含 Ni 量为 c_x，t℃ 时，固相中含 Ni 量为 c_2，液相中含 Ni 量为 c_1

则
$$Q_\alpha c_2 + Q_L c_1 = 1 \times c_x$$
$$Q_\alpha c_2 + (1 - Q_\alpha) c_1 = c_x$$

整理得

$$Q_\alpha = \frac{c_x - c_1}{c_2 - c_1} = \frac{ab}{ac}$$

$$Q_L = 1 - Q_\alpha = \frac{bc}{ac}$$

所以
$$\frac{Q_\alpha}{Q_L} = \frac{ab}{bc}$$

或
$$Q_\alpha bc = Q_L ab$$

此式与力学中的杠杆定律相似，如图 1-55 所示。假如以 b 点为支点，两平衡相的质量 Q_α 和 Q_L 分别挂在杠杆的 a、c 两点时，恰呈力学平衡。因此，两相平衡时，两平衡相的相对质量可根据杠杆定律计算。

需要指出的是，在二元相图中，杠杆定律只适用于两相区。

（三）相图的基本类型

实际金属的相图往往比较复杂，但都是由几种简单相图组成的。最简单的相图有匀晶相图、共晶相图等。

图 1-55　杠杆定律的力学关系

1. 匀晶相图

前面讨论的 Cu-Ni 相图，称为匀晶相图。形成匀晶相图的二组元在液态和固态都能无限互溶，在固态时能够形成无限固溶体。匀晶相图是最简单的二元合金相图，只有两个单相区 L 及 α，一个两相区 L+α。

合金的结晶过程前面已叙述，成分为 c_x 的合金冷至 t_1 温度时达到饱和（临界）状态，结晶出的 α 固溶体成分依次为 α_1、α_2、α_3、α_4，剩下的液相成分为 L_1、L_2、L_3、L_4，到 t_4 温度时结晶结束，如图 1-56（a）所示，得到单相固溶体组织。结晶过程中组织变化如图 1-56（b）所示。结晶过程还可用反应式表示，即

$$L \longrightarrow L+\alpha \longrightarrow \alpha$$

2. 共晶相图

二元合金的两个组元在液态完全互溶，在固态有限互溶，形成共晶的二元合金，其相图称为共晶相图，如 Al-Si、Ag-Cu、Pb-Sn、Al-CuAl$_2$ 等。

（1）图形分析。共晶相图一般如图 1-57 所示。由 A、B 两组元构成二元合金系。为了分析方便，可将相图分为三部分。第一部分是图中左部，aAfda 的面积；第二部分是右部，bBgeb 的面积。这两部分可以看作是匀晶相图的一部分，α 与 β 固溶体，分别是以 A 和 B 组元为溶剂的固溶体。与匀晶相图不同的是，α 与 β 固溶体都是有限固溶体，在 dce 温度时有最大溶解度 d 和 e，随着温度降低，α 与 β 固溶体的溶解度下降。凡表象点落到这两部分内的，均可按匀晶相图分析，并且完全符合匀晶相图的规律。

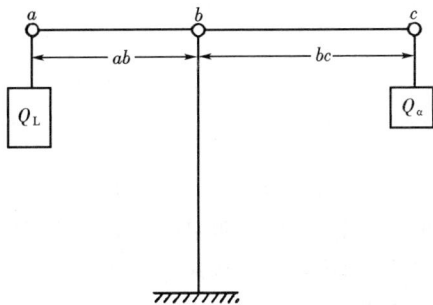

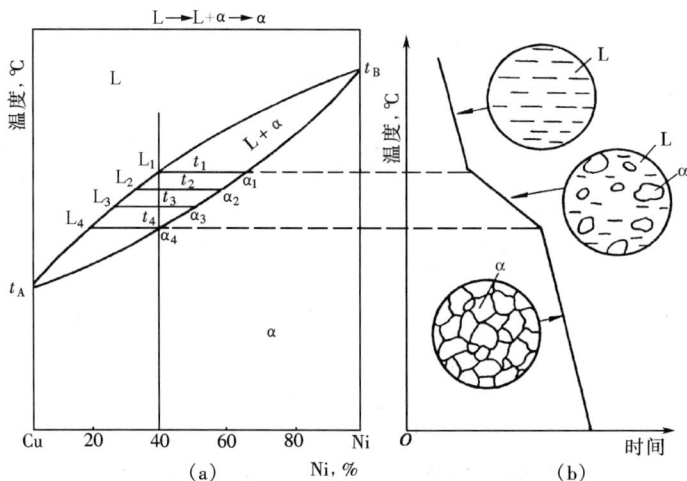

图 1-56　Cu-Ni 合金相图中的结晶过程
(a) 结晶过程中成分变化；(b) 组织转变示意图

图中 df、eg 线为 α 与 β 固溶体的溶解度线，即固溶线。固溶线若为垂直于横坐标的直线时，则固溶度不随温度变化。两固溶线之间的部分，$degf$ 的面积是 α 与 β 固溶体两相平衡共存的两相区，是共晶相图的第三部分。

此外，还有一水平线 dce，称为共晶线，即三相平衡线。凡成分在 de 之间的合金冷却时都要出现三相平衡共存，这三个平衡相是液相 L、固溶体相 α 和 β。

共晶相图共有三个单相区（L、α、β 相区）、三个两相区（L＋α、L＋β、α＋β 相区）及一条三相平衡线（即 dce 线）。acb 为液相线，$adceb$ 为固相线，df、eg 为固溶线。

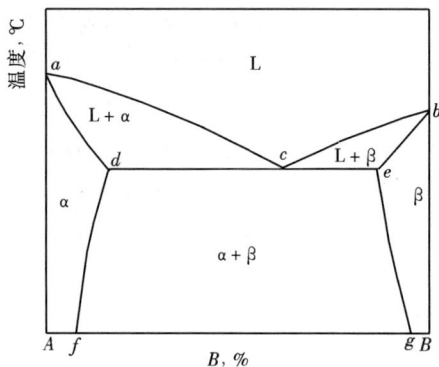

图 1-57　二元共晶相图

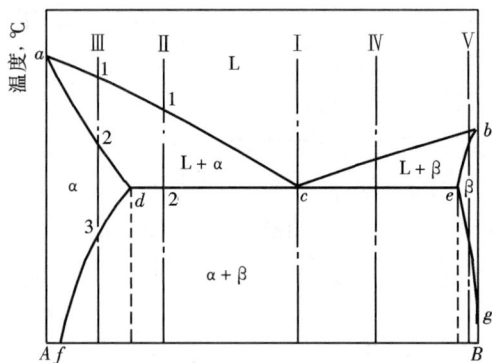

图 1-58　Pb-Sn 合金相图

（2）合金结晶过程分析。图 1-58 所示为 Pb-Sn 合金相图。下面以此相图为例进行分析。

1）共晶合金：合金 I 为 c 点合金的成分，称为共晶合金。从相图上看，在 c 点液相线与固相线交于一点，说明结晶过程是在恒温下进行的。结晶的产物是 α、β 固溶体同时生成物，称为共晶体。图 1-59 所示为共晶合金 I 的冷却曲线和结晶过程示意。从图中可以看出，共晶反应是个恒温过程，在冷却曲线上是个水平台阶。

因为 c 点是 ac 与 bc 的交点，即两个匀晶相图的交点，这时生成的 α 相的成分为 d，β 相成分为 e，共晶反应式为

$$L_c \xrightleftharpoons{\text{恒温}} \alpha_d + \beta_e$$

共晶生成物的组织称为共晶组织。共晶组织的形态是多种多样的，有层片状、短杆状、球状、点状等。但它们都有一个特点，即两相组织都比较细小，相间而生，在较低倍的显微镜下观察，甚至分辨不清，是一种两相的机械混合物组织。

共晶合金的温度降至 α+β 相区后，再随温度的降低 α_d 与 β_e 两相的成分要沿着各自的固溶线变化，到室温时为 α_f 及 β_g。共晶合金最终的组织严格地说应该是 $(\alpha_f \alpha_{\text{II}}) + (\beta_g \beta_{\text{II}})$。

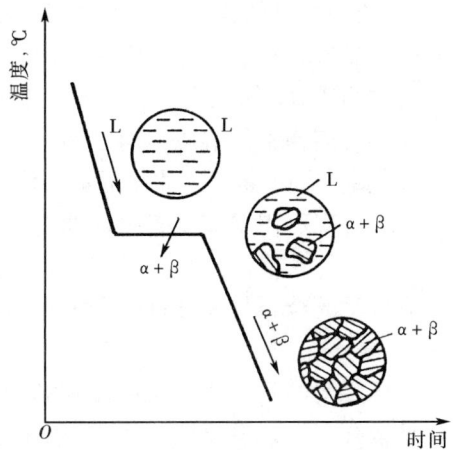

图 1-59　共晶合金的冷却曲线及结晶过程

2）亚共晶合金：成分在 dc 之间的合金称为亚共晶合金，如图 1-58 中合金 II。合金自液态冷却至 ac 线时，开始析出 α 固溶体；随着温度降低，α 相逐渐增多，L 相逐渐减少。由杠杆定律可知，固相 α 的成分沿着固相线 ad 变化，液相 L 的成分沿着液相线 ac 变化，直到 2 点以前，合金的结晶过程完全遵循匀晶相图的结晶规律。当温度降至 2 点时，利用杠杆定律可知，已析出的 α 与剩下的液相的质量比为 $\frac{2c}{d2}$，已析出 α 相的成分为 d，剩下的液相成分为 c，具备了共晶反应的条件。

这时，剩下的成分为 c 的液相在共晶温度下将会发生共晶反应，生成共晶体。于是，当温度冷至共晶温度以下时，生成的组织为初生的 α 相及共晶体，如图 1-60 所示。亚共晶合金自液态的结晶过程可用反应式表示：

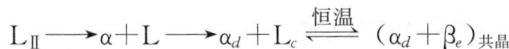

$$L_{\text{II}} \longrightarrow \alpha + L \longrightarrow \alpha_d + L_c \xrightleftharpoons{\text{恒温}} (\alpha_d + \beta_e)_{\text{共晶}}$$

成分为 IV 的合金结晶过程与亚共晶合金相同，只是将 α 固溶体换成 β 固溶体即可，称为过共晶合金。生成物的组织为 $\beta_e + (\alpha_d + \beta_e)_{\text{共晶}}$。

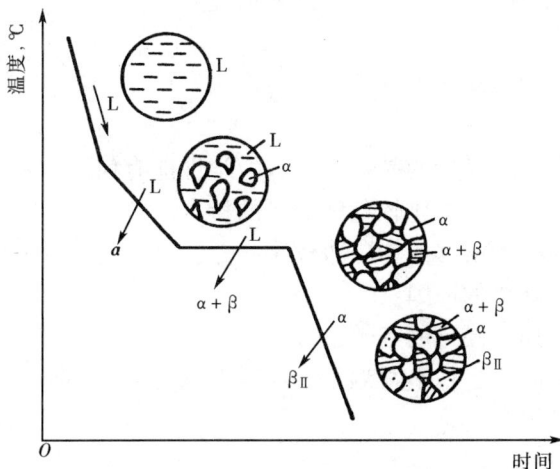

图 1-60　亚共晶合金的冷却曲线及结晶过程

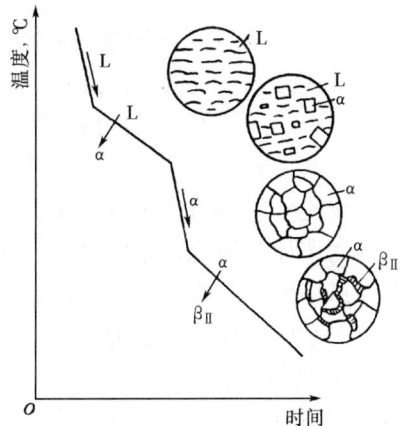

图 1-61　成分为 III 的合金的冷却曲线及结晶过程

3）成分为Ⅲ的合金：图1-58中成分Ⅲ的合金结晶过程，如图1-61所示。与匀晶相图合金的结晶过程相似，在温度2、3之间得到单相的α固溶体组织，但是，当温度降至3点时，与固溶线 df 线相交，α固溶体达到饱和状态；温度再下降时，从α固溶体中产生沉淀物，这种沉淀物不是溶质，而是另一种固溶体相β，称为次生相，或称二次相，记作 $\beta_{\text{Ⅱ}}$；当温度降至室温时，α固溶体相的成分沿 df 达到 f，析出的 $\beta_{\text{Ⅱ}}$ 可用杠杆定律计算。成分Ⅲ的合金结晶过程可用反应式表示，即

$$L_{\text{Ⅲ}} \longrightarrow L + \alpha \longrightarrow \alpha \longrightarrow \alpha + \beta_{\text{Ⅱ}}$$

成分Ⅴ的合金与成分Ⅲ的合金相似，只是将α固溶体换成β固溶体即可，生成物组织为 $\beta + \alpha_{\text{Ⅱ}}$。

需要说明的是，亚共晶和过共晶合金结晶时，在共晶温度下形成的组织冷却到室温时，与共晶合金一样，也要从α和β相中分别析出二次相 $\beta_{\text{Ⅱ}}$ 和 $\alpha_{\text{Ⅱ}}$。不过，二次相在Ⅰ、Ⅱ、Ⅳ合金组织中所占的比例较少，因此，在研究时常可忽略不计。

复 习 思 考 题

1. 何谓力学性能？金属材料的力学性能主要包括哪些特性？
2. 某金属材料的拉伸试样，其 $L_o = 100\text{mm}$，$d_o = 10\text{mm}$。拉伸时产生 0.2% 残余变形的外力为65 000N，$F_m = 85\,000\text{N}$，拉断后对接起来测得 $L_u = 120\text{mm}$，$d_u = 6.4\text{mm}$，试求该金属材料的 $R_{p0.2}$、R_m、A、Z。
3. 为什么机械零件设计大多以屈服强度为设计依据？
4. HBS、HRC、HV、Hm 各代表用什么方法测得的硬度符号？
5. 何谓金属材料的韧性？列出计算韧性值的公式。冲击功 A_K 是如何测定的？
6. 试说明疲劳裂纹产生的条件、疲劳断裂过程及其断口特性。
7. K_{1C} 是代表何种力学性能的符号？并解释其意义。
8. 何谓金属键？试用金属键说明金属良好的导电性、导热性及塑性。
9. 试述晶核、晶胞、晶格、晶体、晶粒、晶界的含义。
10. 金属晶格的基本类型有哪几种？试绘图说明它们原子排列情况。
11. 试计算面心立方晶格的致密度。
12. 实际金属晶体中有哪些缺陷？它们对金属的力学性能有何影响？
13. 试述液态金属的结晶过程。
14. 什么叫过冷度？过冷度的大小对金属结晶后的晶粒大小和力学性能有何影响？
15. 金属在外力作用下会产生几种变形？试分析比较各种变形的特点。
16. 试比较滑移与孪生有何不同？为何产生滑移的切应力较小？
17. 何谓加工硬化现象？试述产生加工硬化的原因。
18. 试用生产和生活中的实际例子说明加工硬化的利弊。
19. 多晶体的屈服强度为何比单晶体的高？为什么常温下的金属晶粒越细，其强度及塑性、韧性均越好？
20. 何谓再结晶现象？试述产生再结晶的原因。
21. 再结晶退火在工程上有什么实用价值？

22. 解释下列名词：

合金；组元；相；组织；固溶体；金属化合物。

23. 固溶体和金属化合物在结构上有何不同？其力学性能各有什么特点？

24. 什么是固溶强化？引起固溶强化的原因是什么？固溶强化与加工硬化有何不同？

25. 什么叫弥散硬化？为什么有许多合金均用这种方法来进行硬化？

26. 根据图 1-62 所示的二元匀晶相图，回答以下问题：

(1) 绘出含 B 组元量为 40% 的合金冷却曲线；

(2) 计算含 B 组元量为 40% 的合金在 t_1 温度时，平衡相的成分及相对量。

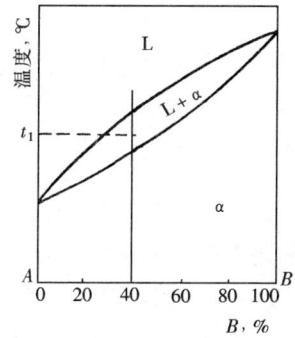

图 1-62　二元匀晶相图

第二章 铁碳相图及其合金

钢铁是工程上应用最广泛的金属材料，虽然它们的成分不同，品种繁多，但其最基本的化学元素是铁和碳，故统称为铁碳合金。不同成分的铁碳合金，它们的组织结构是不相同的，这可以从铁碳二元合金相图中看出。由于铁碳合金的组织结构不同，其力学性能也就不相同，因而可适应工程上不同的需要。本章将介绍铁碳合金相图、碳钢和铸铁。

第一节 铁碳合金的相结构

纯铁的相图如第一章所述（见图1-51），纯铁从液态结晶后得到体心立方晶格的 δ-Fe，随后又有两次同素异构转变，即面心立方晶格的 γ-Fe 和体心立方晶格的 α-Fe。碳溶入 α-Fe 和 γ-Fe 中所形成的固溶体为铁素体和奥氏体。当含碳量超过铁素体和奥氏体的溶解度时，会出现金属化合物相 Fe_3C，称为渗碳体。

碳原子溶入 δ-Fe 中所形成的固溶体称为高温铁素体。它在 1400℃ 以上的高温时出现，对工程上应用的铁碳合金的组织和性能没有什么影响，故不作为铁碳合金的基本相。固态铁碳合金的基本组成相是铁素体、奥氏体和渗碳体。

一、铁素体

碳原子溶入 α-Fe 中形成的间隙固溶体称为铁素体。由于体心立方晶格 α-Fe 的晶格间隙半径只有 0.036nm，而碳原子半径为 0.077nm，所以铁素体对碳的溶解度很小。在 727℃ 时最大固溶度为 0.02%，而在室温时固溶度几乎降为零。铁素体的力学性能与纯铁相近，其数值如下：

抗拉强度 R_m	250MPa
下屈服强度 R_{eL}	140MPa
断后伸长率 A	40%～50%
冲击韧性 a_k	200J/cm²
布氏硬度 HBS	80

由此可见，铁素体有优良的塑性和韧性，但强度、硬度较低，在铁碳合金中是软韧相。铁素体是 912℃ 以下的平衡相，也称为低温相，在铁碳相图中用符号 F 表示。

二、奥氏体

碳原子溶入 γ-Fe 中形成的间隙固溶体称为奥氏体。具有面心立方晶格 γ-Fe 的间隙半径为 0.052nm，比 α-Fe 的间隙稍大，在 1148℃ 时碳原子在其中的最大固溶度为 2.11%。随着温度降低，碳在 γ-Fe 中的固溶度下降，在 727℃ 时为 0.77%。

奥氏体是 727℃ 以上的平衡相，也称高温相。在高温下，面心立方晶格的奥氏体具有极好的塑性，所以碳钢具有良好的轧、锻等热加工工艺性能。在铁碳相图中，奥氏体通常用符号 A 表示。

三、渗碳体

渗碳体是铁与碳原子结合形成的具有金属性质的复杂间隙化合物。它的晶体结构复杂，属于复杂八面体结构（见图1-50），分子式为 Fe_3C，含碳量6.69%。

渗碳体的硬度很高（HV800），但极脆，塑性和韧性几乎是零，抗拉强度 $R_m = 30MPa$ 左右。在铁碳合金中，它是硬脆相，是碳钢的主要强化相。渗碳体在碳钢中的含量和形态对钢的性能有很大影响。它在铁碳合金中可以呈片状、粒状、网状和板状形态存在。

在高温时，钢和铸铁中的渗碳体经一定时间会发生下面的分解反应，析出石墨态的碳：

$$Fe_3C \longrightarrow 3Fe + C（石墨）$$

第二节 铁碳合金相图

一、相图图形介绍

铁碳合金相图是研究钢、铸铁及合金钢的基础和重要工具。在铁碳合金系中，含碳量高于6.69%的铁碳合金性能极脆，没有使用价值。因此只研究 $Fe-Fe_3C$，即含碳量小于6.69%的这一部分，通常称为 $Fe-Fe_3C$ 相图，也称铁碳合金相图，如图2-1所示。

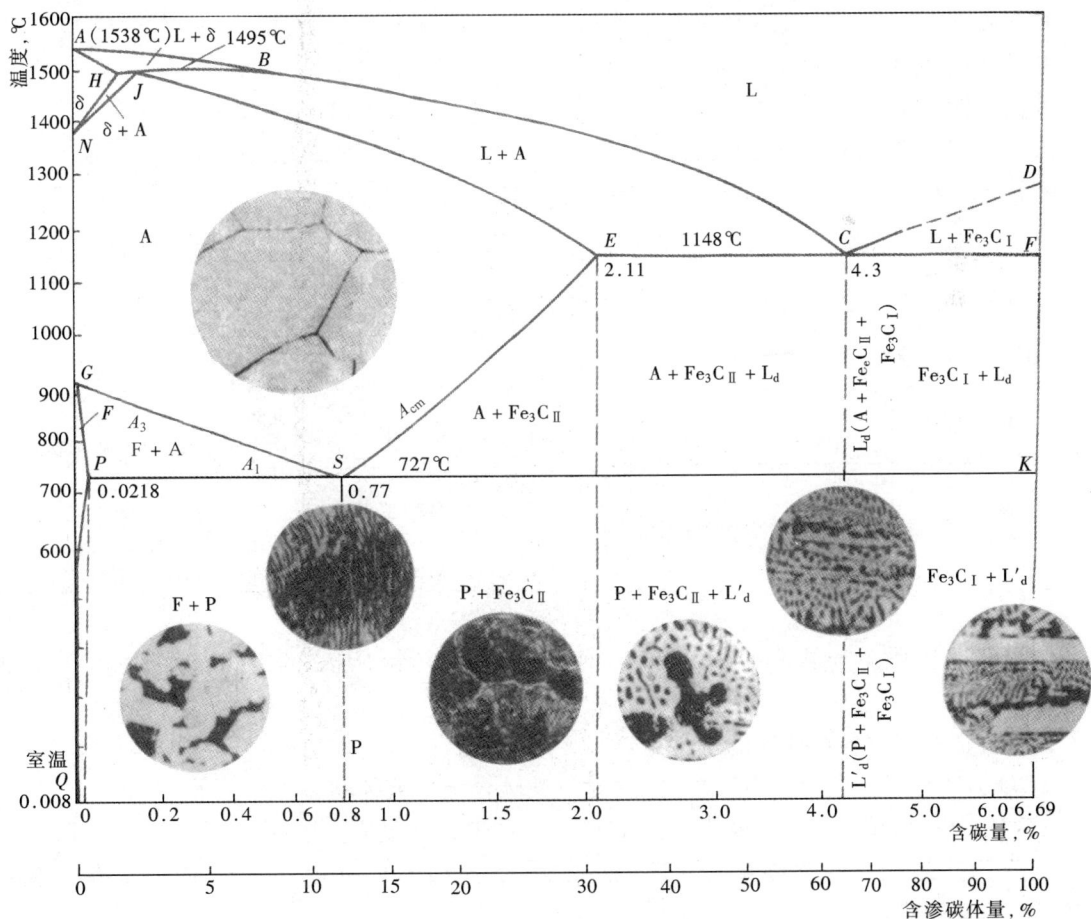

图2-1 $Fe-Fe_3C$ 相图

在 Fe-Fe₃C 相图中，较稳定的化合物 Fe₃C 与 Fe 是组成二元合金的两个组元。相图由三个部分组成，左上角为包晶相图。包晶相图与共晶相图都是具有三相平衡反应的基本相图，但它是在 1400℃ 以上发生的反应，在研究和实用中对铁碳合金的组织和性能都没有什么影响，故不作介绍。Fe-Fe₃C 相图可简化为图 2-2 的形式。

相图的右上部为共晶相图，在 1148℃ 时，含碳 4.3% 的合金发生共晶反应，即

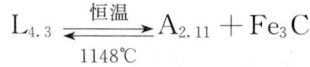

$$L_{4.3} \underset{1148℃}{\overset{恒温}{\rightleftharpoons}} A_{2.11} + Fe_3C$$

并生成奥氏体与渗碳体组成的机械混合物共晶体，称为莱氏体，以符号 L_d 表示。

相图的下部为共析相图。共析相图与共晶相图相似，所不同的是共晶相图是从液相中同时析出两个固相，产物称为共晶体；而共析相图则是从一个固相中同时析出两个新的固相，产物称为共析体。在铁碳合金中，含碳 0.77% 的奥氏体在 727℃ 时发生共析反应，即

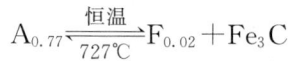

$$A_{0.77} \underset{727℃}{\overset{恒温}{\rightleftharpoons}} F_{0.02} + Fe_3C$$

并生成铁素体与渗碳体组成的机械混合物共析体，称为珠光体，以符号 P 表示。

珠光体也是铁碳合金中室温时的一个平衡组织，其力学性能数据如下：

抗拉强度 R_m　　　　　　750MPa
布氏硬度 HBS　　　　　　180
断后伸长率 A　　　　　　20%～25%
冲击韧性 a_K　　　　　　30～40J/cm²

二、相图中点、线和相区的意义

铁碳合金相图中主要点的温度、含碳量及含义见表 2-1。

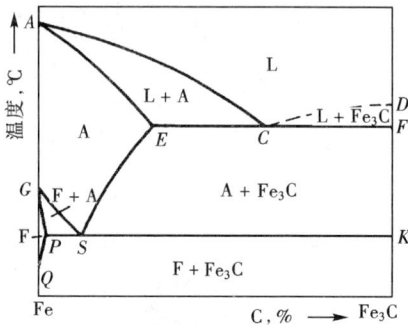

图 2-2　简化的 Fe-Fe₃C 相图

表 2-1　铁碳相图中的主要点

点的符号	温度（℃）	含碳量（%）	点的意义
A	1538	0	纯铁的熔点
D	1227	6.69	渗碳体的熔点
C	1148	4.3	共晶点
E	1148	2.11	碳在奥氏体中最大固溶点
S	727	0.77	共析点
G	912	0	α-Fe 与 γ-Fe 的转变点
P	727	0.0218	碳在铁素体中最大固溶度点
Q	室温	0.008	碳在铁素体中的固溶度点

相图中的 F 和 K 点皆为虚点，仅为了便于说明 ECF 和 PSK 的走向而添加的符号，无实际意义。

铁碳合金相图中各主要线的意义是：

ACD 为液相线。当温度高于 ACD 线时，铁碳合金呈液体状态。

AECF 为固相线。若温度低于 AECF 线时，铁碳合金凝固为固体。

ECF 为共晶线。若含碳量在 ECF 线投影范围（2.11%～6.69%）内，铁碳合金在 1148℃ 时必然发生共晶反应，形成莱氏体。

ES 为碳在奥氏体中溶解度变化线，简称 A_{cm} 线。从这根线可以看出，碳在奥氏体中的

最大溶解度是在 1148℃时，可溶解碳 2.11%，而在 727℃时，溶解度降低至 0.77%。若含碳量大于 0.77%，温度自 1148℃冷至 727℃时，由于碳在奥氏体中的溶解度降低，会从奥氏体中析出渗碳体。从固溶体奥氏体中析出的渗碳体称为二次渗碳体（Fe_3C_{II}），以区别从液体中直接结晶的一次渗碳体（Fe_3C_I）。

GS 为奥氏体在冷却过程中析出铁素体的起始温度线，简称 A_3 线。

GP 为奥氏体在冷却过程中转变为铁素体的终止温度线。

PSK 为共析线，简称 A_1 线。合金含碳量在 PSK 线投影范围（0.02%～6.69%）内时，奥氏体在 727℃时必然发生共析反应，形成珠光体。

PQ 为碳在铁素体中溶解度变化线。从该线可看出，碳在铁素体中最大溶解度是在 727℃时，可溶解碳 0.0218%，而在室温仅能溶解碳 0.008%。故一般铁碳合金凡是从 727℃缓冷至室温时，均会从铁素体中析出渗碳体，称此渗碳体为三次渗碳体（Fe_3C_{III}）。因三次渗碳体数量极少，对力学性能影响不大，常忽略不计。所谓一次、二次、三次渗碳体，仅在其来源、大小和分布上有所不同，但是其含碳量、晶体结构和性能均相同。当然，其本身细碎些，对脆性的影响就小一些。

简化的铁碳合金相图共有一个液相和三个固相，在相图中分别占有四个单相区，即 L、A、F 及 Fe_3C。渗碳体是作为铁碳相图中的一个组元，它的成分是固定不变的，因此在相图上它的相区仅是一条竖直线。

相图中有五个两相区，即 L+A、L+Fe_3C、A+Fe_3C、A+F 及 F+Fe_3C。它们都被两个单相区从左右两个方向夹在中间，两相区的两平衡相即左右两个单相区的相。

相图中的两条水平线是三相平衡线，即共晶线 ECF 和共析线 PSK。水平线表示三相平衡反应是在恒温下进行的，三相平衡线上有三个点，分别与三个单相区以点相连接，当发生三相平衡反应时，三个平衡相的成分即这三个点的成分，说明温度和三个平衡相的成分是固定的。

从相图可以看出，含碳量大于 0.008%时任何成分的铁碳合金在室温时都处在 F+Fe_3C 相区内，即合金的相结构都由这两相组成。但这两个相的相对量不同，相的形态和分布不同，即组织不同，合金的性能会在很大范围之内变化。

三、典型合金结晶过程及室温组织

工程上使用的铁碳合金分为钢和铸铁两大类，它们的区别在于所含碳量不同。含碳量小于 2.11%的铁碳合金称为钢，大于 2.11%的称为铸铁。

在分析铁碳合金的平衡组织时，按照组织的不同，习惯将钢和铸铁分为共析钢、亚共析钢、过共析钢、共晶白口铸铁、亚共晶白口铸铁和过共晶白口铸铁六种典型合金，如图 2-3 所示。

1. 共析钢

图 2-3 中合金①称为共析钢，其含碳量为 0.77%。当温度在 1 点以上时，合金为液相；温度降至 1 点时，开始从液相中析出奥氏体；

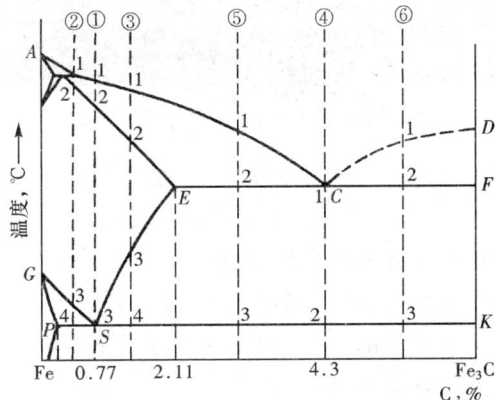

图 2-3 铁碳相图上六种典型合金

温度降至 1～2 点之间时，从液相中继续析出奥氏体。它的特点是液相不断减少，固相奥氏体不断增加，剩下的液相的成分沿 AC 变化，奥氏体的成分沿 AE 线变化。当温度降至 2 点时，合金全部结晶成奥氏体，温度降至 2～3 点之间时，合金为单相奥氏体，奥氏体组织不变。温度降至 3 点，即共析点 S 时，含碳量 0.77% 的奥氏体在 727℃ 温度下发生共析反应。从奥氏体中同时析出含碳量为 0.02% 的铁素体 F 和渗碳体 Fe₃C 的共析组织，即珠光体 P。

珠光体是在 727℃ 恒温下生成的，温度降到室温时组织基本不发生变化。只是铁素体的含碳量从 0.02% 降至几乎为零，碳则以微量三次渗碳体的形式沉淀出来，计算时可忽略不计。

共析钢的结晶过程如图 2-4 所示。珠光体的显微组织如图 2-5 所示。铁素体与渗碳体呈层片状相间而生，有类似贝壳的光泽，故名珠光体。共析钢结晶过程的反应式为

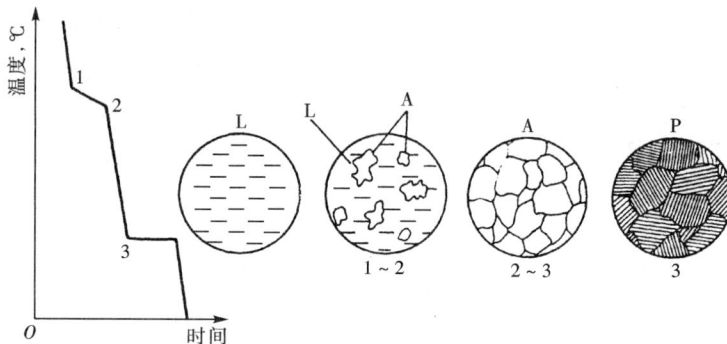

$$L \longrightarrow L+A \longrightarrow A \underset{727℃}{\overset{恒温}{\rightleftharpoons}} P$$

图 2-4　共析钢的冷却曲线及组织转变示意

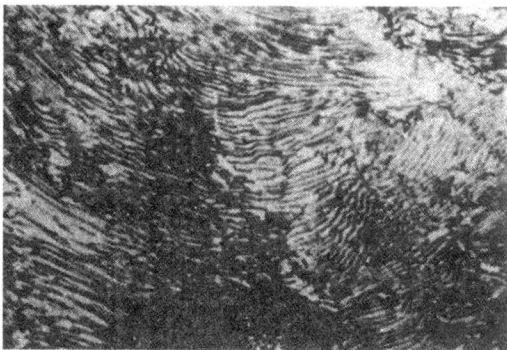

图 2-5　共析钢的显微组织（500×）

2. 亚共析钢

含碳量低于 0.77% 的钢均称为亚共析钢。以图 2-3 中合金②为例，亚共析钢的结晶过程如图 2-6 所示。合金从液相冷却至 1、2 点以后，结晶出单相的奥氏体组织；温度继续降至 2～3 点之间时，奥氏体组织不变；当温度降至 3 点时，开始从奥氏体中析出铁素体，铁素体首先在奥氏体的晶界上形核，随着温度降低而长大；温度降至 4 点时，根据杠杆定律先结晶出的铁素体相的量为 4S/（PS），其成分沿着 GP 线变化至 P 点（含碳 0.02%），称为初生铁素体；剩下的奥氏体相的量为 P4/（PS），其成分沿着 GS 线变化至 S 点（含碳 0.77%）。这时剩下奥氏体的成分和温度已具备珠光体转变的条件，在 727℃ 时发生共析反应，转变为珠光体。这样，亚共析钢奥氏体的一部分转变为初生铁素体（见图 2-7 中白色晶粒），另一部分转变为珠光体组织（见图 2-7 中黑色部分）。温度继续降至室温时，显微组织基本不变（三次渗碳体忽略不计），为铁素体＋珠光体（F＋P）。

铁素体与珠光体的相对量可用杠杆定律在 GPS 相区（P＋F 相区）的 PS 线上计算出，

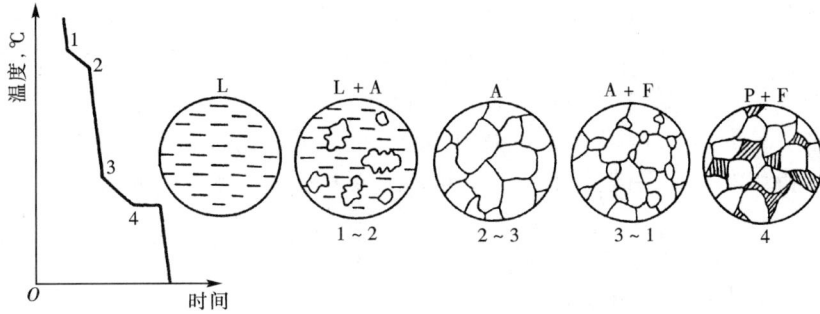

图 2-6 亚共析钢的冷却曲线及组织转变示意

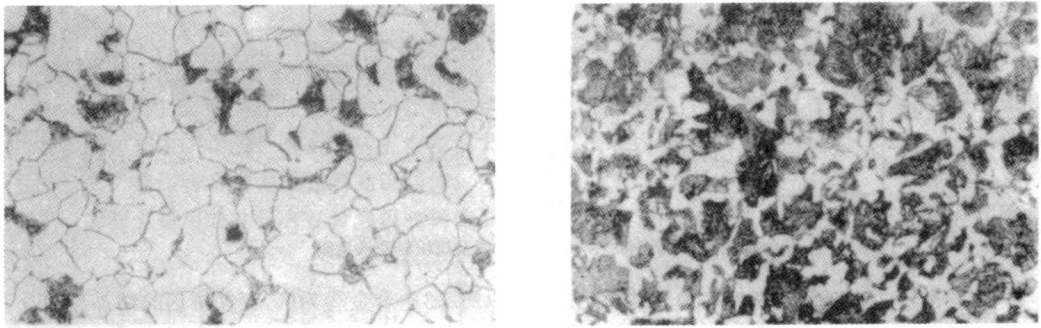

(a)   (b)

图 2-7 亚共析钢的显微组织

(a) 含碳量为 0.2% 的亚共析钢（400×）；(b) 含碳量为 0.45% 的亚共析钢（400×）

称为组织相对量。

合金②中，珠光体量为 $Q_p = \dfrac{P_4}{PS} \times 100\%$

铁素体量为 $Q_F = 1 - Q_P$ 或 $Q_F = \dfrac{4S}{PS} \times 100\%$

显然，随着亚共析钢含碳量的增加，组织中的珠光体量增加，从 0% 增加到 100%；当含碳量增加到 0.77% 时，珠光体为 100%，即共析钢组织。

珠光体中的铁素体，称为共析铁素体，渗碳体称为共析渗碳体。室温时，铁碳合金的相结构只有铁素体和渗碳体。可以利用杠杆定律在 $F + Fe_3C$ 的两相区中计算出亚共析钢铁素体与渗碳体的相对量，称为相的相对量，计算式为

$$Q_F = \frac{6.69 - ②}{6.69 - 0.02} \times 100\%$$

$$Q_{Fe_3C} = 1 - Q_F$$

式中   ②——亚共析钢的含碳量。

这样计算出的 Q_F 为初生铁素体与共析铁素体之和。亚共析钢结晶过程的反应式为

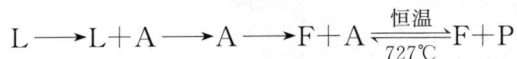

$$L \longrightarrow L + A \longrightarrow A \longrightarrow F + A \xrightarrow[727℃]{恒温} F + P$$

3. 过共析钢

含碳量在 0.77%～2.11% 的钢统称为过共析钢。以图 2-3 中合金③为例，过共析钢的

结晶过程如图 2-8 所示。合金从液相冷却至 1、2 点以后，结晶出单相奥氏体组织；温度继续冷却至 2～3 之间时，奥氏体组织不变；温度降至 3 点时，碳在奥氏体中达到饱和，开始析出 Fe_3C，称作二次渗碳体，写作 Fe_3C_{II}。Fe_3C_{II} 沿着奥氏体晶界析出，呈网状分布（见图 2-9），随着温度降低，碳在奥氏体中溶解度下降，Fe_3C_{II} 不断析出。温度降至 4 点（727℃）时，析出的二次渗碳体可用杠杆定律在 $A+Fe_3C$ 两相区 SK 线上计算出来：

$$Q_{Fe_3C_{II}} = \frac{S4}{SK} \times 100\% = \frac{③-0.77}{6.69-0.77} \times 100\%$$

式中　③——过共析钢的含碳量。

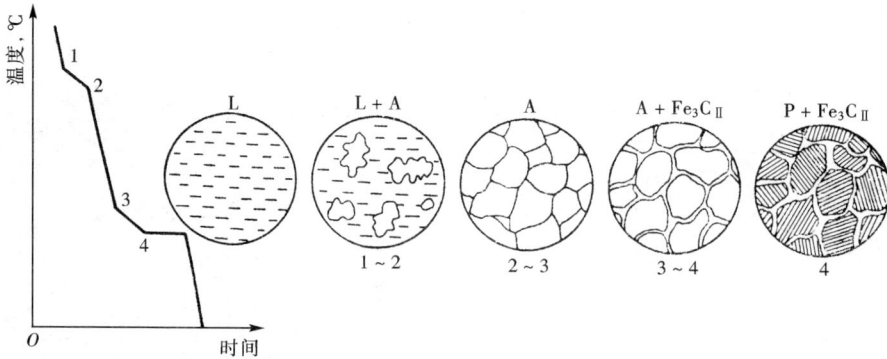

图 2-8　过共析钢的冷却曲线及组织转变示意

这时，剩余的奥氏体量为 $1-Q_{Fe_3C_{II}}$，其成分已沿着 SE 线变化至 S 点，已具备珠光体转变的条件，在 727℃ 时发生共析反应，转变为珠光体。珠光体的组织相对量为

$$Q_P = 1 - Q_{Fe_3C_{II}}$$

或

$$Q_P = \frac{6.69-③}{6.69-0.77} \times 100\%$$

利用杠杆定律可以在 $F+Fe_3C$ 两相区中计算出铁素体与渗碳体相的相对量，即

$$Q_F = \frac{6.69-③}{6.69} \times 100\%$$

$$Q_{Fe_3C} = 1 - Q_F$$

这样计算出的 Q_{Fe_3C} 为二次渗碳体与共析渗碳体之和。过共析钢的结晶过程可用反应式

图 2-9　过共析钢的显微组织（400×）

表示为

$$L \longrightarrow L+A \longrightarrow A \longrightarrow Fe_3C_{II}+A$$

$$\xrightarrow[727℃]{恒温} Fe_3C_{II}+P$$

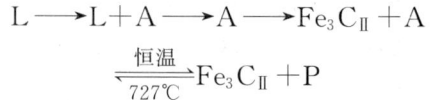

过共析钢的显微组织如图 2-9 所示，图中白色的沿着晶界分布的组织即为二次渗碳体；黑色部分的组织为珠光体。

含碳量大于 2.11% 的铁碳合金称为铸铁或生铁。按照铁碳相图结晶规律得到平衡组织的铸铁，称为白口铁，因其断口为亮白色而得名。

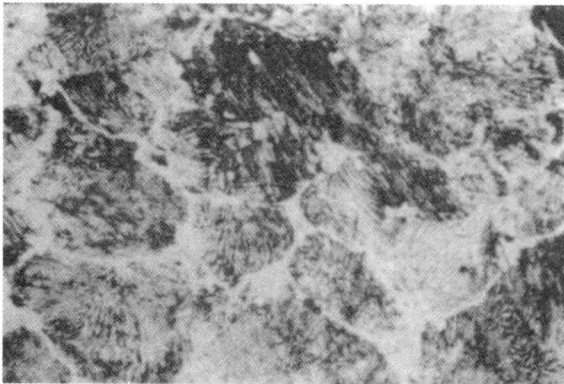

4. 共晶白口铁

图2-3中合金④称为共晶白口铁，含碳量为4.3%，其结晶过程如图2-10所示。含碳量4.3%的合金自液相冷却至1点，即降至共晶温度（1148℃）时，发生共晶反应，从液相中同时析出含碳量为2.11%的奥氏体和含碳量为6.69%的渗碳体的共晶体，这种机械混合物称为莱氏体，用符号L_d表示。莱氏体组织为球状或短杆状的奥氏体均匀分布在渗碳体基体上。温度从1点继续下降时，共晶体中的奥氏体碳的溶解度下降，不断析出二次渗碳体，奥氏体的成分是沿着ES线变化的。温度降至727℃时，奥氏体中的含碳量已降至0.77%，此时，奥氏体具备了共析转变的条件，转变为二次渗碳体加铁素体的珠光体组织。这样，共晶白口铁的莱氏体组织形态不变，只是其中球状和短杆状的奥氏体转变成了二次渗碳体和珠光体，而且二次渗碳体又与一次渗碳体融为一体，不大容易分辨。这种由一次渗碳体、二次渗碳体和珠光体组成的组织称变态莱氏体，也称为低温莱氏体，用符号L'_d表示，其显微组织如图2-11所示。共晶白口铁的结晶过程可用反应式表示为

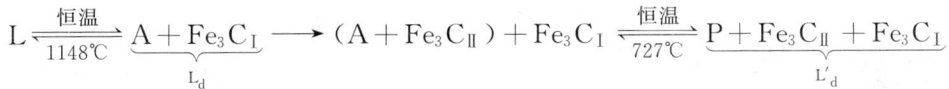

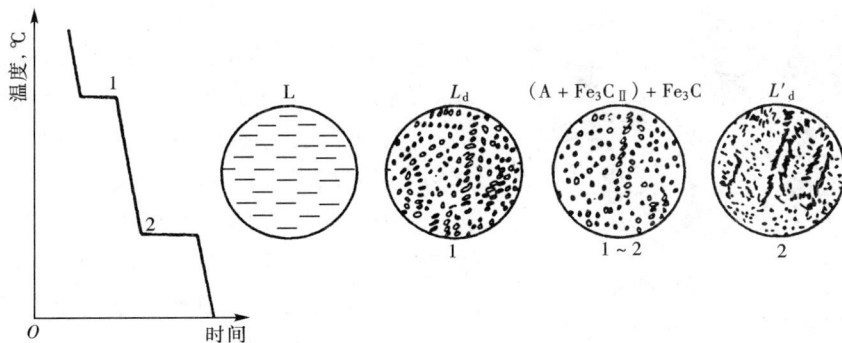

$$L \xrightarrow[1148℃]{恒温} \underbrace{A + Fe_3C_I}_{L_d} \longrightarrow (A + Fe_3C_{II}) + Fe_3C_I \xrightarrow[727℃]{恒温} \underbrace{P + Fe_3C_{II} + Fe_3C_I}_{L'_d}$$

图2-10 共晶白口铁的冷却曲线和结晶过程示意

5. 亚共晶白口铁

含碳量高于2.11%，低于4.3%的铁均称为亚共晶白口铁。以图2-3合金⑤为例，亚共晶白口铁的结晶过程如图2-12所示。与共晶白口铁所不同的是在共晶反应之前，即1～2之间，从液相中已先结晶出一部分初生奥氏体A，其形态如树枝状（见图2-12）。冷却到2点时，剩下液相的温度和成分已具备共晶反应的条件，遂转化为莱氏体L_d。A与L_d的相对量可利用杠杆定律从L+A相区EC线上计算出。初生A+L_d的组

图2-11 共晶白口铁的显微组织（400×）

织形态冷却至室温时变化不大，只是温度在1148℃以下时，A_0及共晶奥氏体中都要析出Fe_3C_{II}；冷却至727℃（即3点）时，它们又具备了共析反应的条件，转变为珠光体。室温的显微组织为二次渗碳体、树枝状的珠光体及变态莱氏体，如图2-13所示。合金的结晶过程可用反应式表示为

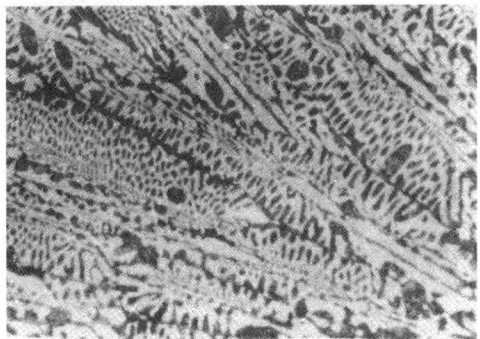

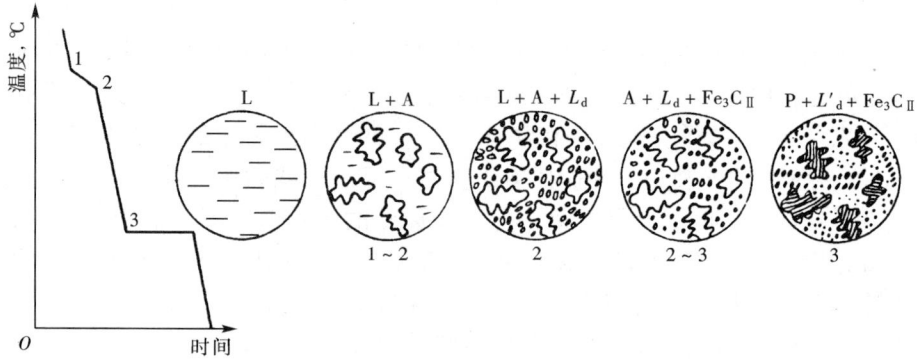

图 2-12　亚共晶白口铁的冷却曲线和组织转变示意

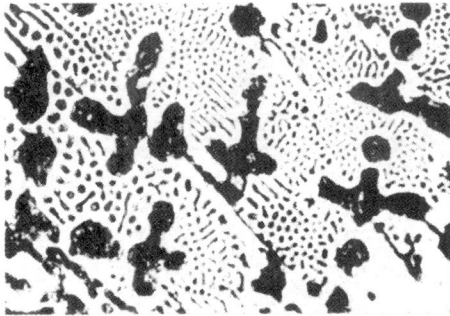

$$L \longrightarrow A+L \underset{1148℃}{\overset{恒温}{\rightleftharpoons}} L_d+A \underset{727℃}{\overset{恒温}{\rightleftharpoons}} P+Fe_3C_{II}+L'_d$$

图 2-13　亚共晶白口铁
的显微组织（200×）

6. 过共晶白口铁

含碳量为 4.3%～6.69% 的铁均称为过共晶白口铁。以图 2-3 中合金⑥为例，过共晶白口铁的结晶过程如图 2-14 所示。从 1 点开始自液相中结晶出呈板条状的一次渗碳体 Fe_3C_I，剩下的液相在 2 点 1148℃转变为莱氏体 L_d。所生成的 $Fe_3C_I+L_d$ 的组织冷却至室温时，形态变化不大。但是在随后的降温过程中，从奥氏体中要析出二次渗碳体 Fe_3C_{II}，冷却至 727℃（即 3 点）时又转变成珠光体。过共晶白口铁室温时的显微组织为板条状的一次渗碳体及变态莱氏体，如图 2-15 所示。过共晶白口铁

的结晶过程可用反应式表示为

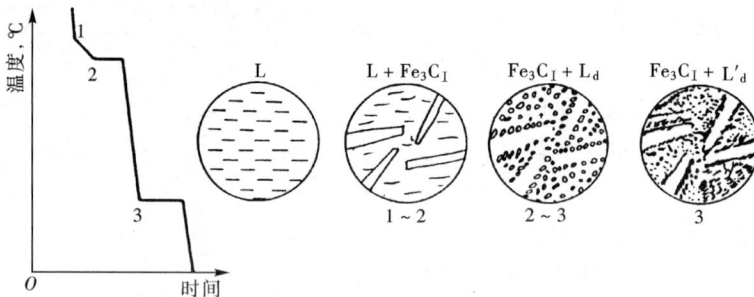

$$L \longrightarrow Fe_3C_I+L \underset{1148℃}{\overset{恒温}{\rightleftharpoons}} Fe_3C_I+L_d \underset{727℃}{\overset{恒温}{\rightleftharpoons}} L'_d$$

图 2-14　过共晶白口铁的冷却曲线与组织转变示意

四、含碳量对铁碳合金组织和力学性能的影响

含碳量小于 0.02% 的铁碳合金称为工业纯铁，它的力学性能与铁素体基本相同，有良好的塑性和韧性，较低的强度与硬度。

在铁碳合金中含碳量的变化对组织和性能影响很大。从 Fe-Fe₃C 相图中可看出，当含碳量不同时，组织将变化。图 2-16 所示为含碳量对碳钢组织影响的示意。当含碳量为 0.77% 时，组织为珠光体；在亚共析钢中，组织为铁素体＋珠光体；而在过共析钢中，组织则为珠光体＋渗碳体。从示意图中可以很清楚地得出含碳量变化后这些组织的变化情况。

含碳量变化后对力学性能的影响如图 2-17 所示。从图中可看出，当含碳量增加后，

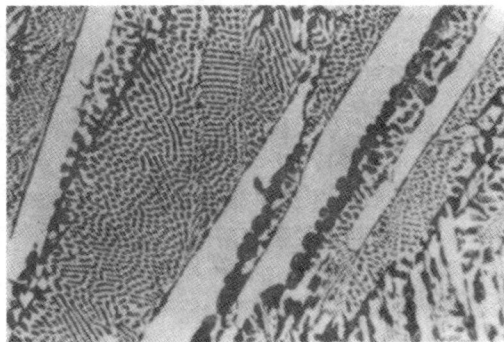

图 2-15　过共晶白口铁的显微组织（400×）

碳钢的强度和硬度升高，而塑性和韧性则下降。这是由于含碳量增加后，碳钢中的渗碳体在不断地增加。但是，当含碳量超过了 0.9% 后，由于游离状态的二次渗碳体自晶界析出，这些硬而脆的网状渗碳体包围住珠光体的晶粒，降低了晶界之间的结合力，使钢的脆性增加，反而使碳钢的强度逐渐下降。当碳钢的含碳量大于 1.4% 后，在工程上已很少应用。

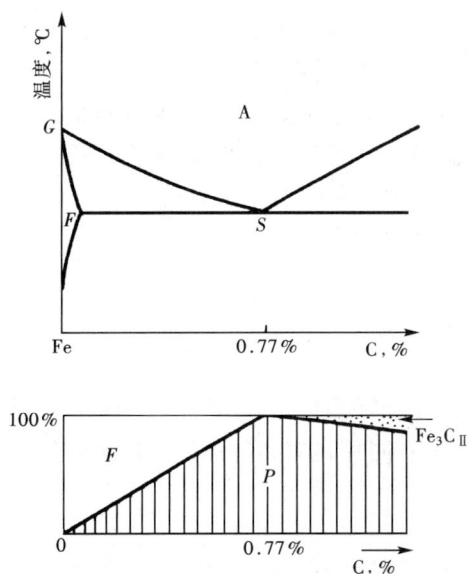

图 2-16　含碳量对碳钢组织的影响

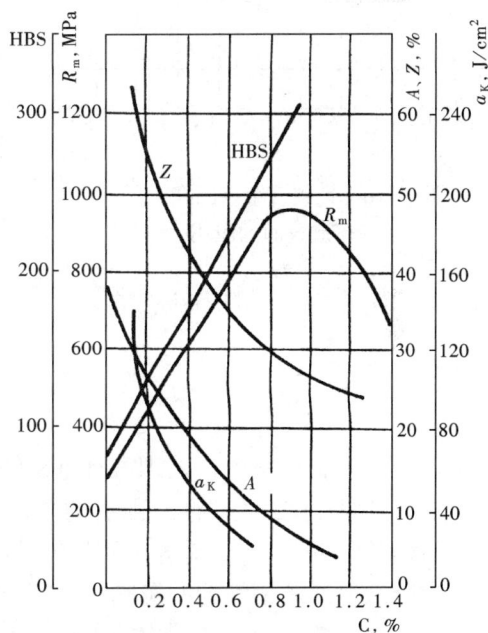

图 2-17　含碳量对碳钢力学性能的影响

五、铁碳合金相图在工程上的应用

铁碳合金相图在选择和使用材料、金属加工、热处理以及选配合金钢、合金铸铁等方面有重要的作用。

由于铁碳合金相图能很好地反映钢铁材料的成分与组织之间的关系，可根据工程上的需要选材。如火电厂的锅炉支架、厂房结构、冷却塔、起重机构架、输电铁塔、锅炉水冷壁管、风机、风管、燃料输送设备和管道、粗细粉分离器等需要韧性、塑性好的含碳小于 0.25% 的碳钢；重要的地脚螺栓、轴、齿轮等需要强度、韧性都较好的含碳 0.3%～0.5% 的钢；各类弹簧、板簧需要含碳 0.5%～0.75% 的钢；而工具、模具、轴承类则需要含碳

0.8%～1.3%的钢。

白口铸铁的硬度高，脆性大，难以加工，只能用作拔丝模、磨煤机磨球等。如果在白口铁中加入足够的铬、镍等合金元素，制成合金白口铁，则是很好的耐磨材料，在磨煤机、碎煤机、灰渣泵、管道内衬、燃烧器中有很广泛的应用。

铁碳合金相图是选择热加工工艺的重要依据，在铸造、轧锻、焊接和热处理方面应用很广。

铁碳合金相图与铸锻工艺的关系如图 2-18 所示，从图中看出，铸铁的浇注温度低。越是接近共晶点 C 的铁碳合金结晶时，液相线温度越低，合金的流动性就越好；液固线距离近，偏析倾向小，所以铸铁的铸造性能大大优于铸钢。

铁碳合金相图中有很广阔的奥氏体区，面心立方晶格的高温奥氏体有优良的塑性和较低的强度，塑性变形抗力很低，是热锻、热轧极好的组织，轧、锻温度一般选在图中影线部分。锻造的原则是始锻（轧）温度不宜过高，终锻温度不宜过低，以防止锻（轧）造裂纹出现。

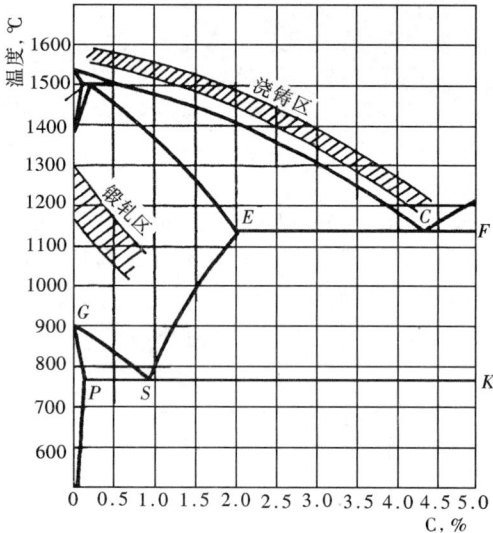

图 2-18　铁碳合金相图在锻轧和铸造方面的应用

不同成分的铁碳合金冷却后组织不同，在焊接时要选择不同的焊接工艺。如锅炉中有大量不同材质的管道，其中含碳量越低的钢焊接性能越好，含碳量增加时，随着焊件壁厚的增加，需要预热和焊后退火处理。

铁碳合金相图还是钢的热处理重要工具和依据，将在下一章中介绍。

第三节　碳　　钢

目前使用的金属材料中，碳钢占有重要的地位。这不仅因为它的价格较为低廉，冶炼较为容易，同时还能满足大多数工程上的要求。工程上使用的碳钢一般是指含碳量不超过 1.4%，且含有锰、硅、硫、磷等杂质的铁碳合金。

一、常存杂质对碳钢性能的影响

碳、锰、硅、硫、磷是碳钢中的常存元素，统称五大元素，在炼钢时要对它们的含量进行分析和控制。碳在钢中的影响已如前述。锰、硅、硫、磷则称为常存杂质，它们的含量对碳钢的性能也有较大的影响。

（1）锰的影响。锰作为炼钢时的脱氧剂而残存在钢中。它以置换固溶体的形式溶入铁素体，可以提高钢的强度。特别是它能与钢中的硫化合形成高熔点的 MnS 化合物，可消除硫的热脆性，因此，锰是有益元素。在碳钢中锰的含量一般不超过 1.2%。

（2）硅的影响。硅与锰相似，也是炼钢脱氧时残存在钢中的。硅溶入铁素体可以起固溶强化的作用，但含量增多时使钢变脆，一般控制在 0.4%以下。

（3）硫的影响。硫是从矿石和燃料中带来的，虽经炼铁、炼钢，还未能完全消除而残存在钢中。硫不溶于铁，但容易以 FeS 的形式与 Fe 形成低熔点共晶体并存在于晶界上，这种共晶体在985℃时熔化，使得在1100～1200℃时轧、锻的钢材发生晶间开裂而报废，称为热脆性。因此硫是有害元素，在钢中的含量要控制在0.055%以下。

（4）磷的影响。磷也是矿石经冶炼残存在钢中的有害杂质，它可以溶入铁素体中使钢的韧性下降，并使脆性转变温度升高，这种现象称为冷脆性。磷在钢中的含量被限制在0.045%以内。

除了以上四种常存杂质外，还有氢、氧、氮等残存于钢中，这些气体易于形成白点、气孔和非金属夹杂物。特别是氧化物夹杂，如SiO_2、MnO等。这些缺陷存在，均会使钢材质量下降。对于重要的电力设备零件，如汽轮机轮毂、叶片等，要求非金属夹杂物限定在一定范围内。

二、碳钢的分类、编号和用途

1. 碳钢的分类

碳钢的分类方法很多，通常按照钢的含碳量、质量和用途分类。

（1）按含碳量分：

低碳钢：含碳量≤0.25%；

中碳钢：含碳量在0.25%～0.6%之间；

高碳钢：含碳量>0.6%。

（2）按钢的质量分：

碳素钢：钢中含S≤0.055%，P≤0.045%；

优质碳素钢：钢中含S≤0.040%，P≤0.040%；

高级优质碳素钢：钢中含S≤0.030%，P≤0.035%。

（3）按钢的用途分：

碳素结构钢：用于制造工程构件（铁塔、锅炉支架、厂房钢结构、起重设备和工程机械结构、水冷壁管、风管、输粉管道）及机械零件（轴、齿轮、螺栓、螺母等）。一般为低、中碳钢。

碳素工具钢：用于制造各种工具、刀具、刃具、模具、轴承等。一般属于高碳钢。

2. 碳钢的编号及用途

世界上许多工业国家都有自己的编号方法。我国碳钢的编号方法按GB 700—2006《碳素结构钢》分为三种。

（1）碳素结构钢。这类钢的牌号是按照力学性能中的屈服强度分成五种来编号的，数字越大说明屈服强度R_{eL}值越高，碳钢中的含碳量也越高，塑性也就越低。五种碳素结构钢的牌号及化学成分见表2-2。

表2-2　　　　　　　　碳素结构钢的牌号和化学成分

牌号	等级	化学成分（%）					脱氧方法
		C	Mn	Si	S	P	
				不　大　于			
Q195	—	0.06～0.12	0.25～0.50	0.30	0.050	0.045	F.b.Z
Q215	A	0.09～0.15	0.25～0.55	0.30	0.050	0.045	F.b.Z
	B				0.045		

牌号	等级	化 学 成 分（%）					脱氧方法
		C	Mn	Si	S	P	
				不　大　于			
Q235	A	0.14～0.22	0.30～0.65	0.30	0.050	0.045	F、b、Z
	B	0.12～0.20	0.30～0.70		0.045		
	C	≤0.18	0.035～0.80		0.040	0.040	Z
	D	≤0.17			0.035	0.035	TZ
Q255	A	0.18～0.28	0.40～0.70	0.30	0.050	0.045	Z
	B				0.045		
Q275	—	0.28～0.38	0.50～0.80	0.35	0.050	0.045	Z

注　Q—屈服强度，N/mm^2；A、B、C、D—质量等级；F—沸腾钢；b—半镇静钢；Z—镇静钢；TZ—特镇静钢。

碳素结构钢用于制作螺栓、螺母、钢板、圆钢、钢管以及各类型钢，广泛应用于机械制造及建筑等行业中。

（2）优质碳素结构钢。

1）正常含锰量的优质碳素结构钢的含锰量≤0.8%。编号方法简单，用两位数字表示，数字表示含碳量的万分之几。例如20钢、45钢表示含碳量为0.20%、0.45%的优质碳素结构钢。钢号为05、08、10、15、20、…、85。

2）较高含锰量的优质碳素结构钢的含锰量在0.7%～1.2%之间。编号方法是在正常含锰量优质碳素结构钢钢号的后面加写Mn（或锰）表示，如20Mn（20锰）或65Mn（65锰）。

优质碳素结构钢的牌号、成分和力学性能见表2-3。

表2-3　　　　　　　　　　优质碳素结构钢的牌号、成分和力学性能

牌号	主要成分（%）			力 学 性 能						
				正 火 状 态					热轧	退火
	C	Si	Mn	R_m (MPa)	R_{eL} (MPa)	A (%)	Z (%)	a_K (J/cm^2)	HBS	
				不　小　于					不　大　于	
				普 通 含 锰 量 钢						
10	0.07～0.14	0.17～0.37	0.35～0.65	340	210	31	55	—	137	—
15	0.12～0.19	0.17～0.37	0.35～0.65	380	230	27	55	—	143	—
20	0.17～0.24	0.17～0.37	0.35～0.65	420	250	25	55	—	156	—
25	0.22～0.30	0.17～0.37	0.50～0.80	460	280	23	50	90	170	—
35	0.32～0.40	0.17～0.37	0.50～0.80	540	320	20	45	70	187	—
40	0.37～0.45	0.17～0.37	0.50～0.80	580	340	19	45	60	217	187
45	0.42～0.50	0.17～0.37	0.50～0.80	610	360	16	40	50	241	197
50	0.47～0.55	0.17～0.37	0.50～0.80	640	380	14	40	40	241	207
60	0.57～0.65	0.17～0.37	0.50～0.80	690	410	12	35	—	255	229
65	0.62～0.70	0.17～0.37	0.50～0.80	710	420	10	30	—	255	229

续表

牌号	主要成分（%）			力 学 性 能						
	C	Si	Mn	正 火 状 态					热轧	退火
				R_m (MPa)	R_{eL} (MPa)	A (%)	Z (%)	a_K (J/cm²)	HBS	
				不 小 于					不 大 于	
较 高 含 锰 量 钢										
60Mn	0.57～0.65	0.17～0.37	0.70～1.00	710	420	11	35	—	269	229
65Mn	0.62～0.70	0.17～0.37	0.90～1.20	750	440	9	30	—	285	229

在优质碳素结构钢中，对于专门用途的优质碳素结构钢编号，是在钢号前面或后面加一个表示用途的汉字或汉字的拼音符号。如作焊丝用的写作 H08，又如锅炉用的 20 优质碳素结构钢可写作 20g（或 20 锅），20g 可用做锅炉钢板、压力容器和锅炉水冷壁管及小型汽包等。

优质碳素结构钢的应用很广泛。低碳优质碳素结构钢可用作桥梁、起重及工程机械，钢结构件，还可渗碳后使用，制作机械零件；中碳优质碳素结构钢可经调质后制作轴、齿轮、温度不超过 450℃的汽轮机转子、联轴器和汽缸紧固件；中、高碳优质碳素结构钢可用作各类弹簧、板簧和钢丝绳等。优质碳素结构钢一般经热处理后使用，或在正火状态下供应。

含 S、P 量更低的钢称为高级优质碳素结构钢，就在钢号后面加写 A 字（或高字），如 20A（或 20 高）。20A 广泛应用于锅炉的水冷壁管。

（3）碳素工具钢。碳素工具钢的含碳量一般在 0.65%～1.3%之间。编号方法是用字母 T（或碳）加数字表示，数字表示含碳量的千分之几。例如 T8、T12（碳 8、碳 12）表示含碳量为 0.8%、1.2%的碳素工具钢。钢号为 T7、T8、…、T13（碳 7、碳 8、…、碳 13）。碳素工具钢含 S、P 量均较少，属于优质钢。

高级优质碳素工具钢的表示方法为在钢号后面加写 A 字（或高字），如 T8A、T12A（碳 8 高、碳 12 高）。常用碳素工具钢或高级优质碳素工具钢的牌号、成分及用途见表 2-4。

表 2-4　　　　　　　　碳素工具钢的牌号、成分及用途

牌号	化学成分（%）			硬　度		用 途 举 例
	C	Si	Mn	供应状态 HBS（不大于）	淬火后 HRC（不小于）	
T8 T8A	0.75～0.84	≤0.35	≤0.40	187	62	承受冲击、要求较高硬度的工具，如冲头、压缩空气工具、木工工具
T8Mn T8MnA	0.80～0.90	≤0.35	0.40～0.60	187	62	同上，但淬透性较大，可制断面较大的工具
T10 T10A	0.95～1.04	≤0.35	≤0.40	197	62	不受剧烈冲击、高硬度耐磨的工具，如车刀、刨刀、丝锥、钻头、手锯条
T12 T12A	1.15～1.24	≤0.35	≤0.40	207	62	不受冲击、要求高硬度高耐磨的工具，如锉刀、刮刀、精车刀、丝锥、量具

第四节 铸 铁

铸铁是含碳量为 2.11%～6.69% 的铁碳合金，工业上常用铸铁的含碳量在 2.5%～4.0% 之间。锰、硅、硫、磷的含量也比碳钢多。

一、概述

铸铁在工程上的应用很广泛，这不仅因为它的价格低廉，还因为它有许多优良的性能。特别是近年来用稀土镁作球化剂的球墨铸铁的大量应用，使铸铁在很多场合代替钢使用，取得了很好的效果。在机械制造业，铸铁的用量占 50%～70%，机床工业中甚至占 70%～90%。在电力工业中不仅使用许多普通铸铁，还使用耐磨、耐热合金铸铁。

普通白口铸铁在工业上应用很少。在工业上应用的铸铁中，碳一般以石墨状态存在，这使得铸铁有许多优点：

（1）有优良的铸造性能。浇注的温度低、流动性好、偏析倾向小、收缩率小等。不仅适合浇铸大型铸件，也适合浇铸薄小件。

（2）由于石墨的存在，便于吸收机械振动能，使之变为热能。因此铸铁具有优良的减振性，特别适合制作各种机床床身、设备底座等。

（3）石墨本身有润滑作用，故铸铁有干式减摩性。当有润滑剂存在时，由于石墨空洞有储油的能力，使铸铁的减摩性增加。

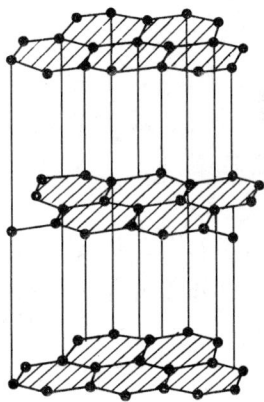

图 2-19 石墨的晶体结构

（4）由于石墨割裂了基体的连续性，铸铁在切削加工时易于断屑，所以铸铁有很好的切削加工工艺性能。

但是铸铁的强度、塑性、韧性都很差，属于脆性材料，这是铸铁的根本缺点。又由于它的导热性差、可焊性差，铸铁不适合制作各类结构件和重要零件。

二、铸铁的石墨化

在 Fe-Fe$_3$C 相图中，Fe$_3$C 作为一个组元是较稳定的相，但在铁碳合金中，它相对于石墨是个亚稳相，石墨才是稳定的相。石墨具有简单六方晶体结构，如图 2-19 所示，密排面之间间隔大、结合力弱，易于剥离，它的强度和塑性几乎是零。因此，石墨在铸铁中存在时，可看成是许多空洞。

液态的铁水可以结晶成渗碳体，也可以直接结晶成石墨，图 2-20 所示为 Fe-石墨相图，图中虚线是石墨析出线。含碳量为 4.26% 的铁水在 1154℃ 时可同时析出奥氏体和石墨；在 1154～738℃ 之间时可由奥氏体中析出二次石墨，或 Fe$_3$C 发生分解产生石墨；在共析反应阶段，含碳 0.68% 的奥氏体在 738℃ 时可同时析出铁素体与石墨。

影响石墨化的因素主要是化学成分和冷却速度。碳和硅是促进石墨化的主要元素，碳和硅的含量越高，铸铁的石墨化就越充分；其次是冷却速度，铸铁件的冷却速度快时，易生成 Fe$_3$C 而白口化。冷却速度慢时，铸铁件易于石墨化。这受铸件的壁厚和造型材料、造型工艺的影响，例如采用金属模时冷速快，采用砂模时冷速慢。

铸铁中析出石墨后，若石墨化进行得彻底，将得到铁素体基体及石墨的组织；若石墨化

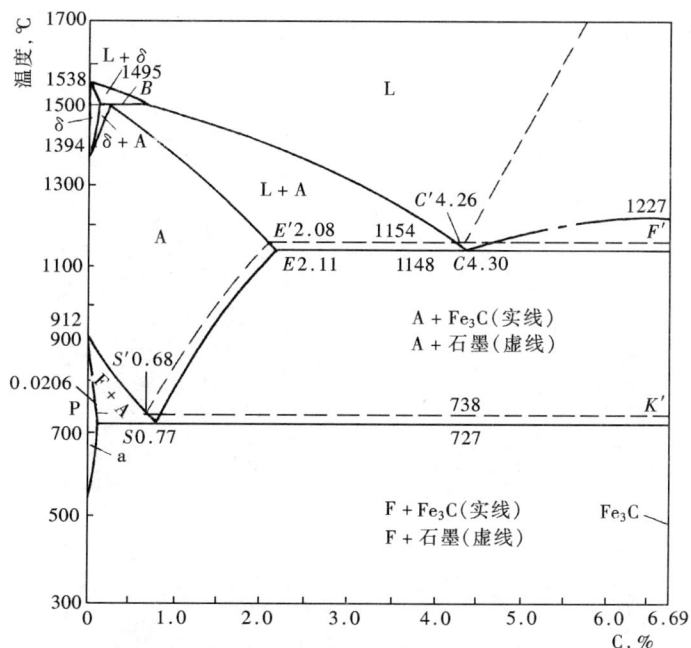

图 2-20 Fe-石墨相图

不完全，则得到铁素体及珠光体基体和石墨的组织或珠光体和石墨的组织。这样，铸铁的组织实际上是在钢的基体上分布着不同大小和形状的石墨的组织。由于石墨形态不同，铸铁可分为灰口铸铁、可锻铸铁和球墨铸铁。

三、灰口铸铁

灰口铸铁是使用最广泛的铸铁，占铸铁总量的 80%。由于断口呈暗灰色，故称灰口铸铁。

灰口铸铁中的石墨呈无规则的片状，割裂着基体，好像许多裂缝分布在钢的基体上，使铸铁的力学性能下降。图 2-21 所示为未浸蚀的灰口铸铁组织，图2-22所示为三种不同基体的灰口铸铁显微组织。灰口铸铁中的石墨越均匀、越细小越好。灰口铁的铁水中如用硅钙合金作变质处理

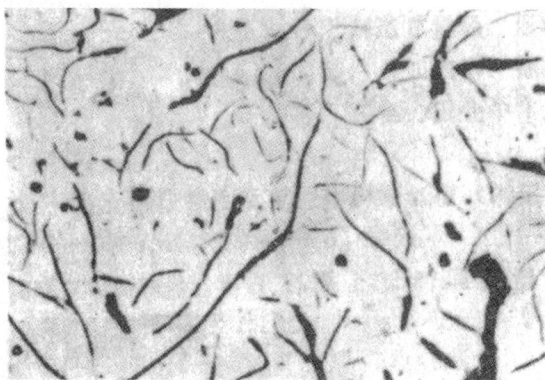

图 2-21 灰口铸铁中的石墨（未浸蚀）（100×）

（孕育），能细化灰口铸铁中的石墨，使铸铁的强度提高 100~200MPa。三种不同基体的灰口铸铁，以珠光体基体的强度为最高，但脆性也较大；铁素体基体的灰口铸铁强度稍差一些，但脆性较小。

灰口铸铁的牌号用符号 HT 及数字表示，数字表示铸铁的最低抗拉强度值 R_m。例如 HT200，其中的 HT 即表示灰口铸铁，数字 200 表示灰口铸铁的 $R_m \leqslant 200MPa$。常用灰口铸铁的牌号及力学性能见表 2-5。

灰口铸铁在机械制造业中应用很广，它具有铸铁的优点，特别是被广泛用作各种承受压力和要求减振性的床身、轴承座、端盖、车床尾座、工作台、底座等工件。在电力工业中，

灰口铸铁可用作轴承盖、油泵体、低压汽缸和中压缸中部材料；200MW 机组隔板上的导叶、低压缸隔板等。

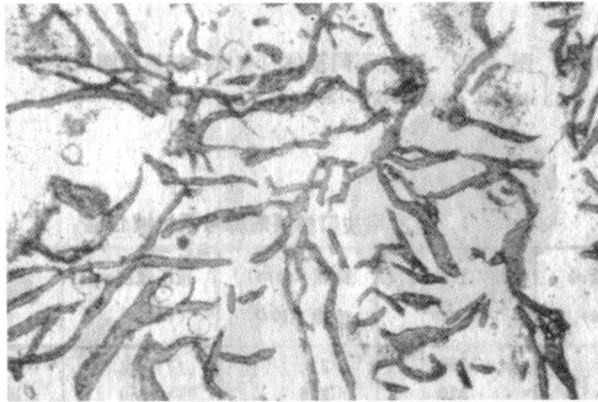

(a)

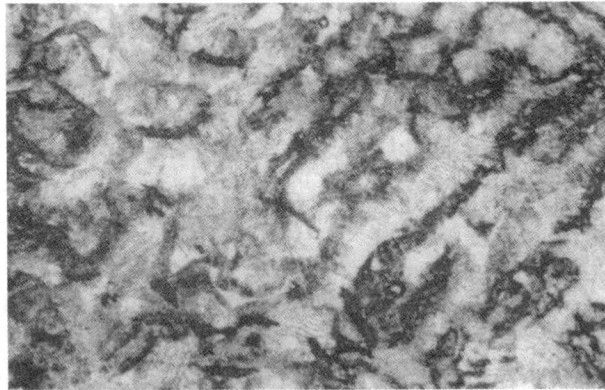

(b)

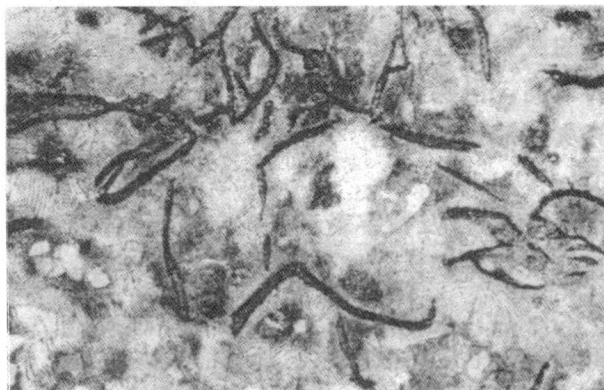

(c)

图 2 - 22　三种不同基体的灰口铸铁显微组织
(a) 铁素体基体（250×）；(b) 铁素体 - 珠光体基体（250×）；
(c) 珠光体基体（250×）

表 2 - 5　　　　　　　　　　　　常用灰口铸铁的牌号及力学性能

牌号	抗拉强度 R_m（MPa）	抗弯强度 σ_{bb}（MPa）	挠度（mm）支距＝10D	抗压强度 σ_{bc}（MPa）	硬度（HBS）	类　别
HT100	100	280	2	500	143～299	铁素体
HT150	150	330	2.5	650	163～229	铁素体＋珠光体
HT200	200	400	2.5	750	170～241	⎫
HT250	250	470	3	1000	170～241	⎬ 珠光体
HT300	300	540	3	1100	187～269	⎫
HT350	350	610	3.5	1200	197～269	⎬ 孕育铸铁
HT400	400	680	3.5	—	207～269	

四、可锻铸铁

可锻铸铁实际上是不能锻造的，但由于其组织中的石墨呈团絮状，对基体的割裂作用要比灰口铸铁小得多，因而其强度和韧性均比灰口铸铁高，故称为可锻铸铁。生产上使用的可锻铸铁基体有两种，即铁素体基体和珠光体基体。铁素体基体的可锻铸铁的显微组织如图 2-23所示。从图中可以看出，石墨呈团絮状分布在铁素体基体中。这种组织的可锻铸铁在我国应用较广。由于可锻铸铁的力学性能优于灰口铸铁，适合于制造质量小、形状复杂、工作中受振动或强度、韧性要求较高而又不适于用铸钢制造的零件，如汽车、拖拉机后桥壳、转向机构壳体、机床附件、工具、各种小型阀体、管件等。在电力工业中常用于制造各种输电金具、夹具。

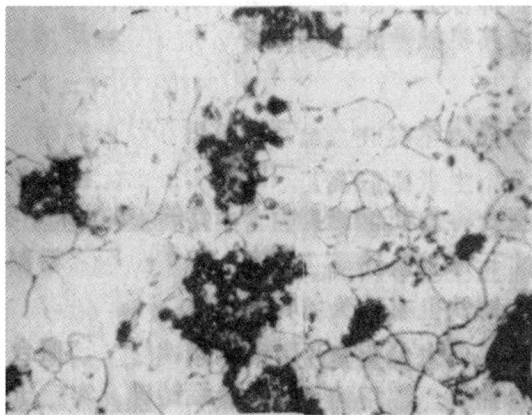

图 2-23　铁素体基体的可锻铸铁

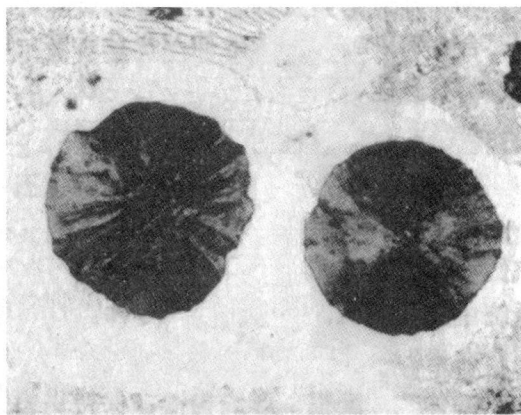

图 2-24　球墨铸铁的显微组织（500×）

可锻铸铁的牌号用符号 KT 及数字表示，数字表示抗拉强度及延伸率的最低值（若延伸率 $A_{11.3}$＜10％时，则在其数字前加"0"），例如 KT350 - 10 表示 $R_m \geqslant 350$MPa，$A_{11.3} \geqslant 10$％。

可锻铸铁的生产周期长，成本高，需要先制成白口铸铁件，再在高温下长时间保温以获得团絮状石墨组织，因此，已逐渐被球墨铸铁取代。

五、球墨铸铁

球墨铸铁组织中的石墨呈球状，大大减少了使用时的应力集中。其强度、韧性比可锻铸铁高，在很多情况下可代替铸钢使用。又由于球墨铸铁仍保持着铸铁的优点，故在我国的应用发展很快。球墨铸铁的显微组织如图 2 - 24 所示。从图中可以看出球状石墨的形态，这种形态的石墨对基体的割裂作用较小，所以强度、韧性就高了。

获得球状石墨是浇注前在铁水中加入球化剂进行孕育处理而实现的，球化剂是镁或稀土镁。但球墨铸铁易白口化，而且也容易产生缩松等缺陷，因此球墨铸铁的铸造和熔炼工艺比灰口铸铁要求高。

球墨铸铁还可承受各种热处理，如调质等。通过热处理使力学性能进一步改善，大大地扩大了它的使用范围。

球墨铸铁的牌号用符号 QT 及数字表示，数字表示球墨铸铁的抗拉强度和延伸率的最低值（若延伸率 $A \leqslant 10\%$ 时，则在其数字前加"0"）。如 QT600 - 02 表示 $R_m \geqslant 600MPa$，$A \geqslant 2\%$。常用球墨铸铁的牌号和力学性能，见表 2 - 6。

表 2 - 6　　　　　　　　　　常用球墨铸铁的牌号和力学性能

牌　号	热　处　理	R_m （MPa）	R_{eL} （MPa）	A （%）	a_K （J/cm²）	HBS	应　用　举　例
QT400 - 17	退火	400	250	17	60	≤197	泵、阀体、受压容器
QT420 - 10	铸态或退火	420	270	10	30	≤207	轮毂、齿轮箱、电动机壳、阀门壳等
QT500 - 05	铸态	500	350	5	—	147～241	机器座架、传动轴
QT600 - 02	铸态	600	420	2	—	229～302	中等强度的连杆、曲柄、齿轮
QT700 - 02	铸态（或）正火、淬火、回火	700	490	2	—	229～302 231～304	曲轴、齿轮、连杆
QT800 - 02	铸态（或）正火、淬火、回火	800	560	2	—	241～321	曲轴、齿轮、连杆
QT1210 - 01	等温淬火、淬火、回火	1200	840	1	3	>HRC38	高速重载齿轮、传动轴、花键轴、轴承套圈等

球墨铸铁在汽车、机械制造、电力工业中都有广泛的应用。如汽车和拖拉机的轮毂、壳体、汽缸体、减速机箱体、活塞环，各种阀门、轴瓦，车床的主轴、曲轴、齿轮、凸轮等。在电力工业中，可制造输电金具、油泵体、阀体、汽轮机中温汽缸隔板、汽轮机后汽缸及后几级隔板等，可在 370℃ 的工作温度下长期使用。

六、合金铸铁

合金铸铁是在铸铁中加入合金元素，以提高其力学性能，或者提高其耐磨、耐蚀、耐热等特殊性能，又称为特殊性能铸铁。

常用的合金铸铁有耐磨铸铁、耐蚀铸铁和耐热铸铁。

1. 耐磨铸铁

耐磨铸铁按其工作条件不同大体可分为两种类型，一种是在润滑条件下工作的，如机床导轨、汽缸套、活塞环和轴承等；另一种是在无润滑的干摩擦条件下工作的，如火电厂煤粉制备系统中的碎煤机、磨煤机中的零件。后一种耐磨铸铁也称为抗磨铸铁。

在滑润条件下工作的耐磨铸铁，其组织为软基体上分布有硬相组成物，以便在磨合后使软基体有所磨损，形成沟槽，保持供滑润用的油膜。常用的为高磷合金铸铁，实际上就是使杂质中的含磷量提高到 $0.4\%\sim0.6\%$。其中磷在铸铁中形成磷化物作为硬相，铁素体或珠光体属于软基体。普通高磷铸铁的成分为 $2.9\%\sim3.2\%$ C、$1.4\%\sim1.7\%$ Si、$0.6\%\sim1.0\%$ Mn、$0.4\%\sim0.65\%$ P、不大于 0.12% S。由于普通高磷铸铁的强度和韧性较差，还常加入铬、钼、钨、铜、钛、钒等元素，构成合金高磷铸铁，使其组织细化，进一步提高力学性能和耐磨性。

在润滑条件下应用的耐磨铸铁还有钒钛耐磨铸铁、钼铬耐磨铸铁、钨系耐磨铸铁等。

在干摩擦工况条件工作的耐磨铸铁，应具有高的硬度。目前常用的有低合金耐磨铸铁、中锰球墨铸铁、高铬铸铁等。

低合金耐磨铸铁种类很多，有镍硬铸铁、硼白口铸铁、铬锰铜耐磨铸铁、铬钼铜耐磨铸铁等。

中锰球墨铸铁是在稀土-镁球墨铸铁中加入 $5\%\sim9.5\%$ 的锰元素，含硅量控制在 $3.3\%\sim5.0\%$ 范围内，其组织为马氏体+残余奥氏体+球状石墨+碳化物，这种组织既有一定的韧性，又有较高的硬度，可用来制造球磨机磨球、衬板等既要受一定的冲击力又希望耐磨的零部件。中锰铸铁的成分、力学性能及应用举例见表 2-7。

表 2-7　　　　　　　　中锰球墨铸铁的成分、力学性能及应用举例

类别	化 学 成 分 （%）							力 学 性 能				应用举例
	C	Si	Mn	P	S	Re	Mg	R_m (MPa)	σ_{bb} (MPa)	A_K (J)	HRC	
MⅠ (以韧性为主)	3.3~ 3.8	4.0~ 5.0	8.0~ 9.5	<0.15	<0.02	0.025~ 0.05	0.025~ 0.06	340~ 450	550~ 700	12~ 24	38~ 47	碎煤机锤头等
MⅡ (以硬度为主)	3.3~ 3.8	3.3~ 4.0	5.0~ 7.0	<0.15	<0.02	0.025~ 0.05	0.025~ 0.06	—	550~ 800	6.4~ 12	48~ 56	球磨机磨球、衬板等

高铬（12% Cr$\sim35\%$ Cr）铸铁含有较多的强碳化物元素铬，是无石墨的白口铸铁。通过热处理后，基体可变成很硬的组织，还有许多硬的碳化物，因而硬度很高，具有优良的耐磨性，特别是耐磨料磨损的性能。由于含铬高，又是耐蚀和耐热的理想材料。此外，铬的碳化物 Cr_7C_3 不仅比铁的碳化物 Fe_3C 硬度高，而且呈颗粒状又比较细碎。因此，高铬铸铁有一定的韧性，适当热处理之后还可进行切削加工。国内外都十分重视对高铬铸铁的研究和推广应用。目前，还有将高铬铸铁和低碳钢复合浇铸成双金属材料，这种复合材质既有高硬度又有较好的韧性，因而扩大了高铬铸铁的应用范围。

2. 耐蚀铸铁

耐腐蚀是个相对的概念，介质不同时对铸铁的成分和组织有不同的要求。国外耐蚀铸铁以镍铬系为主，我国则以高硅系为主，此外，还有铝系和铬系耐蚀铸铁。

高硅耐蚀铸铁中含硅量要超过 13%，若再增加铜或钼或稀土能进一步提高耐腐蚀能力，可用于制造耐酸泵、管道、阀门等化工设备。

3. 耐热铸铁

工程上在高温时能抵抗腐蚀破坏并能承受一定载荷的铸铁称为耐热铸铁。为了使铸铁具有耐热性能，可加入铬、钼、铝、硅等合金元素。

加入铬、铝、硅后，能使铸铁在高温下表面形成一层致密的 Cr_2O_3、Al_2O_3、SiO_2 氧化膜，能对金属起保护作用，使内层金属不被继续氧化。钼元素常与铬一起加入铸铁中能有效

地提高铸铁的高温强度。常用耐热铸铁的化学成分、使用温度及应用举例见表2-8。

表2-8　　　　　　　常用耐热铸铁的化学成分、使用温度及应用举例

铸铁名称	化 学 成 分（%）						使用温度（℃）	应 用 举 例
	C	Si	Mn	P	S	其他		
中硅耐热铸铁	2.2～3.0	5.0～6.0	≤1.0	≤0.2	≤0.12	Cr0.5～0.9	≤850	烟道挡板、热交换器等
中硅耐热球墨铸铁	2.4～3.0	5.0～6.0	≤0.7	≤0.1	≤0.03	Mg0.04～0.07 Re0.015～0.035	900～950	加热炉底板、熔铝电阻坩埚炉等
高铝耐热球墨铸铁	1.7～2.2	1.0～2.0	0.4～0.8	≤0.2	≤0.01	Al21～24	1000～1100	加热炉底板、渗碳罐、炉子传送链等
铝硅耐热球墨铸铁	2.4～2.9	4.4～5.4	≤0.5	≤0.1	≤0.02	Al4.0～5.0	950～1050	
高铬耐热铸铁	1.5～2.2	1.3～1.7	0.5～0.8	≤0.1	≤0.1	Cr32—36	1100～1200	加热炉底板、炉子传送链等

复 习 思 考 题

1. 何谓奥氏体？奥氏体有何特性？

2. 何谓铁素体？铁素体中的最大溶碳量为多少？有何特性？

3. 何谓渗碳体？渗碳体中的含碳量为多少？渗碳体有什么特点？

4. 何谓珠光体？珠光体有何特性？

5. 绘出 $Fe-Fe_3C$ 简化的相图，说明相图中的主要点和线的意义，在空白图上填出各相区和组织。

6. 分析含碳量各为0.4%、1.2%、3%的铁碳合金在缓慢冷却时组织的转变过程，并画出显微组织示意图。

7. 何谓共析反应？它与共晶反应有何异同？写出 $Fe-Fe_3C$ 相图中共晶反应与共析反应的反应式及反应后所得的组织名称。

8. 分析一次渗碳体、二次渗碳体、三次渗碳体、共晶渗碳体、共析渗碳体的异同之处。

9. 何谓碳钢？它如何分类？如何编号？

10. 低碳钢、中碳钢与高碳钢是如何划分的？这样划分有何意义？机器零件中有许多均是中碳钢做的，这是为什么？

11. 说明下列钢号的品种名称、大致含碳量及主要用途：Q235B、20A、45、60、T8、T12A。

12. 何谓铸铁？它们如何分类？如何编号？

13. 白口铸铁、灰口铸铁与碳钢的主要区别在哪里？

14. 石墨对铸铁的性能有什么影响？球墨铸铁、可锻铸铁、灰口铸铁其石墨的形态有何不同？三种铸铁的力学性能又有何不同？

15. 说明下列牌号所表示的材料，绘出它们的显微组织示意图：HT200、KT300-06、QT600-02。

第三章　钢的热处理

通过加热、保温和冷却来改变钢的组织，从而改变钢力学性能的工艺，称为热处理。热处理的这三个阶段，可以用工艺过程曲线来表示，如图 3-1 所示。

热处理是强化金属材料，充分发挥金属材料力学性能的工艺；也是改善金属材料加工性能的重要手段。

利用不同的加热温度和冷却方式，可以改变钢的组织。钢的组织不同，其力学性能就有差异。按加热温度和冷却方法的不同，热处理可分为退火、正火、淬火及回火。此外，还有通过改变钢表面的化学成分，从而改变其组织和性能的化学热处理。

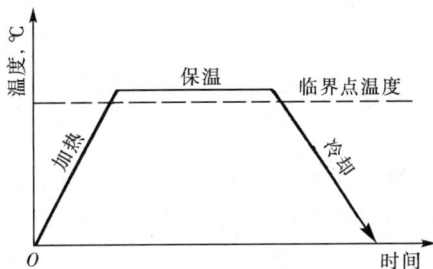

图 3-1　热处理工艺过程示意

第一节　钢在加热时的转变

一、加热温度的确定

热处理的第一道工序就是加热。铁碳合金相图是确定加热温度的理论基础。

共析钢在 A_1（见图 2-1）临界点温度下是珠光体组织，当加热温度超过 A_1 临界点后，珠光体就转变成奥氏体。亚共析钢在 A_1 临界点温度下是铁素体和珠光体，当温度超过 A_1 后，珠光体转变为奥氏体；如果继续加热，当温度超过 A_3 临界点，铁素体也转化成奥氏体。过共析钢在 A_1 临界点温度下是渗碳体和珠光体，当加热温度超过 A_1 后，珠光体转变成奥氏体；如果继续加热至 A_{cm} 以上，渗碳体将全部溶入奥氏体。从以上所述可知，钢的加热过程就是奥氏体的形成过程，这种组织转变可称为奥氏体化。

必须指出：加热时，钢的组织实际转变温度往往高于相图中的理论相变温度；冷却时，也往往低于相图中的理论相变温度。因此，在热处理工艺中，把加热时的临界点分别用 A_{c1}、A_{c3}、A_{ccm} 表示，冷却时的临界点分别用 A_{r1}、A_{r3}、A_{rcm} 表示。

二、奥氏体化过程

珠光体转变为奥氏体是一个重新结晶的过程，因而也有形核和长大这两个阶段。由于珠光体是铁素体和渗碳体的机械混合物，铁素体与渗碳体的晶胞类型不同，含碳量的差别很大，转变为奥氏体必须进行晶胞的改组和铁碳原子的扩散。奥氏体化大致可分为四个过程，如图 3-2 所示。

1. 奥氏体形核

奥氏体的晶核是首先在铁素体和渗碳体的相界面上形成的。因为界面上的碳浓度处于中间值，原子排列也不规则，原子由于偏离平衡位置，处于畸变状态而具有较高的能量，同时位错和空位密度较高。铁素体和渗碳体的交界处在浓度、结构和能量上为奥氏体形核提供了

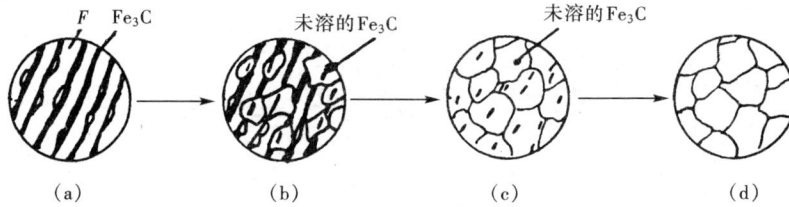

图 3-2　共析钢的奥氏体化过程示意

(a) 奥氏体形核；(b) 奥氏体长大；(c) 残余渗碳体溶解；(d) 奥氏体均匀化

有利条件。

2. 奥氏体长大

奥氏体的晶核一旦形成，便通过原子扩散开始长大。在与铁素体接触的方向上，铁素体逐渐通过改组晶胞向奥氏体转化；在与渗碳体接触的方向上，渗碳体不断溶入奥氏体。

3. 残余渗碳体溶解

由于铁素体的晶格类型和含碳量与奥氏体的差别都不大，因而铁素体向奥氏体的转变总是先完成。当珠光体中的铁素体全部转变为奥氏体后，仍有少量的渗碳体尚未溶解。随着保温时间的延长，这部分渗碳体不断溶入奥氏体，直至完全消失。

4. 奥氏体均匀化

刚形成的奥氏体晶粒中，碳浓度是不均匀的。原先渗碳体的位置，碳浓度较高；原先属于铁素体的位置，碳浓度较低。因此，必须保温一段时间，通过碳原子的扩散获得成分均匀的奥氏体。这就是热处理应该有一个保温阶段的原因。

对于亚共析钢与过共析钢，如果加热温度没有超过 A_{c3} 或 A_{ccm}，而在稍高于 A_{c1} 停留，只能使原始组织中的珠光体转变为奥氏体，而共析铁素体或二次渗碳体仍将保留。只有进一步加热至 A_{c3} 或 A_{ccm} 以上并保温足够时间，才能得到单相的奥氏体。

还必须指出的是：如果加热温度过高，或者保温时间过长，将会促使奥氏体晶粒粗化。奥氏体晶粒粗化后，热处理后钢的晶粒就粗大，会降低钢的力学性能。

三、晶粒度的评定

钢经热处理后的晶粒大小对力学性能影响很大，而热处理的加热和保温这两个过程又决定了热处理后的晶粒大小。晶粒的大小也称晶粒的粗细，是用晶粒度来表示的。

1. 起始晶粒度

起始晶粒度是指钢加热至奥氏体化的过程中，当铁素体向奥氏体转变刚刚完了时所形成的晶粒度，即当奥氏体成核长大时，奥氏体晶粒的边界刚刚相碰时的晶粒大小。这时奥氏体晶粒刚形成，因此晶粒是非常细小的。

2. 实际晶粒度

实际晶粒度是指某一具体的热处理后或热加工条件下所得到的奥氏体晶粒度。

在加热温度升高和保温时间延长的情况下，会使奥氏体最初形成的晶粒长大，这是因为在奥氏体晶粒的边界处，原子排列是不规则的，因而活动能力强，较大的晶粒吞并小的晶粒，使晶界迁移，晶粒就不断长大。在实际生产中影响奥氏体晶粒长大的主要原因是加热温度，加热温度越高，奥氏体的晶粒就越大；其次是保温时间，保温时间长，奥氏体的晶粒也大。因此，热处理时要特别注意控制好加热温度，并选择适当的保温时间。

3. 本质晶粒度

不同的钢奥氏体晶粒加热时长大的倾向不同，评定奥氏体晶粒在加热时长大倾向的标准称为本质晶粒度。根据原冶金部的标准规定，加热到（930±10）℃保温 8h 冷却下来后钢的晶粒大小称为本质晶粒度。

标准将钢分为两大类，一类称为本质粗晶粒钢，另一类称为本质细晶粒钢，其与温度的关系如图 3-3 所示。

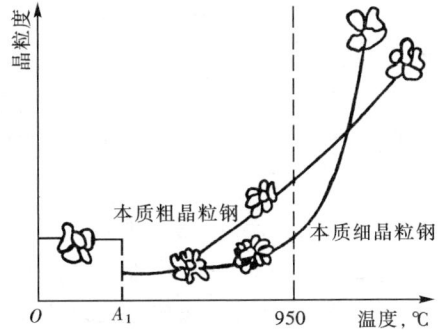

图 3-3 钢的本质晶粒度与温度的关系

从图 3-3 中可看出，本质粗晶粒钢是指随着加热温度的升高奥氏体的晶粒度迅速长大；本质细晶粒的钢在一定的温度范围内，随着加热温度的升高，奥氏体晶粒长大速度很慢，但当加热到950～1000℃以上时奥氏体的晶粒会突然迅速长大。因此，即使是本质细晶粒的钢热处理时也要正确选择该钢种的加热温度，防止超温，避免晶粒粗大。

在工业生产中，就是采用奥氏体本质晶粒度来评定钢的长大倾向的。奥氏体晶粒度的标准是在放大 100 倍的金相显微镜下观察定的级，共计为 1～8 级，1 级最粗，8 级最细，晶粒度为 1～4 级的定为本质粗晶粒钢，5～8 级的定为本质细晶粒钢。

钢的本质晶粒度是由钢的成分和冶炼条件决定的。含有钛、钒、钨等合金元素的钢，大多属于本质细晶粒钢。冶炼时采用铝脱氧的钢也为本质细晶粒钢，而只用硅、锰脱氧的钢则为本质粗晶粒钢。这是因为钛、钒、钨以及铝等合金元素在钢中能形成金属化合物，这些化合物微粒分布在奥氏体晶界上能机械地阻止奥氏体晶粒的长大。但是，当温度升得较高时，这些化合物微粒会发生聚集甚至溶入奥氏体，这样也就失去了机械阻碍的作用，晶粒便会迅速长大。

第二节 奥氏体在冷却时的转变

奥氏体的冷却转变直接影响着热处理后钢的组织和力学性能，所以冷却是热处理三个阶段中最关键的阶段。例如，45 钢加热到奥氏体化温度 840℃适当保温后，以不同的速度冷却，由于所得到的组织不同，其力学性能差异很大，见表 3-1。

表 3-1　　　　　　　　　　　45 钢按不同速度冷却后的力学性能

冷却方式	R_{eL} (MPa)	R_m (MPa)	A (%)	Z (%)	HRC
炉冷（退火）	281	532	32.5	49.3	HB160～200
空冷（正火）	340	670～720	15～18	45～50	HB170～240
油冷（油淬）	620	900	12～20	48	40～50
水冷（水淬）	720	1100	7～8	12～14	52～60

在生产实践中，热处理冷却方式通常有两种，即等温冷却与连续冷却，如图 3-4 所示。

等温冷却：将奥氏体组织的钢，迅速冷却到临界点温度以下的某一温度，然后进行保温转变，使奥氏体转变成其他组织后，再冷却到室温。这种冷却方式也称为等温转变，如图 3-4 中曲线 1 所示。在奥氏体相变温度以下仍未转变的奥氏体组织，称为过冷奥氏体。

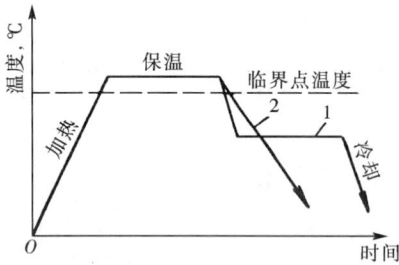

图 3-4　不同冷却方式示意

曲线 1—等温冷却；曲线 2—连续冷却

连续冷却：将奥氏体组织的钢按一定的速度冷却到室温，使过冷奥氏体在不同的温度下连续不断地进行转变，如图 3-4 中曲线 2 所示。

一、奥氏体的等温转变

（一）等温转变曲线

等温转变曲线是表示过冷奥氏体在不同温度下等温转变成某一种组织的量及其与时间的关系曲线。常用金相硬度法测定并绘制。

现以共析钢为例介绍绘制方法。先做成若干试验片（10mm×1.5mm），将其加热到 A_{c1} 以上并保温，使其转变成均匀的奥氏体。然后分别将试验片迅速投入不同温度（如 700、650、600、550…）的等温盐浴（或金属浴）槽中，每隔一定时间取出一块试验片急速投入水中，冷却后观察其显微组织并测定硬度，便可测出过冷奥氏体在不同的等温槽中开始转变和转变终了的时间。在温度—时间坐标轴上标出所有的转变开始点和转变终了点，再将在不同温度下的转变开始点及转变终了点分别连接成两根曲线，就得到了奥氏体等温转变曲线，如图 3-5 所示。该图曲线形状如英文字母"C"，通常简称为 C 曲线。

共析钢在 230℃ 以上，过冷奥氏体都要经过一段孕育期才开始转变，当将奥氏体组织的钢迅速冷却到 230℃ 以下温度时，奥氏体立即转变成马氏体（用符号 M 表示）组织，没有孕育期。大约冷却到 −55℃，奥氏体就全部转变成马氏体了，这种转变是在一个温度范围内连续降温冷却的转变过程。C 曲线图中的 M_s 是奥氏体开始转变成马氏体的温度线，M_f 是转变终了温度线，奥氏体从 M_s 温度开始转变成马氏体，不断降温就不断转变，至 M_f 温度时，奥氏体就变成了马氏体。

根据转变温度和转变的特点不同，C 曲线可分成高温、中温和低温转变三个区域。在 A_1 至 550℃ 区间进行高温转变，其转变产物是珠光体组织，又称为珠光体型

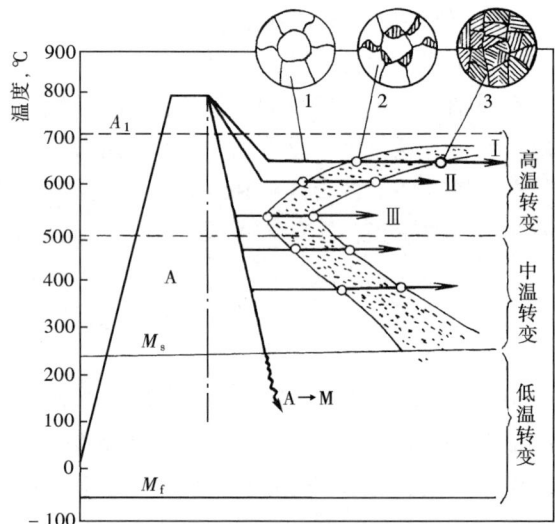

图 3-5　C 曲线的测定与绘制

1—孕育期的显微组织；2—转变开始点 t_2 时的
显微组织；3—转变终了点 t_3 时的显微组织

转变；550℃ 至 M_s 线区间进行中温转变，其转变产物是贝氏体组织，又称为贝氏体型转变；在 M_s 线至 M_f 线进行低温转变，其转变产物是马氏体组织，又称为马氏体型转变。

（二）奥氏体转变产物的组织和性能

在不同的温度条件下，奥氏体转变产物的形成过程、组织形态和力学性能也不相同，如图 3-6 所示。

1. 高温转变

转变温度为 A_1～550℃ 时，过冷奥氏体转变为珠光体。珠光体是铁素体和渗碳体的机械

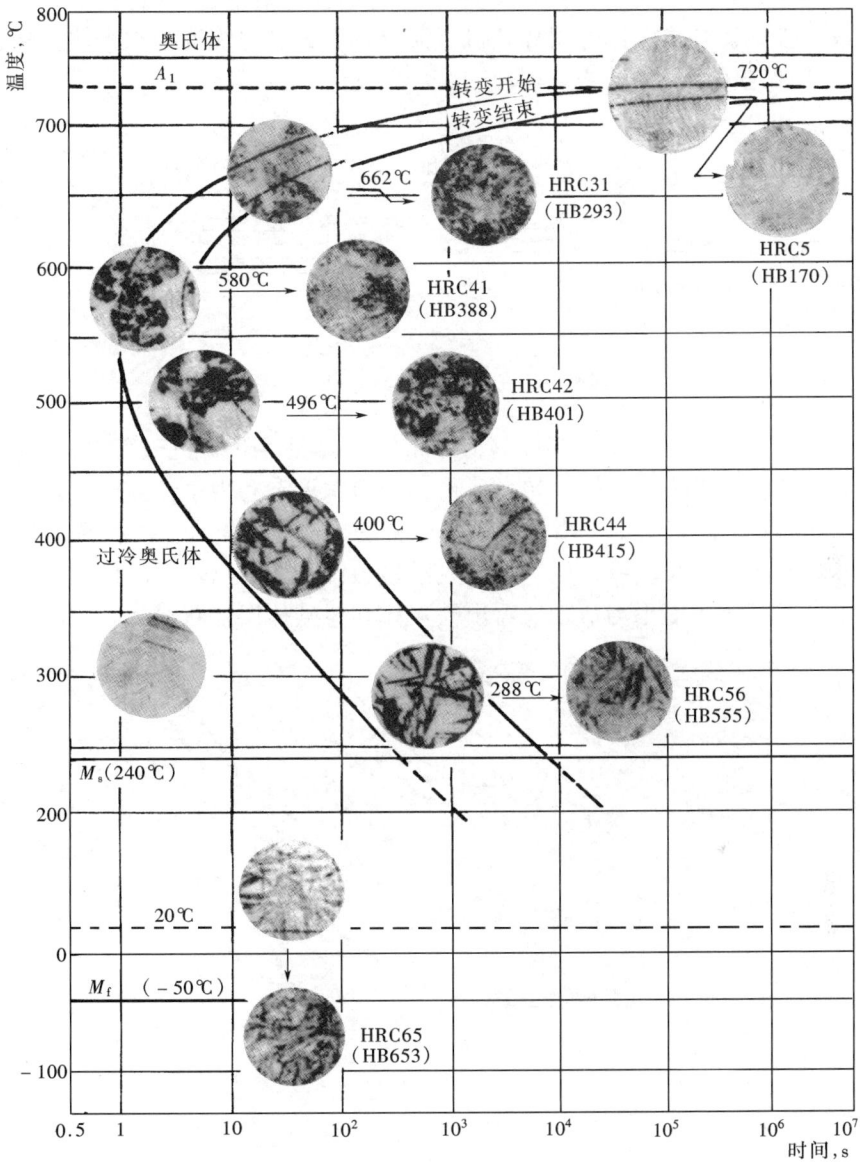

图 3-6 共析钢奥氏体等温转变曲线
共析钢成分：0.89%C，0.29%Mn；奥氏体化温度：885℃

混合物，这两相组织晶格不同，成分相差悬殊，奥氏体转变时必须进行晶格的改组和碳的重新分配两个过程。这两个过程只有通过碳原子和铁原子的扩散才能完成，所以，奥氏体向珠光体转变是一种扩散性相变。

和其他相变一样，奥氏体转变成珠光体也有形核和长大的阶段。首先在奥氏体的晶界上产生渗碳体的晶核，然后吸收其周围奥氏体中的碳原子而逐渐长大。在渗碳体形核和长大的同时，渗碳体周围的奥氏体含碳量不断降低，从而促使这部分贫碳的奥氏体中产生铁素体的晶核；铁素体的晶核产生后，也会逐渐长大。由于铁素体中的溶碳能力很低（最多只能溶入0.02%的碳），在其形核和长大的过程中又必须扩散出多余的碳，从而又使铁素体两侧的奥氏体中含碳量增加，为产生新的渗碳体晶核创造了条件。如此交替地进行下去，奥氏体就最终完全转变成了铁素体和渗碳体的层片状机械混合物，这种组织称为珠光体。从过冷的奥氏体转变为层片状珠光体组织的转变机理如图3-7所示。

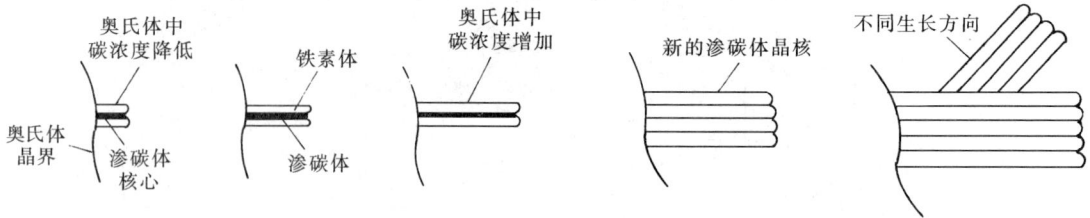

图3-7 珠光体组织形成机理示意

在C曲线的高温转变区，由于温度高低的不同，因而孕育期和转变的时间也就不相同，碳原子和铁原子的扩散能力不一样，转变所得到的组织形态和力学性能仍然存在着差异。转变温度在 $A_1 \sim 650℃$ 之间，由于过冷度较小，原子的扩散能力较大，所得到的珠光体层片间的间距较大，渗碳体也较长较厚，用一般的光学显微镜在300倍左右的放大倍数下就能分辨清楚，若用电子显微镜则能更为清晰地看出铁素体和渗碳体层片状组织，如图3-8所示。

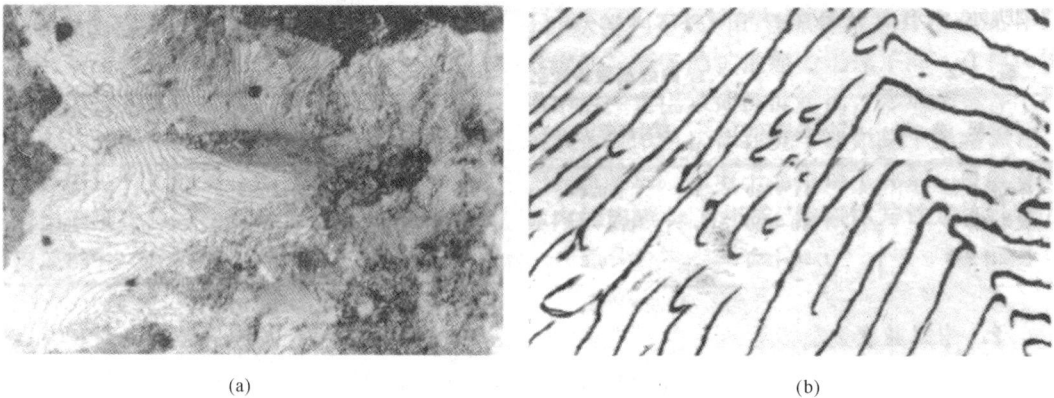

(a)　　　　　　　　　　　　　　　　(b)

图3-8 珠光体的显微组织
(a) 光学显微镜下的组织形态（320×）；(b) 电子显微镜下的组织形态（3800×）

若过冷度增加，使奥氏体在 $650 \sim 600℃$ 之间转变，所得到的珠光体就要细小一些，渗碳体片要稍短一些，也稍薄一点，层片间的间距也要小一些，这种组织称为细珠光体，如图3-9所示。图3-9的右上角为该组织在电子显微镜下的形态，在一般放大倍率的光学显微镜下已较难分辨出铁素体和渗碳体的层片状形态来了，但从电子显微镜中可清楚地看出它仍是属于层片状珠光体。

转变温度在 $600 \sim 550℃$ 之间时，过冷度大了，原子的扩散能力减弱，奥氏体所转变成的珠光体更为细小，这种组织称为极细珠光体。其中的渗碳体片更短更薄，层片间的间距也更小。在一般的光学显微镜下已无法分辨出层片状的形态，只能看到黑的一团团的组织；在电子显微镜下尚可看到层片状的机械混合物。极细珠光体的显微组织如图3-10所示。

在高温转变区在不同温度下奥氏体转变所得到的三种珠光体其力学性能也是不相同的。铁素体和渗碳体的层片间距越小，渗碳体越短越薄，强度和硬度也越高，塑性也就越好。这是因为作为硬脆相的碳化物，其越细碎分散度就越高，弥散硬化的效果也就越好，而且硬脆相细小分散其脆性也就小了。

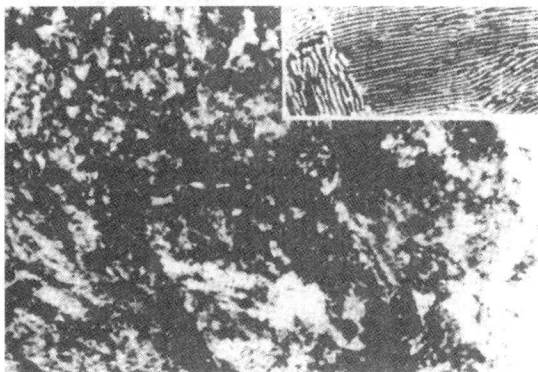

图 3-9 细珠光体的显微组织
（右上角为电镜下的形态）（800×）

图 3-10 极细珠光体的显微组织
（右上角为电镜下的形态）（630×）

C 曲线高温转变区奥氏体转变为珠光体组织的形成温度、层片间距及力学性能见表 3-2。

表 3-2　　　　　　　C 曲线高温转变区的组织、形成温度及特性

组织类型	形成温度（℃）	层片间距（μm）	R_m（MPa）	A（%）	HBS
珠光体	$A_1 \sim 650$	>0.4	≈550	≈5	≈180
细珠光体	650～600	0.4～0.2	≈870	≈15	≈220
极细珠光体	600～550	<0.2	≈1100	≈10	≈270

2. 中温转变

转变温度为 $550℃ \sim M_s$，由于转变温度较低，原子的扩散能力减弱，这种转变具有扩散型转变和非扩散型转变的两重性。奥氏体在转变过程中，碳原子只能作短距离的扩散，形成细小的碳化物颗粒；铁原子几乎不能扩散，仅从面心立方晶格改组成体心立方晶格。铁素体中含碳量有过饱和现象。这种过饱和铁素体和细小颗粒状渗碳体的机械混合物，称为贝氏体，用符号 B 表示。

在中温转变区，由于转变温度的不同，碳原子的扩散能力也有差别，因而所形成的贝氏体形态、性能也有不同。在 550～350℃ 范围内，奥氏体等温转变成的组织称为上贝氏体；在 $350℃ \sim M_s$ 范围，等温转变成的组织称为下贝氏体。

（1）上贝氏体。上贝氏体的组织是细小的渗碳体分布在相互平行的条状铁素体之间。在光学金相显微镜下可观察到上贝氏体是由许多密排在一起的条状铁素体束与沉淀出来的碳化物间隔而成的两相组织，因形如羽毛又称为羽毛状贝氏体，如图 3-11 所示。利用高分辨的电子显微镜，可以看出上贝氏体中的条状铁素体仅有 6°～18° 的位向差；在铁素体条之间分布着与铁素体针轴相平行的渗碳体，渗碳体呈不连续的短杆状、细条状或粒状，如图 3-12 所示。

上贝氏体虽然有一定的硬度（HRC=44 左右），但塑性和韧性很差，这与渗碳体断断续续地分布在条状铁素体之间有关。这样的组织无实用价值。

（2）下贝氏体。下贝氏体的组织是由针叶状排列不规则的铁素体片和片中有规律分布的

渗碳体粒子两相组成。下贝氏体的转变温度低，原子的扩散能力迅速下降，在奥氏体转变为铁素体的同时，部分碳原子在铁素体相中沿一定的取向沉淀析出，形成渗碳体；另一部分碳则留在铁素体片中，变成过饱和的铁素体。下贝氏体在光学显微镜下呈暗黑色，针叶内似有析出物，但无法进一步分辨，如图 3-13 所示。在电子显微镜下观察，可清楚地看出下贝氏体是由片状铁素体及分布在铁素体内的渗碳体所组成。渗碳体与铁素体针轴方向成 55°～60°的交角，如图 3-14 所示。

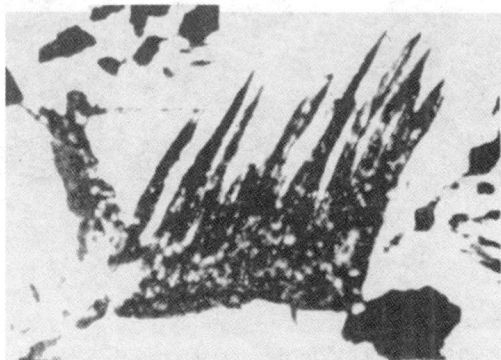

图 3-11　上贝氏体在光学显微镜
下的组织形态（1300×）

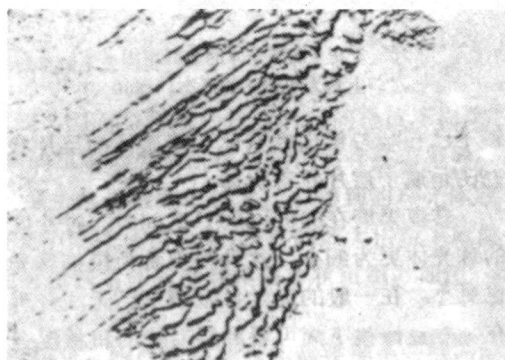

图 3-12　上贝氏体在电子显微
镜下的组织形态（2300×）

图 3-13　下贝氏体在光学显微
镜下的组织形态（500×）

图 3-14　下贝氏体在电子显微
镜下的组织形态（4700×）

　　下贝氏体的强度和硬度较高（HRC 约为 45～55），塑性和韧性也较好，具有一定的综合力学性能。所以在生产上常采用等温淬火的方法，以得到下贝氏体的组织。

　　（3）粒状贝氏体。粒状贝氏体也是在中温转变区，由奥氏体转变成的组织。粒状贝氏体是由铁素体及由铁素体基体所包围着的小岛状组织所组成，这些小岛状组织形态很不规则，常呈粒状或长条状，如图 3-15、图 3-16 所示。

　　粒状贝氏体的形成与钢的成分及转变温度有关。在电厂用钢中，粒状贝氏体常出现于低碳的 Cr-Mo 钢和 Cr-Mo-V 钢等钢种的原材料及焊接接头中。一般认为这种成分的钢，在中温转变区当奥氏体转变成铁素体后，铁素体周围的奥氏体含碳逐渐增多，这些富碳的奥氏体逐渐缩小，成为被铁素体包围着的一些小岛。小岛状的奥氏体组织将会变成为珠光体或者转变为马氏体，甚至保留着奥氏体状态。这种铁素体基体上有一些小岛状组织的结构，总称为粒状贝氏体。据资料介绍，室温下粒状贝氏体的力学性能不是很好的，但经高温回火，粒状贝氏体却具有良好的抗高温蠕变性能。

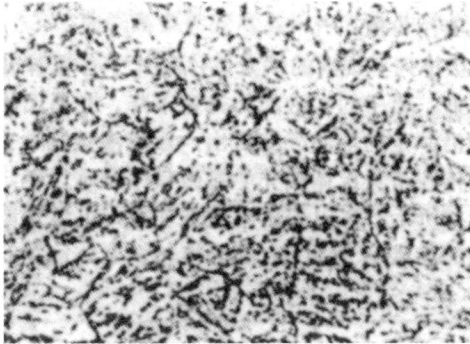

图 3-15　粒状贝氏体在光学显微镜下的组织形态（500×）

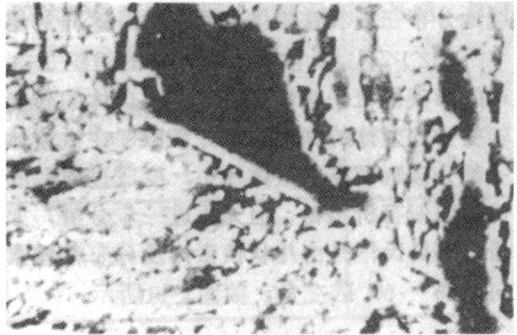

图 3-16　粒状贝氏体在电子显微镜下的组织形态（2500×）

3. 低温转变

转变温度为 $M_s \sim M_f$，奥氏体在连续冷却时便不断地转变为含碳量过饱和的铁素体，这种组织称为马氏体。

（1）马氏体的形态。马氏体的组织与钢中的含碳量有极大的关系。含碳量≤0.25%的钢很快地冷却到 M_s 线以下时，便得到条状马氏体组织。这种马氏体组织的特征是尺寸大致相同的细马氏体以板条状组成一束或一个领域，领域与领域之间以较大角度分开。在一颗原始奥氏体晶粒内可以形成几个不同取向的领域，如图 3-17 所示。经过浸蚀，条状马氏体呈现深浅不同的色泽。通过高倍率透射电子显微镜可以观察到条状马氏体内部有大量的位错缠结的亚结构。条状马氏体可称为低碳马氏体，也称为位错型马氏体，其显微组织如图 3-18 所示。

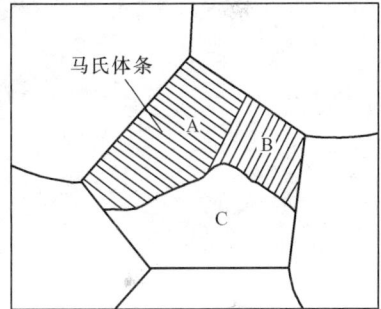

图 3-17　低碳马氏体示意
A、B、C—生长方向不同的三个小晶粒

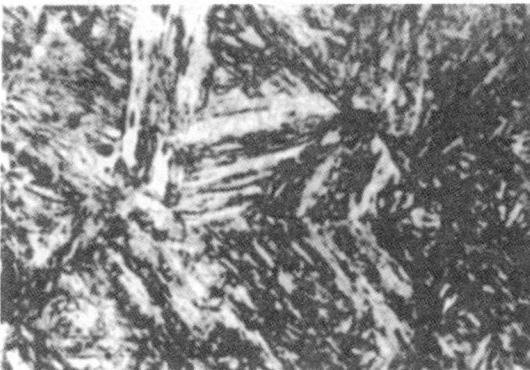

（a）

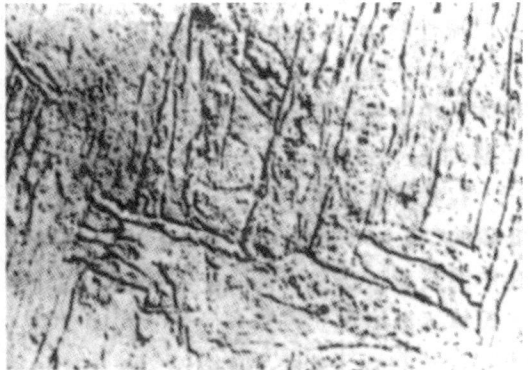

（b）

图 3-18　低碳马氏体的显微组织

（a）低碳马氏体在光学显微镜下的组织形态（500×）；（b）低碳马氏体在电子显微镜下的组织形态（2800×）

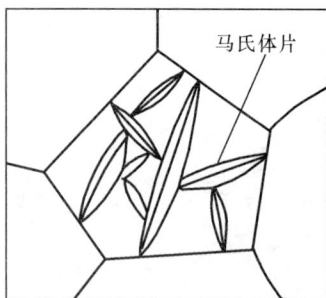

图 3-19　高碳马氏体的示意

含碳量大于 1% 的碳钢快速冷却后的组织为针状马氏体，针叶一般以 60°～120° 角相交。马氏体的针叶一般在奥氏体晶粒内形成，第一片马氏体较为粗大，往往横贯整个马氏体的晶粒，稍后形成的马氏体片则较小，最后形成的马氏体就更小，如图 3-19 所示。在光学显微镜下观察，马氏体针叶的大小不一，分布也不规则；通过高倍率电子显微镜可以观察到针叶内充满着很多细小的孪晶带亚结构。针状马氏体可称为高碳马氏体，也称为孪晶马氏体，其组织如图 3-20 所示。

含碳量在 0.25%～1% 之间的碳钢快速冷却所得到的组织为低碳马氏体和高碳马氏体的混合结构。

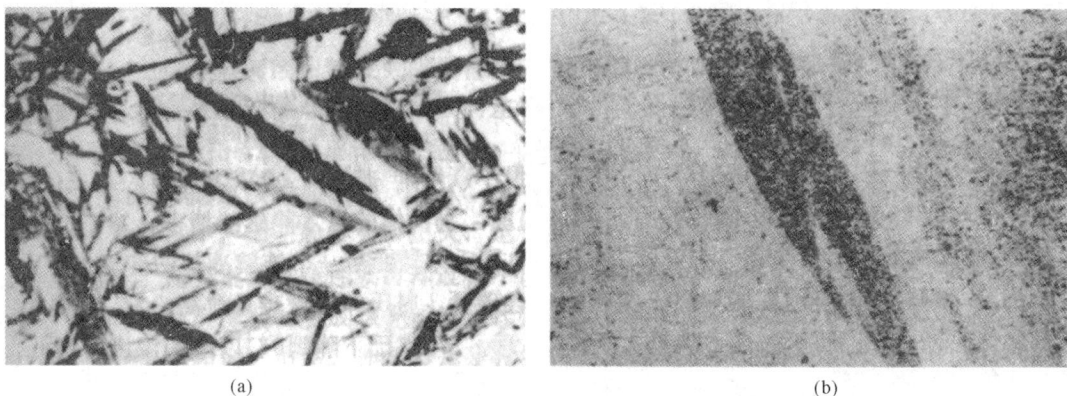

图 3-20　高碳马氏体的显微组织
（a）高碳马氏体在光学显微镜下的组织形态（506×）；（b）高碳马氏体在电子显微镜下的组织形态（1200×）

（2）马氏体的性能。高硬度是马氏体的主要特征。马氏体的硬度与其含碳量有关，如图 3-21 所示。含碳量越多，硬度就越高；当含碳量超过 0.6% 以后，马氏体的硬度就增加不多。

马氏体具有高硬度的主要原因是过饱和的碳原子所起的固溶强化作用和形成马氏体时在马氏体内产生了大量的位错或孪晶引起了加工硬化。高碳马氏体具有高的硬度，但韧性很低，脆性大；马氏体针叶越粗大，韧性就越低，脆性就越大。所以，淬火得到高碳马氏体后，必须进行消除脆性的回火处理才能应用。低碳马氏体具有较高的硬度和强度，而且韧性也比较好，这种强度和韧性的良好配合，使低碳马氏体得到了广泛应用。

（3）马氏体转变的特点。奥氏体是在 M_s 点温度以下转变成马氏体的。由于转变温度很低，奥氏体中的铁、碳原子都不能进行扩散，因而只有铁元素的晶格改变，面心立方晶格 γ-Fe 转化为体心立方晶格 α-Fe。由于碳原子无扩散能力而过饱和固溶在 α-Fe 中，当含碳量大于 0.25% 时，将使晶格撑开。

马氏体的形成速度极快。有人测得形成一片马氏体片仅需要 10^{-7} s，形成后迅速达到强度尺寸。马氏体量的增加，并不是依靠已形成的马氏体片的继续长大，而是靠新的马氏体片不断产生。

马氏体转变是在一定温度范围（$M_s \sim M_f$）内进行的。奥氏体很快冷却到 M_s 点温度后开始转变为马氏体，随着温度的降低，马氏体量不断增加。若在 M_s 点以下保温，马氏体转变量一般不随时间的延长而增加，只有再降低温度，马氏体的量才能继续增多，冷到 M_f 点温度后，奥氏体就全部转变成了马氏体。奥氏体向马氏体转变是一个连续冷却的变温过程。

钢 M_s 和 M_f 点温度的高低取决于奥氏体中含碳量，奥氏体中含碳量越高，M_s 和 M_f 点温度就越低，如图 3-22 所示。当含碳量大于 0.6% 后，M_f 点已下降到 0℃ 以下的温度。因此，高碳钢淬火后常常含有一定数量的残余奥氏体。残余奥氏体的存在会降低钢的强度和硬度，影响钢的耐磨能力。有时为了减少残余奥氏体的数量和影响，可将淬火钢冷却到 0℃ 以下进行冷处理，以增加马氏体的转变量。当然如果钢中有残余奥氏体存在，可减少淬火时的变形并增加淬火钢的韧性，残余奥氏体还有阻止裂纹扩展的作用。所以，一定量的残余奥氏体存在于钢中，并不都是有害的。

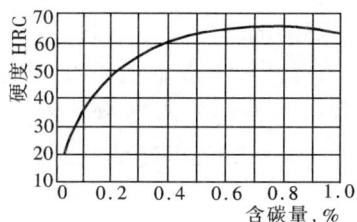

图 3-21 马氏体的硬度
与含碳量的关系

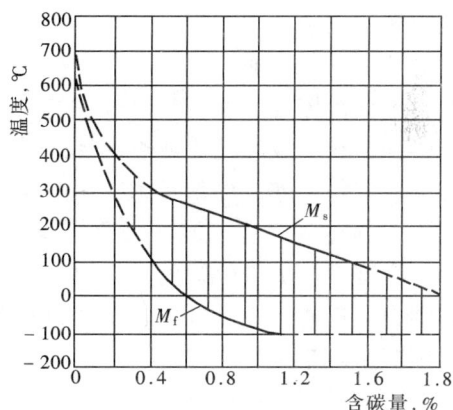

图 3-22 奥氏体中的含碳量对
马氏体转变温度的影响

从奥氏体转变为马氏体后体积要膨胀。这是由于马氏体的比体积是钢中所有组织中最大的。体积的膨胀将引起很大的内应力，这种内应力又称为组织应力。而从奥氏体转变为马氏体时需要快速冷却，在短时间内温度变化很大，使钢热胀冷缩又会产生一种内应力，这种内应力称为热应力。这两种应力的叠加，是造成钢件淬火开裂和变形的重要原因。

（三）含碳量对奥氏体等温转变曲线的影响

亚共析钢和过共析钢从奥氏体转变为珠光体之前，均有先共析相析出的过程，因此，它们的等温转变曲线与共析钢的等温转变曲线有所不同，如图 3-23、图 3-24 所示。

亚共析钢的等温转变曲线上半部多一条先共析铁素体析出的曲线；过共析钢的等温转变曲线上半部有一条先共析渗碳体析出的曲线。这些是指奥氏体在等温转变过程中保温至第一根线时先行转变成为铁素体或渗碳体，当到达第二根线时奥氏体就开始转变为珠光体，到第三根线转变终了；最后的组织就分别为铁素体加珠光体或渗碳体加珠光体。

从图 3-23、图 3-24 中还可看出：共析钢与亚共析钢及过共析钢的中温转变区均是两根线，过冷奥氏体在这个转变区均转变为贝氏体；共析钢的过冷奥氏体最稳定，孕育期也较长，含碳量增多或减少都使等温转变曲线向左移；M_s 与 M_f 线的温度也与共析钢等温度变曲线中不同，这与图 3-22 中的理论是一致的。

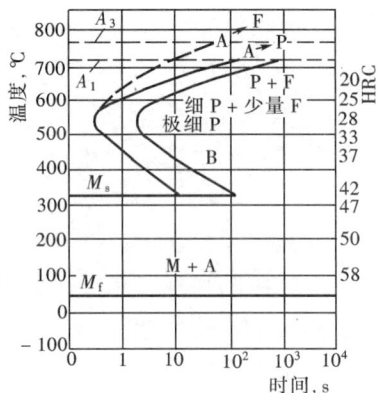

图 3-23　亚共析钢的等温转变曲线

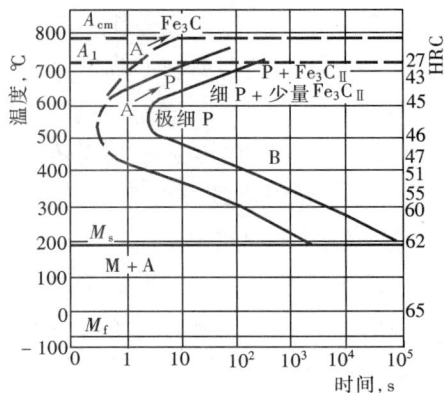

图 3-24　过共析钢的等温转变曲线

二、奥氏体的连续冷却转变

在实际生产中，如一般淬火、正火、退火等，过冷奥氏体的转变均是在连续冷却时转变的。所以，研究奥氏体在连续冷却过程中的转变具有十分重要的意义。在连续冷却过程中，过冷奥氏体同样会转变成珠光体或贝氏体或马氏体，组织转变的温度区域与奥氏体的等温转变时大致相同。但是，连续冷却是指按照一定的速度从较高的温度冷却，奥氏体的组织转变发生在各个不同的转变温度区域，因此会得到各个不同区域的产物。连续冷却时的速度不同，在各个转变温度区域内停留的时间也不同，所得到的各种转变产物相对数量也就不同，就会有不同的力学性能。连续冷却转变比较复杂，转变规律不如等温转变明显，有时有几种组织，这些组织也较难区分。

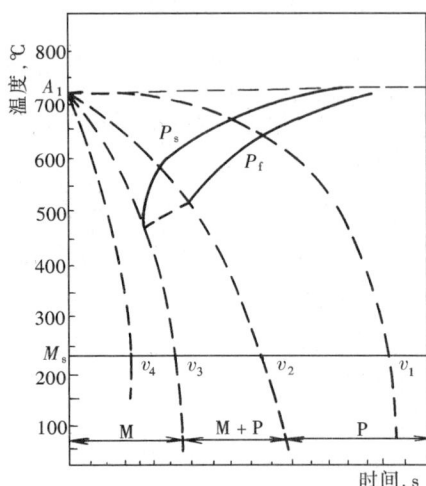

图 3-25　共析钢连续冷却转变曲线

奥氏体的连续冷却转变用连续冷却曲线来进行分析。连续冷却曲线也是用试验方法测定绘制的，共析钢的连续冷却曲线如图 3-25 所示。

图 3-25 中 P_s 线为过冷奥氏体转变为珠光体的开始线，P_f 线为过冷奥氏体转变为珠光体的终了线。两线之间即为奥氏体向珠光体转变的区域。当按 v_1 速度冷却得到珠光体；以 v_2 速度冷却得到的是细珠光体和极细珠光体；以 v_3、v_4 速度冷却均得到马氏体。其中 v_3 是获得马氏体的最小冷却速度，是与 P_s 相切的冷却速度曲线，称为临界冷却速度。钢的含碳量对奥氏体连续冷却曲线影响很大，会改变曲线的位置和图形，这部分内容可参看有关热处理的书籍。

由于奥氏体的连续冷却曲线较难测定，工程上常参照等温转变曲线来近似、定性地分析连续冷却时奥氏体的转变过程。为了预测某种钢在某一冷却速度下所得到的组织，可将此冷却速度线画在该钢种的等温转变曲线上，根据冷却速度线在等温转变曲线中的位置来估计所得到的组织，并以此来分析其力学性能，如图 3-26 所示。

图 3-26 中，v_1 速度所得到的组织是珠光体；v_2 得到的是细珠光体；v_3 得到的是极细珠光体；v_4 先与珠光体的转变开始线相割，随后又同 M_s 相交，继续冷却到室温，因此，按

v_4 速度冷却至室温其组织应是极细珠光体、马氏体，还有一定量的残余奥氏体；v_5 速度线不与转变曲线相交，奥氏体直接过冷到 M_s 点温度后转变为马氏体。v_{cr} 即为临界冷却速度线。

亚共析钢或过共析钢的连续冷却转变曲线要比共析钢复杂一些，45 钢的连续冷却曲线见图 3-27 所示。从图 3-27 中可以看出多了两根线，即奥氏体开始转变为铁素体及奥氏体开始转变为贝氏体的转度温度线；还多了两个区域，即先共析的铁素体区及贝氏体转变区。

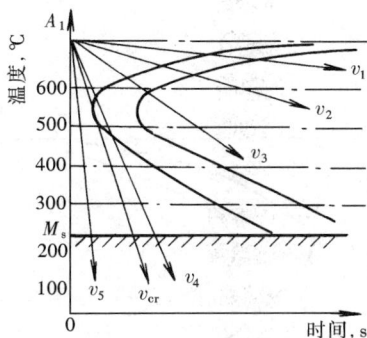

图 3-26 在等温转变图上的连续冷却速度线

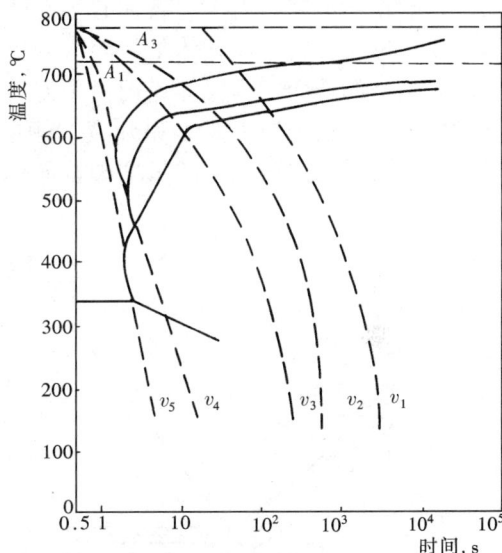

图 3-27 45 钢的连续冷却曲线

当以 v_1 冷却速度将钢从奥氏体状态连续冷却时，奥氏体中先析出铁素体 F，最终组织为 F+P；以 v_2 速度连续冷却时，转变过程和转变产物与 v_1 相同；当冷却速度在 v_3 与 v_4 之间时，奥氏体连续冷却后所得到的组织为细 P 或极细 P+B+M；当冷却速度在 v_4 与 v_5 之间时，奥氏体连续冷却后所得到的组织为 B+M；v_5 是临界冷却速度，冷却速度大于 v_5 后奥氏体是在马氏体转变区域内转变成马氏体。

连续冷却曲线在生产实践中具有较大的实用意义。可以用来制定正确的热处理冷却工艺，分析淬火、正火、退火后钢件所得到的组织和力学性能，还可以用来分析焊接热影响区的组织和力学性能。

第三节 钢 的 淬 火 和 回 火

一、淬火

钢件加热到临界点（A_{c1} 或 A_{c3}）以上，保温一定的时间，然后迅速冷却至室温或让其在稍高于 M_s 点温度等温转变，得到马氏体或下贝氏体，提高钢件的硬度，这种热处理工艺称为淬火。

（一）加热温度的选择

碳钢淬火的加热温度是由钢中的含碳量来决定的，铁碳合金相图是选择温度的依据，如图 3-28 所示。

亚共析钢：$A_{c3}+30\sim50℃$

共析钢和过共析钢：$A_{c1}+30\sim50℃$

亚共析钢加热到上述温度，钢的组织转变为奥氏体，快速冷却后全部转变为马氏体。若加热温度低于 A_{c3}，则钢的组织为铁素体加奥氏体；淬火后奥氏体转变为马氏体，而铁素体则被保留下来，使钢的硬度不足，因而也就达不到淬火的要求。

过共析钢加热到上述温度，钢的组织转变为奥氏体和渗碳体，快速冷却后奥氏体转变为马氏体，渗碳体不变。由于渗碳体有很高的硬度值，因此能满足淬火后的力学性能要求。若加热温度超过 A_{ccm} 后，渗碳体虽然溶入到奥氏体中去了，组织全部变成了奥氏体，快速冷却后奥氏体又全部转变成马氏体，但由于温度高，奥氏体晶粒粗大，淬火后马氏体片也粗大，所以脆性大，增加了淬火变形和开裂的倾向。况且奥氏体中溶碳量增多后，M_s 和 M_f 的温度降低，淬火后残留奥氏体的量增加，使钢的硬度和耐磨性反而降低。

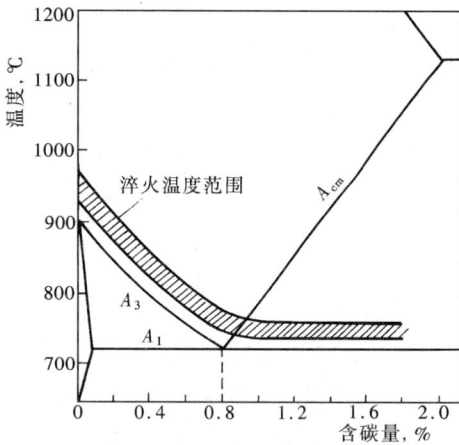

图 3-28 碳钢淬火加热温度范围

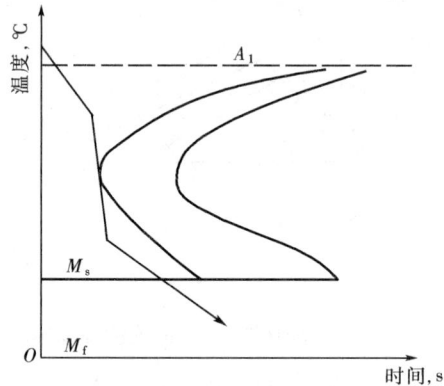

图 3-29 淬火的理想冷却曲线

（二）冷却速度及冷却介质的选择

淬火时的冷却速度必须大于临界冷却速度，但过快的冷却又会增加内应力，引起钢件的变形和开裂。因此，选择合理的冷却介质是淬火工艺的关键。钢的等温转变曲线是选择淬火时的冷却速度和介质的依据，理想的冷却曲线如图 3-29 所示。

理想的冷却曲线先应稍慢冷却，但在高温转变区快速冷却，不能碰及等温转变曲线；在中温转变区也不应该快冷。按这样的速度冷却，既能使奥氏体转变为马氏体，又能适当地调整钢件的温差，减少淬火冷却过程的内应力，避免变形和开裂。

生产中最常用的淬火冷却介质是水和油。水是最价廉而冷却能力又强的一种冷却介质，在 650~550℃时有较大的冷却能力，在 300~200℃时冷却能力也很大。用水作冷却介质，能避免出现非马氏体组织，保证钢件有足够高的硬度，但易使钢件变形和开裂。所以形状比较复杂或厚薄不均匀的钢件，不宜使用单一的水来冷却。各种矿物油（如锭子油、机油、变压器油等）也是常用的冷却介质。油的优点是在 300~200℃时冷却速度较低，可避免钢件的变形和开裂，但在 650~550℃时，其冷却能力也较低，所以不适用于一些临界冷却速度较大的钢种，常用作合金钢零件或碳钢小零件的淬火冷却介质。

（三）淬透性的概念

淬透性是指钢件接受淬火提高硬度的能力，通常用淬硬层的深度来评定。淬硬层是淬火后马氏体和半马氏体组织的深度大小。半马氏体是指组织中有 50% 的马氏体，另外的 50% 是贝氏体或极细珠光体。

钢件淬火冷却时，沿整个截面的冷却速度是不相同的，因而钢件的表层和中心的组织和力学性能就会有差异，如图 3-30 所示。

电厂热力设备中有许多大截面的钢件，如汽轮机和发电机的主轴、紧固件、主蒸汽阀门等。这些钢件都要求有较大的淬透性。钢的淬透性主要取决于钢的化学成分，因为钢中的化学成分不同，奥氏体等温转变曲线的位置就不同，淬火的临界冷却速度也不同。只有当临界冷却速度小于实际冷却速度时，才能得到马氏体。在生产实践中，选择适当的冷却介质，提高实际冷却速度，当然也能增加淬透性。

（四）淬火的分类

常用的淬火方法有单液淬火、双液淬火、分级淬火、等温淬火及表面淬火等。除表面淬火外，其他淬火方法如图 3-31 所示。

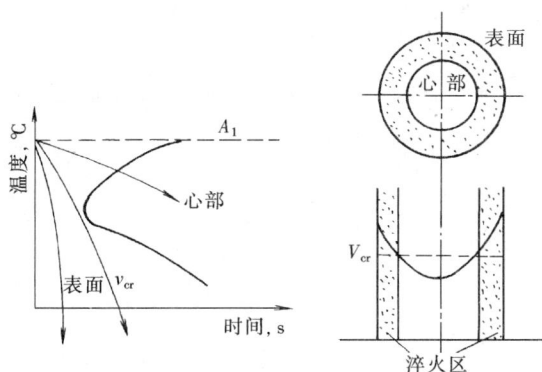

图 3-30 钢中不同截面上的冷
却速度与淬硬层的关系

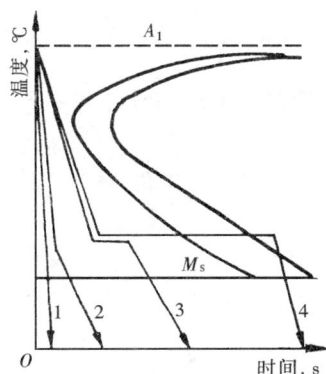

图 3-31 淬火分类示意
1—单液淬火；2—双液淬火；3—分级淬火；4—等温淬火

1. 单液淬火

将奥氏体化后的钢件迅速置于一种介质中冷却到室温，这种方法称为单液淬火，是生产中应用得最广泛的淬火方法。一般碳钢和低合金钢用水来冷却，简称为水淬；大多数合金钢用油作冷却介质，简称为油淬。这种方法操作简单，便于实现机械化和自动化，但水淬容易产生变形和开裂，油淬容易出现硬度不足等缺点。

2. 双液淬火

将奥氏体化后的钢件，先置于一种冷却速度较大的介质（如水）中冷却，冷却到 300℃ 左右时再将钢件移至另一冷却速度较小的介质（如油）中冷却至室温，这种方法称为双液淬火。双液淬火时，钢件先在水中淬火，其冷却速度大于临界冷却速度，可保证奥氏体转变为马氏体，使钢件具有较高的硬度，在接近 M_s 温度时转入油中冷却，由于速度较慢，减少了钢件内外的温度差，使内应力减小，可有效地防止钢件的变形和开裂。

双液淬火法在于掌握好钢件在水中冷却的时间。冷却时间过短，可能发生奥氏体向珠光体等组织的转变而有非马氏体组织，影响硬度值；若冷却时间过长，钢件温度已降至 M_s 点以下，又会使内应力过大，引起钢件的变形和开裂，失去了双液淬火的意义。目前生产上是根据钢件的有效厚度（或直径），按每毫米停留一秒来估计在水中的冷却时间。

3. 分级淬火法

将奥氏体化后的钢件，迅速置于温度稍高于 M_s 的介质中，并停留一段时间，使钢件内外温度一致，然后迅速地将钢件移入另一种介质中冷却至室温，这种方法称为分级淬火。这种方法不仅具有双液淬火的优点，而且容易掌握。

4. 等温淬火法

将奥氏体化后的钢件，迅速放到温度稍高于 M_s 的冷却介质中，并停留较长的时间，使过冷的奥氏体在等温条件下转变为下贝氏体，然后再将钢件置于空气中冷却至室温，这种方法称为等温淬火。等温淬火的等温转变温度以及保温的时间是根据钢件的等温转变曲线（C曲线）来决定的。这种方法的特点可以减少钢件的内应力，避免变形和开裂，所得到的组织是下贝氏体，有较高的硬度和强度，又有一定的韧性，也不必进行回火处理。

5. 表面淬火

将钢件的表面迅速地加热到奥氏体化的温度，再将钢件迅速地冷却到室温，使表面的组织转变为马氏体，而心部的组织未来得及变化，这种淬火方法称为表面淬火，如图 3-32 所示。

表面淬火的零件，一般是用中碳钢制造的。表面淬火后，钢件表面的组织为具有高硬度的马氏体，其心部仍为铁素体和珠光体，仍具有较高的韧性，因而，表面硬中心韧，可用于有冲击又有磨损损坏的工件。

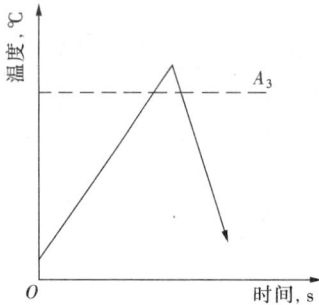

图 3-32　表面淬火示意

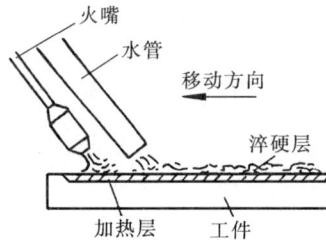

图 3-33　火焰加热表面淬火示意

表面淬火的加热方法最常用的是火焰加热和感应电加热两种。火焰加热表面淬火操作工艺示意如图 3-33 所示。它是用氧—乙炔或氧—煤气的混合气体的火焰喷射到钢件表面，使其迅速加热到 A_{c3} 以上温度，随即喷水冷却，使钢件获得所需要的表面层硬度的一种热处理工艺。火焰加热表面淬火的淬硬层深度一般为 2~6mm，这种操作方法比较简便，但加热温度不易控制，钢件表面质量不够稳定。因此，其应用受到了限制。

感应电加热表面淬火是利用感应电流对钢件表面进行加热，然后喷水冷却，使钢件表面淬硬的一种热处理方法。感应电加热温度容易控制，加热速度极快，表面质量比较稳定，是目前应用得较为广泛的表面淬火方法。

二、回火

将淬火后的钢件再加热到临界点 A_{c1} 以下的某一温度，经过一定时间的保温，然后以适当的速度冷却到室温，这种方法称为回火。

淬火后的钢件一般是硬而脆，其组织既不稳定而且存着较大的内应力，如不及时回火，会影响钢的力学性能和尺寸的稳定性，甚至会导致变形和开裂。回火的目的就是为了降低钢的脆性，消除内应力，稳定尺寸。控制回火的加热温度，还可得到所需要的组织和力学性能。一般情况下，回火是热处理的最后一道工序，对钢的力学性能有很大的影响。

（一）回火时组织和性能的变化

回火过程中，随着加热温度的高低不同，淬火成马氏体组织的钢将发生四个阶段的组织变化。

1. 室温～200℃时，马氏体分解为回火马氏体

在这一温度回火时，马氏体不断地析出极细的ε碳化物（$Fe_{2.4}C$）。马氏体的过饱和程度稍有降低。但由于温度较低，碳原子的扩散能力很弱，ε碳化物是弥散地分布在马氏体的基体上与马氏体保持着共格关系，这种组织称为回火马氏体。由于ε碳化物是均匀弥散地分布在马氏体基体上的，所以回火马氏体与淬火马氏体的形态基本上是一样的，只是在相同的腐蚀条件下，回火马氏体比淬火马氏体易于腐蚀，金相照片中的显微组织呈暗黑色，如图3-34所示。

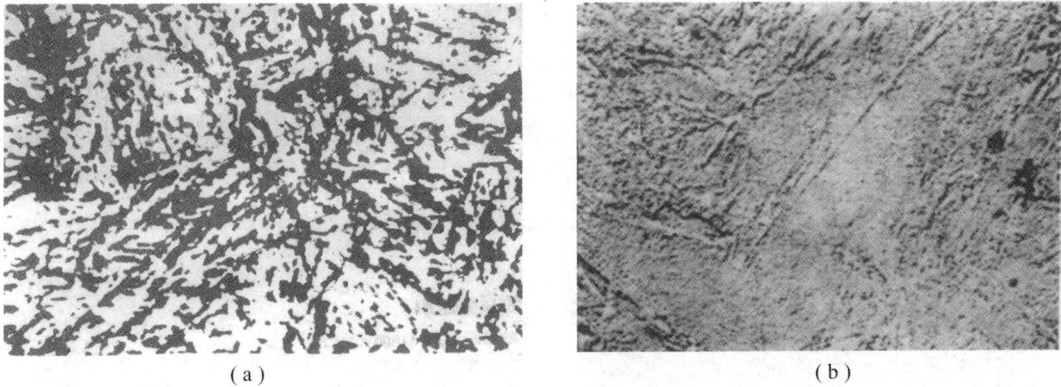

（a）　　　　　　　　　　　　　　　　（b）

图3-34　回火马氏体的显微组织

（a）回火马氏体在光学显微镜下的组织形态（500×）；（b）回火马氏体在电子显微镜下的组织形态（2700×）

由于回火马氏体是ε碳化物与过饱和铁素体的共格组织，所以硬度值仍然很高，脆性比相同含碳量的淬火马氏体要小。

2. 200～300℃时，残余奥氏体分解为回火马氏体

含碳量大于0.6％的钢，淬火后往往有一部分残余奥氏体组织。当淬火马氏体转变为回火马氏体后使体积缩小，从而减小了对残余奥氏体的压力，为残余奥氏体的分解提供了条件。残余奥氏体在250℃分解得最快，在300℃左右基本上分解完毕。残余奥氏体也分解为回火马氏体，分解为回火马氏体后，钢的硬度会有所提高。

3. 300～400℃时，马氏体转变为屈氏体

ε碳化物是很不稳定的相，随着温度的升高要向渗碳体转化。转化过程是以ε相重新溶入α-Fe，Fe_3C又从α-Fe不断析出这一方式进行的。这要在温度升高到250℃以后，碳原子的活动稍强了一些才有条件，在400℃以下的温度，所形成的渗碳体（Fe_3C），是细粒状的。这种细粒状的渗碳体和铁素体的机械混合物称为屈氏体，用符号T表示，如图3-35所示。此时，内应力消除了，屈氏体的硬度与强度虽然有些下降，但已具备了一定的塑性和韧性。

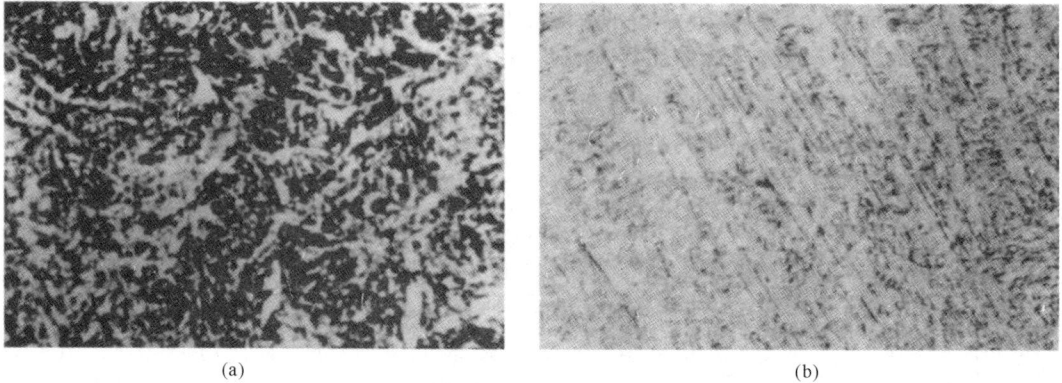

(a)　　　　　　　　　　　　　　　(b)

图 3-35　屈氏体的显微组织

（a）屈氏体在光学显微镜下的组织形态（1000×）；（b）屈氏体在电子显微镜下的组织形态（4700×）

4. 400℃以上，马氏体转变为索氏体

当回火温度高于 400℃以后，由于原子的扩散能力进一步增强，粒状的渗碳体逐渐聚集长大；铁素体中碳的过饱和度也逐渐减少和消失，铁素体也逐渐由针状过渡到多边形晶粒。由颗粒状的渗碳体和多边形铁素体组成的机械混合物称为索氏体，用符号 C 表示，如图 3-36所示。索氏体的强度和硬度值虽降低了一些，但塑性和韧性值却有所提高。索氏体既具有较高的强度和硬度，又具有较高的塑性和韧性，通常具有较好的综合力学性能。

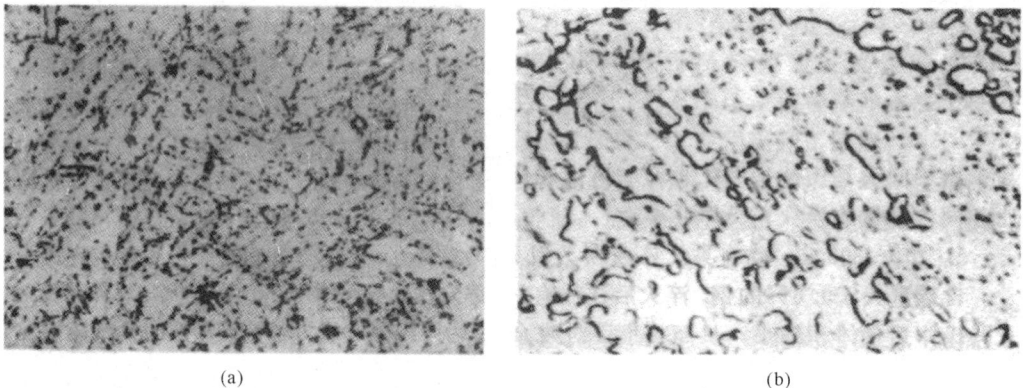

(a)　　　　　　　　　　　　　　　(b)

图 3-36　索氏体的显微组织

（a）索氏体在光学显微镜下的组织形态（630×）；（b）索氏体在电子显微镜下的组织形态（4300×）

综上所述，回火时加热的温度不同，马氏体的含碳量、残余奥氏体、内应力及碳化物的尺寸大小也不同，如图 3-37 所示。图 3-37 反映了钢件在不同的回火温度下回火处理时组织及内应力的变化情况，马氏体中的含碳量、残余奥氏体量和内应力均随回火温度的升高而降低，当超过 100℃以后开始形成碳化物，碳化物的颗粒大小随回火温度的升高而逐渐增大。这些组织上的变化将导致力学性能的改变，如图 3-38 所示。

从图 3-38 中可看出，钢的强度和硬度有基本相同的变化规律，在 250～300℃以下不仅未降低，还略有提高。这是由于硬度高的 ε 碳化物弥散地分布在马氏体基体上，而且淬火应力又有所降低。但是当温度超过 250～300℃以后，强度和硬度均要降低，这是由于马氏体已逐渐转变成为其他组织。钢的塑性则随着回火温度的升高而提高。

钢的韧性在200℃以下回火时有些提高，但在250～300℃时反而降低，这种现象称为钢的回火脆性，主要原因是由于碳化物沿马氏体的晶界析出，破坏了基体组织的联系，引起脆性的增加。因此，要避免在250～300℃范围内回火。某些合金钢不仅在250～300℃会出现脆性增加的现象，在550℃左右还会出现一次脆性增加的倾向。在热处理中，将低温时出现的回火脆性称为第一类回火脆性，在高温时产生的回火脆性称为第二类回火脆性。

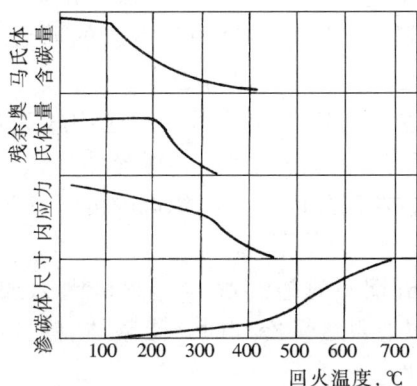

图3-37 钢中马氏体的含碳量残余奥氏体量、内应力及渗碳体尺寸与回火温度的关系

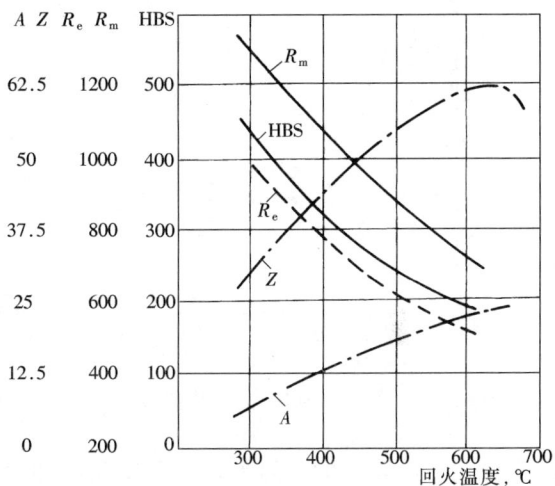

图3-38 40钢在不同温度下回火后力学性能的变化

（二）回火的分类

1. 低温回火（150～250℃）

低温回火后所得到的组织为回火马氏体。回火后内应力和脆性降低，但保持了高硬度（HRC＝58～64），钢件具有高的耐磨性。此类钢件主要用于工具、模具、滚动轴承、易磨损件以及渗碳或表面淬火后的回火处理。

2. 中温回火（350～450℃）

中温回火所得到的组织为屈氏体。回火后钢的特点是有较高的弹性强度和屈服强度，内应力基本消除，所以具有较好的韧性。此类钢件主要用于处理各种弹簧件以及某些强度要求较高的轴类、刀杆和轴套等。

3. 高温回火（500～650℃）

高温回火所得到的组织为索氏体。回火后钢的力学性能既有较好的强度和硬度，又有较好的塑性和韧性，具有较好的综合的力学性能。淬火之后再进行高温回火又常称为调质。调质主要用于各种重要的结构零件，如轴、齿轮、叶轮、螺栓等。

第四节 钢的退火和正火

一、退火

将钢件加热、保温，再缓慢冷却（通常是随炉冷却）至室温的热处理工艺，称为退火。

退火后所得到的组织基本上就是铁碳相图中所标的碳钢组织，如亚共析钢为铁素体和珠光体，共析钢为珠光体，过共析钢为渗碳体和珠光体。退火的主要目的是降低钢的硬度，消除内应力，提高塑性和韧性。退火还可以细化晶粒，改善钢的组织和力学性能。

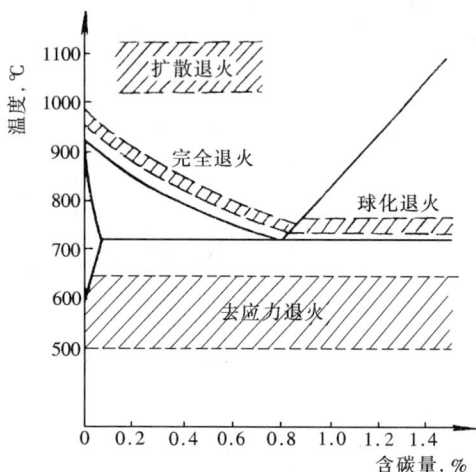

图 3-39　各种退火的加热温度

根据钢的化学成分和对力学性能的要求不同，退火一般分为完全退火、球化退火、扩散退火和去应力退火等。各种退火的加热温度如图 3-39 所示。

1. 完全退火

将钢件加热到 A_{c3} 以上 30～50℃ 的温度，保温一定时间，然后缓慢冷却到室温的退火工艺，称为完全退火，又称重结晶退火。

完全退火适用于亚共析钢，应用较为普遍。完全退火后的组织为铁素体和珠光体。完全退火能细化晶粒，消除内应力，降低硬度，有利于切削加工。

过共析钢不宜进行完全退火，因为加热到 A_{ccm} 温度以上再缓慢冷却时，渗碳体将以网状的形式存在于铁素体的晶界上，这样反而增加了钢的脆性。

2. 球化退火

将钢件加热到 A_{c1} 以上 30～50℃ 的温度，保温一定的时间，然后以缓慢冷却到 500～600℃，再出炉空冷至室温；或者加热保温后，冷至 A_{r1} 以下 20℃ 左右进行等温处理，然后出炉空冷，这种退火处理称为球化退火。

球化退火应用于共析钢和过共析钢，在退火过程中将渗碳体球状化，其目的主要是降低硬度，便于切削加工，并为淬火作组织准备。

3. 去应力退火

将钢件加热至 500～600℃（低于 A_1 点），适当保温，然后缓慢冷却到室温，这种退火处理称为去应力退火，又称低温退火。由于加热温度低于 A_1 点，退火过程中不发生相变。

去应力退火一般用于铸件、锻件及焊接件，目的是消除内应力，便于随后的加工或者在以后的使用过程中不易变形或开裂。

电厂中的焊接结构件一般都比较大，大多不能入炉加热。这时可以用火焰加热或感应电加热等局部加热方法，对焊缝及热影响区施行去应力退火。

二、正火

将钢件加热到 A_{c3} 或 A_{ccm} 以上 30～50℃，保温一定时间，然后在空气中冷却至室温，这种热处理工艺称为正火。正火与退火的主要区别是冷却速度较快，因此，奥氏体转变成的珠光体片层就较薄，晶粒较细，强度与硬度较高。

正火的主要目的是细化晶粒，消除锻、轧和焊接件的组织缺陷，改善钢的力学性能。正火主要用于以下几个方面：

（1）作为普通结构零件的最终热处理。因为正火可消除铸造或锻造中产生的过热缺陷，细化晶粒，提高钢的强度、硬度和韧性，因此能满足普通结构件使用时的性能要求。

（2）用于改善低碳钢的切削加工性能。一般认为，金属材料的硬度在 HB160～230 范围内切削加工性能较好。低碳钢退火状态的硬度普遍低于 HB160，切削时易"粘刀"，零件的表面质量也较差。正火后，可适当提高其硬度，以改善切削加工性能。

（3）作为较为重要的零件预备性热处理。合金结构钢在调质前用正火来调整一下组织，以获得均匀而细密的结构；过共析钢在球化退火前用正火来消除组织中的网状渗碳体。

第五节　钢的化学热处理

将钢件置于化学介质中，加热到一定的温度保温一定的时间，使介质中的活性原子渗入钢件的表面层，以改变表层的化学成分和组织，从而使钢件的表面获得某些特殊的性能，这种工艺称为化学热处理。

化学热处理的种类很多，根据渗入的元素不同，可分为渗碳、渗氮、氰化（C - N 共渗）、渗金属等。化学热处理应用日益广泛，是很有发展前途的一种热处理。

化学热处理种类虽多，基本原理是一样的，都包括以下三个过程：

（1）化学介质的分解。化学元素分解出活性原子，如渗碳时由介质中分解出活性碳原子 [C]。只有分解出了新生状态的活性原子才能被零件表面吸收并渗入到钢中。

（2）活性原子被金属表面吸收。活性原子是向钢的固溶体中溶解，如渗碳时 [C] 向奥氏体中溶解。但在活性原子浓度很高的情况下，固溶体达到饱和浓度以后，活性原子将与钢中的某些元素形成化合物。

（3）介质元素向内部扩散。由于渗入元素在钢的最表层浓度很高，与内层形成了浓度差，从而使渗入介质的元素由表层向内部扩散。钢件在化学介质中经过一定的时间加热和保温后，能得到一定深度的扩散层。

由此可见，为了得到某些特殊的性能，为了有好的元素分解和扩散的条件，首先要选择合适的介质，其次要合理选择加热温度和保温时间。

一、渗碳

渗碳是向钢件的表层渗入碳原子的过程。基本工艺是将钢件置于碳的介质中，加热至 900～950℃ 保温一定的时间，使钢件表面增碳。其目的是增加钢件表面的硬度，具有耐磨性；而心部韧性好，具有承受冲击的能力。渗碳零件一般采用低碳钢制造。常用渗碳工艺有固体渗碳和气体渗碳两种方法。

1. 固体渗碳

渗碳过程如下：将工件和固体渗碳剂装入由铸铁或耐热合金制成的渗碳箱中，保持工件之间及工件与箱壁间的一定距离，如图 3 - 40 所示。把渗碳箱用泥密封后放入加热炉中加热至 900～950℃，保温一定时间后将箱自炉中取出冷却，经渗碳后的零件再接受淬火、回火处理。

固体渗碳剂是木炭和 10%～20% 的碳酸盐混合物。碳酸盐的成分以碳酸钡为主，另加少量碳酸钠、碳酸钙。其中，木炭提供渗碳过程所需的活性碳原子，碳酸盐则起着催化作用，促进产生更多的活性碳原子渗入工件表面。

渗碳温度和在该温度下所停留的时间长短，直接影响着渗碳层的厚度，这三者之间的关系如图 3 - 41 所示。要得到一定厚度的渗碳层，升高加热温度可以缩短保温时间，降低加热温度则需延长保温时间。在 900～950℃ 渗碳，要得到 1.5mm 的渗碳层，必须在该温度停留四个多小时。

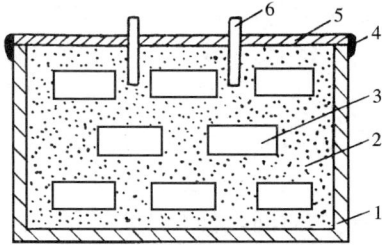

图 3-40　固体渗碳示意

1—渗碳箱；2—渗碳剂；3—零件；
4—泥封；5—盖；6—试棒

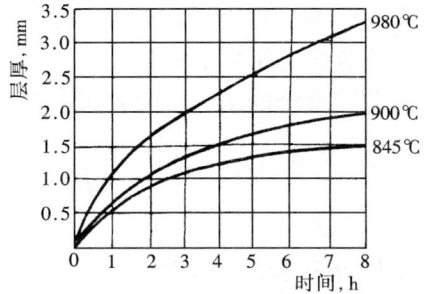

图 3-41　渗碳层厚度与温度和时间的关系

渗碳后的冷却方式，需视情况而定。对于质量要求高的零件，须待零件与渗碳箱一起冷却后，再进行淬火处理；对于形状简单、要求不太高的零件，可不待渗碳箱完全冷却即从箱中取出直接进行淬火。

2. 气体渗碳

工件在密封的炉膛中被加热至 900～950℃，向密封的炉膛内通入渗碳气体或滴入易受热分解和气化的液体，以供给活性碳原子并渗透扩散至钢的表面层，完成气体渗碳过程。通入的气体主要为甲烷、乙烷、丁烷等饱和碳氢化合物，也可直接通入城市煤气或石油液化气。通入的液态介质主要为苯、醇、煤油等易受热分解的化合物。渗碳完毕，一般都是待零件缓冷后，再重新加热淬火。

气体渗碳时零件与热介质直接接触，并可调节介质的浓度，渗碳层的厚度也易于控制，因此，气体渗碳所需的时间比固体渗碳大为缩短，一般渗碳层深度在 0.5～2.0mm 之间，采用固体渗碳需 4～15h，气体渗碳只需 3～9h。而且气体渗碳劳动条件好，易于实现机械化和自动化，生产效率高，因而在现代生产中得到广泛应用。

3. 渗碳后的热处理

零件渗碳后，表面层的碳浓度最高，为 0.9%～1.2% 的含碳量，由表面向中心，其含碳量逐渐降低，中心是原始碳浓度。因此，渗碳零件截面的金相组织也是不同的，表面为过共析的 $P+Fe_3C$，过渡为共析的 P，中心为亚共析的 F+P。况且由于渗碳时，加热温度高，保温时间又比较长，晶粒就比较粗大，过共析中的渗碳体呈网状分布。因此，渗碳后必须进行淬火和回火处理。常用的有一次淬火加回火或二次淬火加回火的热处理工艺。

一次淬火法是将渗碳后的零件再加热到 A_1～A_3 之间，进行淬火，然后在 160～180℃ 回火。

二次淬火法是将渗碳后的零件，先加热到 A_3 温度以上进行淬火，以期消除表面层的网状渗碳体并细化晶粒，然后再进行第二次淬火，淬火的加热温度视技术要求而定。如要求表面硬度高的可选 770～790℃ 淬火；如要求中心强度和硬度也比较高的可选 810～830℃ 淬火，最后在 150～250℃ 进行低温回火。

零件经渗碳及随后的淬火回火处理后，其表面层的组织为回火马氏体及二次渗碳体（包括少量的残余奥氏体），硬度为 HRC58～62。中心部分一般为铁素体和珠光体（有些淬成了马氏体），其硬度约为 HRC20，这种表面硬中心韧的性能能满足工程上某些特殊的使用要求。

二、渗氮

零件表面层渗入氮原子的工艺称渗氮，又称氮化。其目的是提高表面的硬度、耐磨性、疲劳强度、耐蚀性和耐热性等。由于渗氮层极薄、极硬，渗氮后不再进行切削加工及其他处理而直接应用。所以，渗氮以前许多零件都经过了调质处理，渗氮加热温度不宜高于调质处理的回火温度，以免改变零件的力学性能。

通常以中碳合金结构钢作为渗氮钢种，钢中含有强氮化物形成元素，如铝、铬、钼、钨、钒等。最常用的渗氮钢为 38CrMoAl 钢，氮渗入到钢件的表面后，可形成 AlN、Mo_2N、Cr_2N 等合金氮化物，这些氮化物硬度高、熔点高、稳定性好，在钢的表面层弥散地分布，能有效地提高其耐磨性、疲劳强度和耐腐蚀性能。38CrMoAl 钢渗氮后表面硬度可达 HV850 以上，而且在 600℃ 以下工作也不会降低其硬度。火电厂广泛应用这种钢经调质并渗氮处理来作汽轮机的蒸汽喷嘴、主汽门套筒、阀杆等零部件，有些轴的轴颈部分也常进行渗氮热处理。

渗氮有气体渗氮和液体渗氮两种。

气体渗氮是将零件放入密封的铁箱中，置于热处理炉子中加热，并将氨气通入铁箱中。氨在较高的温度下，分解出活性的氮原子，活性氮原子渗入钢件表面，并逐步向中心扩散。氨的分解反应如下：

$$2NH_3 \longrightarrow 3H_2 + 2[N]$$

氨的分解在 200℃ 以上开始，同时因为铁素体对氢有一定的溶解能力，所以气体渗氮一般在 500～570℃ 温度范围内进行。渗氮处理速度较慢，例如要得到 0.3～0.5mm 厚的氮化层需要 20～50h。

液体渗氮是把零件置于含有活性氮原子的熔盐中进行的。渗氮温度与气体渗氮相同，但是由于液态熔盐直接与零件相接触，使渗氮的时间大为缩短。渗氮用的熔盐主要成分为钾、钠的氰化盐、碳酸盐和氯化物。氰化盐的作用是供给活性氮原子，碳酸盐和氯化物的作用是调整和控制盐溶的熔点并增加熔盐的流动性。

三、碳氮共渗

碳氮共渗又叫氰化，是使钢件表面同时渗入碳原子和氮原子的化学热处理工艺。目的是提高表面硬度、耐磨性和疲劳强度，所得到的效果比单一的渗碳或渗氮更好。常用的氰化工艺有气体碳氮共渗和液体碳氮共渗。

（一）气体碳氮共渗

气体碳氮共渗是在气体渗碳的条件下，送入渗碳气体的同时，再向炉内通入氨气，达到既渗碳又渗氮的双重目的。由于氨的加入，便能在比渗碳处理低的温度下进行碳氮共渗。气体碳氮共渗目前常用的为中温气体渗碳氮和低温气体渗碳氮两种。

1. 中温气体碳氮共渗

碳钢和低合金钢的零件，共渗温度选在 840～860℃，这样的温度晶粒不致长大，变形较小，并可在碳氮共渗后直接进行淬火。对于那些尺寸小、形状复杂、变形要求很小的耐磨零件，如缝纫机及仪表零件，常用 700～780℃。

零件经中温气体碳氮共渗后也需要进行淬火及低温回火，以改善其表面层和中心部分的组织和性能。

2. 低温气体碳氮共渗

共渗温度一般选用 520～570℃，共渗介质是尿素、甲酰胺、三乙醇胺等有机化合物。在共渗温度下，这些化合物分解出活性氮和活性碳原子，同时渗入钢件的表面形成共渗层。如尿素在 500℃ 以上发生的分解反应如下：

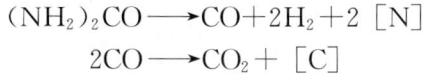

$$(NH_2)_2CO \longrightarrow CO + 2H_2 + 2\,[N]$$
$$2CO \longrightarrow CO_2 + [C]$$

低温气体碳氮共渗又称为气体软氮化，是一种较新的化学热处理，目前在生产中应用较广。气体软氮化能有效地提高零件的耐磨性、疲劳强度、抗咬合和抗擦伤等性能。而且碳氮共渗层不仅硬度高还具有一定的韧性，因而不容易产生剥落现象。气体软氮化工作温度低，零件变形小，生产周期短，成本低，而且不受钢种限制，适用于碳钢、合金钢、铸铁等材料的零件。

（二）液体碳氮共渗

液体碳氮共渗是在液态的熔盐中进行碳氮共渗。熔盐主要成分是氰化钾和氰化钠，液体碳氮共渗所用的氰化盐含量较高，处理温度较低。共渗温度选在 760～870℃ 之间，当采用较高的共渗温度时，可以提高渗入速度，得到较厚的渗入层，共渗后淬火可以把心部淬硬，较高的共渗温度渗入碳的相对量较多；较低的共渗温度可减小淬火时产生的变形，渗入氮的相对量较多。氰化盐有剧毒，使用时必须注意安全。

四、渗金属

常用的渗金属有渗铬及渗铝等，即用铬或铝等金属元素的原子渗入钢件的表面层。钢件的表面层有了一定量的铬或铝元素后，其组织和性能将要发生变化。所渗入的金属元素不同及含量不同，钢件表面层就具有不同的性能。渗铬和渗铝均能提高钢件表面的疲劳强度和高温抗氧化性能，可以部分地代替耐热钢，制造热力设备中的零部件。

复 习 思 考 题

1. 绘出奥氏体的等温转变曲线，试分析将过冷奥氏体分别置于 700、650、550、500、300℃ 等温转变时，所得到的组织在结构上和力学性能上的不同。

2. 马氏体的硬度为什么很高？低碳马氏体和高碳马氏体性能上有什么不同？为什么？

3. 现有两个成分相同的过共析钢试样，加热到不同的温度，一个试样得到了粗大均匀的奥氏体晶粒，另一个试样为细小的奥氏体晶粒和一部分碳化物，两试样同时过冷到 710℃ 进行等温转变，试问哪个试样转变所需的孕育期长？为什么？

4. 影响淬火钢硬度的主要因素是什么？如果其他条件都相同，试比较下述材料的淬火硬度：

（1）含碳 0.3% 和 0.6% 的碳钢；

（2）含碳 0.6% 和 0.8% 的碳钢。

5. T12 钢加热到 770℃ 后用图 3-42 所示的各种方式冷却，分析其所得到的组织。

6. 有两个含碳量为 1.2% 的碳钢试样，分别加热到 780℃ 和 860℃ 保温相同时间，使之达到平衡状态，然后很快水淬至室温。试问：

(1) 哪种加热温度的马氏体晶粒较粗大？

(2) 哪种加热温度的马氏体含碳量较高？

(3) 哪种加热温度的残余奥氏体较多？

(4) 哪种加热温度的未熔碳化物较少？

(5) 哪种加热温度淬火最合适？为什么？

7. 指出下列组织的主要区别：

(1) 奥氏体与过冷奥氏体；

(2) 索氏体与细珠光体；

(3) 屈氏体与极细珠光体；

(4) 马氏体与回火马氏体；

(5) 上贝氏体与下贝氏体。

图 3-42　复习思考题 5 图

8. 45 钢经调质处理硬度为 HB240，若再进行 200℃回火，是否可以使其硬度提高？为什么？此钢经淬火、低温回火后硬度为 HRC57，若再进行 560℃回火，是否会降低其硬度？为什么？

9. 一根 $\phi6$ 的 45 钢圆棒材，先经 840℃加热淬火，硬度为 HRC55（未回火），然后从一端加热，依靠热传导使圆棒材上各点达到如图 3-43 所示的温度。试问：

(1) 各点所在部位的组织是什么？

(2) 整个如图示的圆棒缓冷至室温后，各点所在部位的组织又是什么？

(3) 若将圆棒从图示温度快冷淬火至室温后，各点所在部位的组织会是什么？

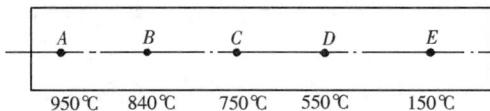

图 3-43　复习思考题 9 图

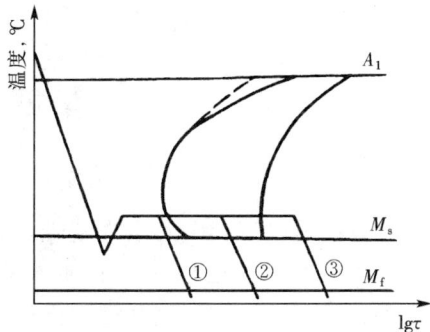

10. 现有一共析钢试样，其显微组织为粗片状珠光体，通过何种热处理可得到下述组织？

(1) 细片状珠光体；

(2) 索氏体（粒状珠光体）。

11. 试分析表面淬火、渗碳、渗氮热处理工艺在用钢、性能、应用范围等方面的差别。

12. 现有低碳钢齿轮和中碳钢齿轮各一只，为了使轮齿表面具有高的硬度和耐磨性，各应怎样进行热处理？并分析比较热处理后它们在组织与性能上的差别。

13. 分析以下几种说法是否正确？为什么？

(1) 过冷奥氏体的冷却速度越快，钢冷却后的硬度值就越高；

(2) 钢经淬火后处于硬脆状态；

(3) 本质细晶粒钢加热后的实际晶粒比本质粗晶粒钢细；

(4) 同一钢材在相同加热保温条件下，水淬比油淬的淬透性好，小件比大件的淬透性好。

第四章　合　金　钢

合金钢是以铁和碳元素为基础，为了满足某方面的性能要求，有目的地加入一些其他元素冶炼而成的钢。这种有目的加入的元素称为合金元素。常用的合金元素有铬、锰、硅、钼、钨、钒、钛、铌、硼、镍、锆、稀土等。

合金元素加入后，可以提高钢的力学性能，改善钢的工艺性能。有些合金元素的含量达到一定时，还可以使钢具有某些特殊的力学性能或某些特殊的物理化学性能。

合金钢的力学性能优于碳钢，一般情况下都具有较好的综合力学性能，所以较重要的机械零件多选用合金钢来制造。具有特殊性能的合金钢，用来制造特殊用途的机械零部件。

第一节　合金元素对钢的影响

一、合金元素在钢中的存在形式及对性能的影响

1. 合金元素溶入铁素体

几乎所有的合金元素都能或多或少地溶入铁素体而形成合金铁素体。由于合金元素与铁的晶格类型和原子半径有差异，故合金元素溶入铁素体后必然引起晶格畸变，从而产生固溶强化，使铁素体的强度和硬度升高，塑性和韧性下降，如图 4-1 和图 4-2 所示。

由图 4-1 可知，合金元素加入量越多，铁素体的硬度值就越高，以硅、锰、镍元素为最显著。

由图 4-2 可知，硅量在 1% 左右、锰量在 1.5% 左右时，既能提高铁素体的硬度，又不降低韧性；铬元素含量在 2%～3%，镍元素含量在 4%～5% 时，不仅能提高铁素体的硬度，还能提高韧性。

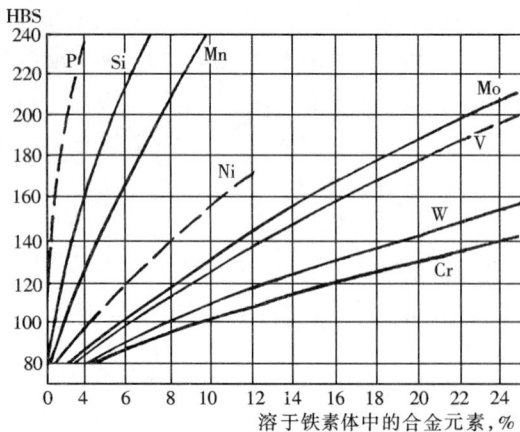

图 4-1　合金元素对铁素体硬度的影响　　　图 4-2　合金元素对铁素体韧性的影响

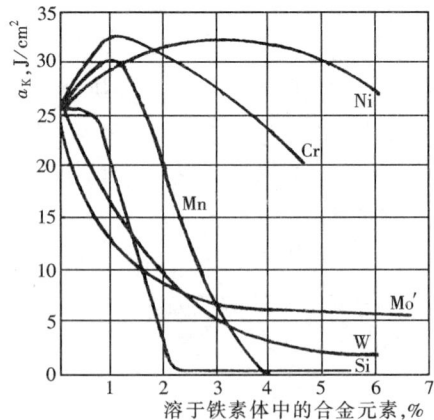

2. 形成碳化物

按照合金元素在钢中与碳的作用不同，可以将合金元素分为两类。一类是不与碳作用的

元素，因而不能形成碳化物，只能溶入固溶体；另一类是与碳有亲和力，能形成碳化物。不与碳化合的元素有镍、硅、钴、铝、铜等。能与碳化合形成合金碳化物的元素，按其与碳的亲和力由弱到强大致可排成下列次序：锰、铁、铬、钼、钨、钒、锆、铌、钛等。与碳的亲和力越强，所形成的碳化物硬度就越高，稳定性也越好。

与碳亲和力较弱的元素（如锰、铬、钼、钨等）含量较少时，其中一部分以原子状态溶入固溶体，另一部分进入渗碳体而置换其中的铁原子，形成合金渗碳体，如（Fe、Mn）$_3$C、（Fe、Cr）$_3$C 等。当这类元素的含量较多时，将形成特殊的化合物，如 Cr$_7$C$_3$ 或（Fe、Cr)$_7$C$_3$、WC 或（Fe、W)$_6$C 等。

与碳的亲和力强的元素，如钒、锆、铌、钛等，只要钢中有足够的碳元素，就能形成这些元素的合金碳化物，如 VC、ZrC、NbC、TiC 等。只有在钢中缺少碳的情况下，这些元素才以原子状态溶入固溶体。

合金元素不同，合金碳化物的形状和尺寸也不同，强碳化物元素的碳化物呈颗粒状，比较细碎。所以，这些碳化物虽然硬度要更高些，但脆性则比弱碳化物元素的碳化物小。强碳化物元素加入钢中后，更能起弥散硬化、增加强度和硬度的作用。

二、合金元素对铁碳合金相图的影响

合金元素对 Fe - Fe$_3$C 相图中的相区和 S、E 等临界点位置都有影响。由于三元相图及多元相图比较复杂，可以用合金元素对 Fe - Fe$_3$C 相图的影响来分析合金钢的组织变化规律。

常用合金元素对 Fe - Fe$_3$C 相图的影响可以分为两类。一类是扩大奥氏体组织的相区，属于这一类的合金元素有锰、镍、氮等；另一类是缩小奥氏体组织的相区，属于这一类的合金元素有铬、钨、钼、钒、钛、铝、硅等。扩大奥氏体区域的合金元素，一般都使 A$_3$ 及 A$_1$ 温度下降；凡是缩小奥氏体区域的合金元素，一般都使 A$_3$ 及 A$_1$ 温度升高。而所有的合金元素一般都使 S 点及 E 点左移。锰类元素及铬类元素对 Fe - Fe$_3$C 相图中奥氏体相区和 S、E 点的影响，如图 4 - 3 和图 4 - 4 所示。

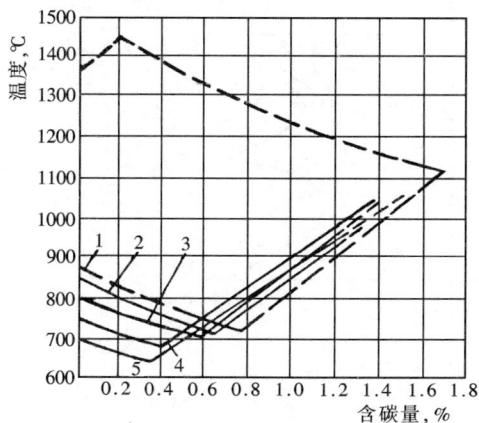

图 4 - 3 锰对 Fe - Fe$_3$C 相图的影响
1—0.035%Mn；2—2.5%Mn；3—4%Mn；
4—6.6%Mn；5—9%Mn

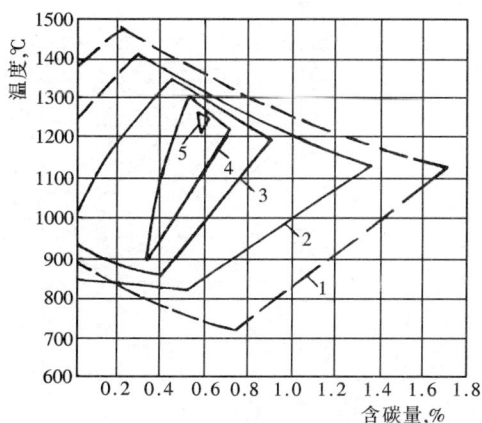

图 4 - 4 铬对 Fe - Fe$_3$C 相图的影响
1—0%Cr；2—5%Cr；3—12%Cr；
4—15%Cr；5—19%Cr

从图 4 - 3 和图 4 - 4 中可以看出，若钢中加入大量的扩大奥氏体区域的合金元素，甚至会使相图中的奥氏体延至室温以下。在室温下能获得稳定的单相奥氏体组织，这种合金钢称为奥氏体钢。若钢中加入大量的缩小奥氏体区域的合金元素，则奥氏体区域可能封闭甚至消失，铁素体区域就扩大。在固态时具有稳定的单相铁素体组织，这种合金钢称为铁素体钢。

合金元素对 A_3 及 A_1 温度的影响，使合金钢的热处理加热温度发生变化。在一般情况下除含 Ni 和 Mn 的合金钢外，大多数合金钢的热处理温度都高于相同含碳量的碳钢。

由于 S 点左移，使含碳量相同的碳钢与合金钢组织不同。例如含碳量 0.4% 的碳钢为具有铁素体和珠光体的亚共析组织，但加入 14% 的铬以后，则变为珠光体的共析组织。E 点左移，就意味着出现莱氏体的含碳量降低，使含碳量低于 2.11% 的合金钢中出现莱氏体组织，这种钢就称为莱氏体钢。例如，高速钢的含碳量只有 0.8% 左右，但属于莱氏体钢。

三、合金元素对钢热处理的影响

1. 合金元素对奥氏体化的影响

合金元素加入钢中后，改变了碳在钢中的扩散速度。除镍、钴元素外，大多数合金元素使奥氏体化过程减慢，特别是碳化物形成元素能显著地减慢碳在奥氏体中的扩散速度，使奥氏体的形成速度大大减慢。由于合金元素造成碳在奥氏体中扩散的困难，再加上合金碳化物稳定性较高，较难溶入奥氏体，致使奥氏体化被推延到较高的温度范围内进行。合金钢在奥氏体化过程中，不仅要进行碳的均匀化，而且还要进行合金元素的均匀化，因此合金钢的奥氏体化的保温时间也比碳钢长。

合金元素中除锰外，几乎都能阻止奥氏体晶粒长大，尤其是与碳亲和力强的元素作用更为显著。因为强碳化物形成元素，在钢中能形成稳定的碳化物，且以弥散质点的形式分布在奥氏体的晶界上，对奥氏体晶粒的长大起机械阻碍作用。这有利于在淬火时获得细马氏体，使钢具有较好的力学性能。

2. 合金元素对过冷奥氏体转变的影响

合金元素中除钴外，几乎都能使 C 曲线右移，降低钢的临界冷却速度，提高钢的淬透性。常用合金元素对奥氏体转变的影响，如图 4-5 所示。

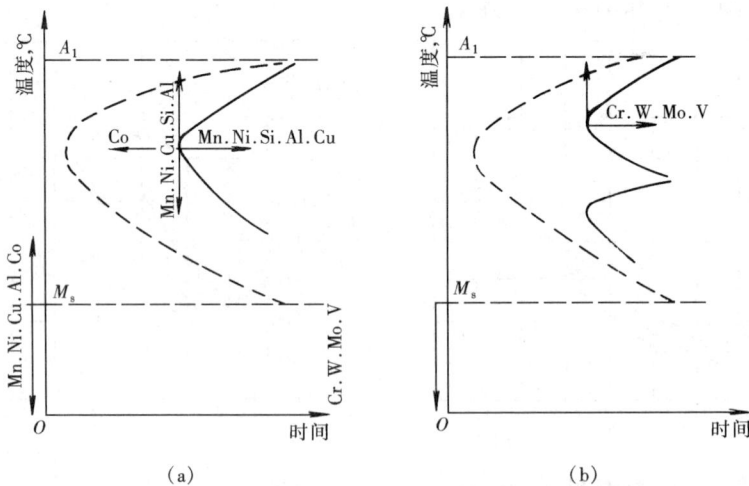

图 4-5　合金元素对奥氏体等温转变曲线的影响

(a) Mn 及非碳化物形成元素的影响；(b) 强碳化物形成元素的影响

锰及非碳化物形成元素加入后仅使 C 曲线右移；与碳的亲和力比铁强的碳化物元素加入后，C 曲线不仅右移，并改变了形状，分为上、下两个 C 曲线。其中上 C 曲线是珠光体转变区，下 C 曲线是贝氏体转变区，在两区之间过冷奥氏体具有较大的稳定性。

形成碳化物的元素，只有当碳化物完全溶解在奥氏体中，才能增加奥氏体的稳定性，否则，未溶解的碳化物在冷却过程中可能成为过冷奥氏体分解产物的核心，反而加速奥氏体的分解速度，降低其稳定性。

使 C 曲线右移最强烈的合金元素是铬、镍、钼、锰。如果钢中同时具有两种以上的这些元素，C 曲线右移则更明显，使钢具有极其良好的淬透性。合金钢淬透性显著增加，合金钢淬火回火后的强度和硬度也就能显著地提高。由于合金钢的淬透性好，有些合金钢可在油甚至空气中进行淬火冷却，从而减少了内应力。这样，合金钢经过热处理后，强度与硬度比碳钢高，而脆性比碳钢小得多，因此，可以具有更高一些的综合力学性能。

大多数合金元素使 M_s 与 M_f 温度点下降，如图 4-6 所示。M_s 点越低，淬火后钢中的残余奥氏体数量就越多，因而会使钢淬火后的硬度和耐磨性下降，尺寸稳定性降低。对于尺寸稳定性要求高的精密零件，淬火后需进行相应的稳定化处理，如冷处理或长时间的低温回火处理（时效）。

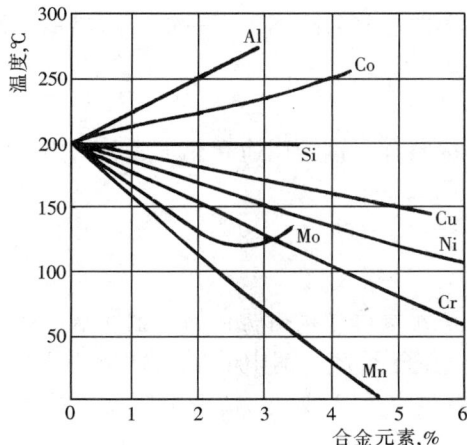

图 4-6 合金元素对 M_s 点的影响

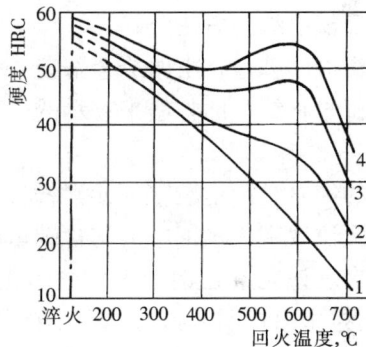

图 4-7 含钼量对回火后硬度的影响
1—0％Mo；2—0.5％Mo；3—2％Mo；4—5％Mo

3. 合金元素对回火转变的影响

回火时钢的组织转变，主要是马氏体的分解及碳化物的析出与聚集长大的过程。合金元素加入钢中便推迟和阻碍这一过程的进行，如果需要完成上述的转变，则需要更高的温度和更长的保温时间。合金钢回火后，所得到的碳化物更加细碎，分散度也更大，强度和硬度值也就更高。

图 4-7 所示为含碳量 0.35％的碳钢及含碳量相同而含钼量不同的合金钢在不同温度下回火后的硬度变化曲线。从图中曲线可知，钼钢与碳钢在相同温度下回火，钼钢的硬度值要高一些。还可以看出，钼钢还可以提高回火温度。回火温度高，回火后对内应力的消除就较为彻底，回火后钢的韧性值也要高一些。这也进一步证明，合金钢有较好的综合力学性能。

第二节 合金钢的分类及编号方法

一、合金钢的分类
合金钢的种类繁多，通常按钢的成分和用途来进行分类。

（一）按化学成分分类

（1）按合金元素总含量的多少分为低合金钢（合金元素含量小于 5%）、中合金钢（合金元素含量为 5%～10%）及高合金钢（合金元素含量大于 10%）。

（2）按加入的合金元素品种分为锰钢、铬钢、铬钼钢等。

（二）按用途分类

1. 合金结构钢

合金结构钢又分为两类：一类为建筑及工程结构用钢，即普通低合金钢；另一类为机器制造用钢，分为渗碳钢、调质钢、弹簧钢和滚动轴承钢等。

2. 合金工具钢

合金工具钢又分为三类：刃具钢（包括低合金刃具钢及高速钢）、模具钢（包括热模具钢和冷模具钢）和量具钢。

3. 特殊性能钢

特殊性能钢又按所具有的特殊物理、化学和力学性能分为磁钢、不锈钢、耐热钢、耐磨钢等。

二、合金钢的编号方法

我国合金钢的牌号，由原冶金部统一规定，是按照合金钢的用途和化学成分，用数字和元素的化学符号相结合的方法来表示的。

1. 合金结构钢

这类钢的编号是两位数字＋元素符号＋数字。

前面的两位数字表示钢中平均含碳量的万分数；元素符号是指所含的合金元素；元素符号后的数字表示该元素在钢中平均含量的百分数。合金元素在钢中的平均含量小于 1% 或 1.5% 时，钢号中只标明元素符号，不标数字。如果数字为 2 或 3，则表示该元素的平均含量为 1.5%～2.5% 或 2.5%～3.5%，其余类推。

例如 40Mn2，表示钢中平均含碳量为 0.4%，平均含锰量为 2%；20Cr3MoWV，表示钢中平均含碳量为 0.2%，平均含铬量为 3%，钼、钨、钒元素的含量均小于 1.5%。

合金结构钢中，滚动轴承钢的编号有些特殊，是用"G"字起首，不标含碳量，而标所含铬的元素符号 Cr 及其平均含量的千分数。如 GCr15，表示含碳量 0.95%～1.05%，含铬量 1.3%～1.65% 的滚动轴承钢。

2. 合金工具钢

这类钢的编号是一位数字(或无数字)＋元素符号＋数字。

一位数字表示含碳量的千分数，合金元素及其含量的表示方法与合金结构钢相同。如果合金工具钢中的含碳量等于或大于 1.0%，用来表示含碳量的数字就省略，否则，易与合金结构钢的钢号混淆。

例如 9Mn2V，表示钢中平均含碳量为 0.90%，平均含锰量为 2%，含钒量小于 1%。又如 CrW5，表示钢中含铬量小于 1.5%，平均含钨量为 5%，含碳量则≥1%（经查表可知为 1.25%～1.50%）。

高合金工具钢中的高速钢，其含碳量虽小于 1%，但在钢号中也不标出含碳量的数字。例如 W9Cr4V2，表示钢中平均含钨量为 9%，平均含铬量为 4%，平均含钒量为 2%，其含碳量经查表可知为 0.85%～0.95%。

3. 特殊性能钢

特殊性能钢一般可分为高合金与低合金两类。高合金的特殊性能钢的钢号表示方法与合金工具钢相似。例如 2Cr13，表示钢中平均含碳量为 0.2%，平均含铬量为 13%；又如 1Cr18Ni9Ti，表示钢中平均含碳量 0.1%，平均含铬量为 18%，平均含镍量为 9%，含钛量小于 1%。

在某些情况下，高合金特殊性能钢的含碳量，在钢号中也不标出，而直接写出所含的合金元素及其含量。例如 Cr25Ti，钢中平均含铬量为 25%，含钛量小于 1%，经查表可知含碳量≤0.12%。

低合金特殊性能钢的钢号表示方法与合金结构钢相似。例如 25Cr2Mo1V，钢中平均含碳量为 0.25%，平均含铬量为 2%，平均含钼量为 1%，含钒量小于 1%。

含硫、磷量极少的高级优质合金钢，其钢号的后面应标以 A，例如 50CrVA。一些作专门用途的合金钢，还有专门的钢号记号，例如 16Mng，钢号中的 g 表示锅炉用钢。

第三节　合　金　结　构　钢

用于制造各种机械零件以及用于制造各种工程结构的钢，称为结构钢。

合金结构钢中常用的合金元素为锰、硅、铬、镍、钨、钼、钒、钛等。锰、铬、镍等元素对提高钢的综合力学性能起着主要作用，可称为主加元素。钨、钼、钒、钛等元素加入后能提高钢的淬透性，细化晶粒，为进一步改善钢的性能起着辅助作用，可称为辅加元素。

合金结构钢按成分以及用途的不同又可分为普通低合金钢、渗碳钢、弹簧钢、滚动轴承钢等。

一、普通低合金钢

普通低合金结构钢是在普通碳素结构钢中加入少量的合金元素（总含量小于 3%）后冶炼成的工程材料，又称为高强度工程用钢，简称普低钢。这类钢具有良好的焊接性能和力学性能，耐蚀性也较好。主要用于制造桥梁、车辆、船舶等工业，火电厂的锅炉汽包、各种管子、炉顶主梁、风机叶片、高压油管等也广泛应用这种钢制造。

普低钢中含碳量一般控制在 0.2% 以下。含碳量高，会降低塑性和韧性，也影响焊接性能。普低钢中主加元素是锰、硅，常用辅加元素有钒、钛、铌或稀土等。如加入钼、硼还能提高珠光体的稳定性，增加钢的热强性。用钼、硼作辅加元素的普低钢近几年得到了迅速发展和应用。

常用普低钢的力学性能及用途列于表 4-1 中。

表 4-1　　　　　　　　　常用普通低合金钢的力学性能及用途

钢号	供货状态	力学性能			用途
		R_{eL} (MPa)	R_m (MPa)	A (%)	
12Mn	热轧	300 280	450 440	21 19	低压锅炉、容器、油罐、车辆、桥梁、船舶
16Mn	热轧	350 330 310	520 500 480	21 19 19	锅炉、石油化工设备低压及中压容器；低、中压钢管；船舶、桥梁大型钢结构

续表

钢　号	供货状态	力学性能			用　途
		R_{eL}（MPa）	R_m（MPa）	A（%）	
15MnV	热轧	420 400 380	560 540 520	19 18 17	中、高压锅炉汽包，石油化工容器；可替代12CrMo作为锅炉钢管
15MnTi	正火	400 380	540 520	19 19	压力容器及船舶、桥梁结构件；起重机械
14MnMoV 12MnMoV	正火＋回火 正火＋回火	500 400	650 540	16 17	厚度大于60mm高压锅炉汽包及其他高压容器的钢板；12MnMoV可作500℃的锅炉钢管
14MnMoVB 14MnMoVBRe	正火＋回火 正火＋回火	650 500	750 650	15 16	520℃以下的压力容器

二、渗碳钢

渗碳钢的含碳量很低，一般为 0.1%～0.25%，以保证渗碳零件心部有足够的韧性和塑性。合金渗碳钢中的主加元素是铬、锰、镍、硼等，以提高钢的淬透性，强化渗碳层和心部组织。辅加元素为钼、钨、钛、钒等，以形成稳定而硬度高的碳化物，并能有效地阻止奥氏体晶粒的长大，进一步改善钢的力学性能。

常用渗碳钢的化学成分、热处理规范、力学性能，列于表 4-2 中。

三、调质钢

合金调质钢的含碳量一般为 0.25%～0.5%，属于中碳钢。主加元素为铬、锰、硅、镍等，这些元素可以提高淬透性，强化铁素体。辅加元素是钼、钨、钒、钛、硼、铝等，这些元素含量一般较少，但能防止钢的高温回火脆性及奥氏体晶粒的粗化。

这类钢的热处理一般是油淬后在 500～650℃ 温度下回火，调质后的组织一般为索氏体。这类钢具有良好的综合力学性能，重要的机器零件，如轴类、齿轮、螺栓和连杆等多用合金调质钢制造。

常用调质钢的化学成分、热处理规范、力学性能及用途，列于表 4-3 中。

四、弹簧钢

弹簧是各种机器、仪表和日常生活设备中广泛使用的零件之一，利用弹簧的弹性变形，可以实现缓冲、减震和储能的目的。为了保证弹簧有良好的工作性能和较长的使用寿命，制造弹簧的材料必须具有高的屈服强度、抗拉强度、疲劳强度以及一定的塑性和韧性。屈服强度和抗拉强度高，可以避免产生塑性变形和破断。弹簧一般是在交变应力的条件下工作，其破坏形式主要是疲劳，所以制造弹簧的材料必须具有较高的疲劳强度、韧性和小的缺口敏感性。缺口敏感性是与塑性有关的，因此弹簧也应该具有一定的塑性。

合金弹簧钢的含碳量为 0.5%～0.7%，最常用的合金元素为锰、硅和铬，其主要作用是提高钢的淬透性和强化铁素体。重要用途的弹簧和在高温下应用的弹簧，还应加入钼、钨、钒、铌等元素，以进一步提高钢的淬透性和回火稳定性，并起到细化晶粒及提高钢的高温强度的作用。

热力设备中应用的弹簧件很多，如调速器、汽封、凝汽器、主汽门、安全阀等机器设备中均有弹簧件。对于在蒸汽及水中工作的弹簧件，最常用的是 3Cr13 及 4Cr13 钢。

常用弹簧钢的化学成分、热处理规范、力学性能及用途列于表 4-4 中。

表4-2　常用渗碳钢的化学成分、热处理规范、力学性能及用途

钢号	化学成分（%）							热处理规范（℃）				力学性能（不小于）[①]					用途
	C	Mn	Si	Cr	Ni	V	其他	渗碳	预备处理	淬火	回火	R_{eL}（MPa）	R_m（MPa）	A（%）	Z（%）	a_K（J/cm²）	
15	0.12~0.19	0.35~0.65	0.17~0.37					930	890±10 空气	770~800 水	200	300	500	15	55		形状简单、受力小的小型零件
20Mn2	0.17~0.24	1.40~1.80	0.20~0.40					930	850~870	770~800 油	200	600	820	10	47	60	齿轮、小轴、活塞销
20Cr	0.17~0.24	0.50~0.80	0.20~0.40	0.70~1.00				930	880 油、水	800 水、油	200	550	850	10	40	60	齿轮、小轴、活塞销
20MnV	0.17~0.24	1.30~1.60	0.20~0.40			0.07~0.12		930		800 水、油	200	600	800	10	40	70	齿轮、小轴、活塞销
20CrV	0.17~0.24	0.50~0.80	0.20~0.40	0.80~1.10		0.10~0.20		930	880	800 水、油	200	600	850	12	45	70	齿轮、小轴、活塞销、顶杆、活塞销、耐热垫圈
20CrMn	0.17~0.24	0.90~1.20	0.20~0.40	0.90~1.20				930		850 油	200	750	950	10	45	60	齿轮、轴、蜗杆、活塞销
20CrMnTi	0.17~0.24	0.80~1.10	0.20~0.40	1.00~1.30			Ti 0.06~0.12	930	830 油	860 油	200	850	1100	10	45	70	汽车、拖拉机变速箱齿轮
12CrNi3	0.10~0.17	0.30~0.60	0.20~0.40	0.60~0.90	2.75~3.25			930	860 油	780 油	200	700	950	11	50	90	大型齿轮及轴
20SiMnVB	0.17~0.24	1.30~1.60	0.50~0.80			0.07~0.12	B 0.001~0.004	930	850~880 油	780~800 油	200	1000	1200	10	45	70	代替20CrMnTi
12Cr2Ni4	0.10~0.17	0.30~0.60	0.20~0.40	1.25~1.75	3.25~3.75			930	860 油	780 油	200	850	1100	10	50	90	大型齿轮及轴
20Cr2Ni4A	0.17~0.24	0.30~0.60	0.20~0.40	1.25~1.75	3.25~3.75			930	880 油	780 油	200	1100	1200	10	45	80	大型齿轮及轴
18Cr2Ni4WA	0.13~0.19	0.30~0.60	0.20~0.40	1.35~1.65	4.00~4.5		W 0.80~1.20	930	850 空气	850 空气	200	850	1200	10	45	100	大型齿轮及轴

① 力学性能试验试样尺寸：碳钢直径25mm，合金钢直径15mm。

表4-3　　常用调质钢的化学成分、热处理规范、力学性能及用途

钢号	化学成分（%）							热处理规范（℃）		力学性能（不小于）[①]					用途
	C	Mn	Si	Cr	Ni	Mo	其他	淬火	回火	$R_{e.l}$（MPa）	R_m（MPa）	A（%）	Z（%）	a_K（J/cm²）	
40MnB	0.37~0.44	1.10~1.40	0.20~0.40				B 0.001~0.0035	850 油	500 水、油	800	1000	10	45	60	轴、齿轮、曲轴、柱塞
40MnVB	0.37~0.44	1.10~1.40	0.20~0.40				V 0.05~0.10 B 0.001~0.004	850 油	500 水、油	800	1000	10	45	60	较重要的零件，如齿轮、轴类、螺栓、进气阀、套筒等
40Cr	0.37~0.45	0.50~0.80	0.20~0.40	0.80~1.10				850 油	500 水、油	800	1000	9	45	60	重要调质件，如齿轮、轴类、螺栓、进气阀、套筒等
40CrMn	0.37~0.45	0.90~1.20	0.20~0.40	0.90~1.20				840 油	520 水、油	850	1000	9	45	60	高速高载无强冲击的零件
30CrMnSi	0.27~0.34	0.80~1.10	0.90~1.20	0.80~1.10				880 油	520 水、油	900	1100	10	45	50	高速砂轮、机轴、齿轮、轴套等
40CrMnMo	0.37~0.45	0.90~1.20	0.20~0.40	0.90~1.20		0.20~0.30		850 油	600 水、油	800	1000	10	45	80	重要载荷的轴、偏心轮、齿轮、连杆及汽轮机零件
37CrNi3	0.34~0.41	0.30~0.60	0.20~0.40	1.20~1.60	3.00~3.50			820 油	500 水、油	1000	1150	10	50	60	大截面高强度高韧性零件，如心轴、凸轮、重要螺栓、拉杆
25Cr2Ni4WA	0.21~0.28	0.30~0.60	0.17~0.37	1.35~1.65	4.00~4.50		W 0.80~1.20	850 油	550 水、油	950	1100	11	45	90	作机械性能要求很高的大截面重要零件

① 力学性能试验试样尺寸：合金钢直径25mm。

表 4-4　　常用弹簧钢的化学成分、热处理规范、力学性能及用途

钢号	化 学 成 分 （%）					热处理规范（℃）		力 学 性 能					用 途
	C	Mn	Si	Cr	其他	淬火	回火	R_{eL} (MPa)	R_m (MPa)	A (%)	Z (%)	a_K (J/cm²)	
65	0.62~0.70	0.50~0.80	0.17~0.37	≤0.25		840 油	480	800	1000	9	35		截面小于 15mm 的板弹簧、螺旋弹簧及垫圈
85	0.82~0.90	0.50~0.80	0.17~0.37	≤0.25		820 油	480	1000	1150	6	30		截面小于 20mm 的螺旋弹簧
65Mn	0.62~0.70	0.90~1.20	0.17~0.37	≤0.25		840 油	480	800	1000	8	30		
60Si2CrA	0.56~0.64	0.40~0.70	1.40~1.80	0.70~1.00		870 油	460	1600	1800	(δ_{10}) 5	20	30	工作温度低于 300℃ 的调速器弹簧、汽封弹簧、蝶形弹簧、塔形支撑弹簧
60Si2Mn	0.57~0.65	0.60~0.90	1.50~2.00	≤0.30		870 油	420	1200	1300	5	25	25	
50CrVA	0.46~0.54	0.50~0.80	0.17~0.37	0.80~1.10	V 0.10~0.20	850 油	520	1100	1300	(δ_{10}) 10	45	30	承受大应力的各种弹簧、工作温度 400℃ 以下的耐热弹簧
45Cr1MoV	0.40~0.50	0.60~0.80	0.15~0.35	1.30~1.50	Mo 0.65~0.75 V 0.25~0.35	950 油	550	≥1200	≥1400	≥8	46	55	工作温度 450℃ 以下的高强度耐热弹簧
30W4Cr2VA	0.26~0.34	≤0.40	0.17~0.37	2.00~2.50	W 4.00~4.50 V 0.50~0.80	1050 油	600	1620	1750	(δ_{10}) 10	55	85	工作温度 500℃ 以下的耐热弹簧

五、滚动轴承钢

滚动轴承钢是制造滚动轴承中的滚珠、滚柱、滚针和套圈用的材料。这种钢对力学性能要求是高而均匀的硬度和高的疲劳强度。

滚动轴承钢的含碳量为 $0.95\%\sim1.10\%$，主加元素是铬。铬加入后是为了提高钢的淬透性及回火稳定性。铬的碳化物（Fe、Cr）$_3$C 呈细小颗粒状均匀地分布于钢中，提高钢的耐磨性。大型的滚动轴承钢，还加入硅、锰等合金元素，以进一步提高钢的淬透性，并使钢的强度和弹性强度增高。

常用滚动轴承钢的化学成分、热处理及用途，列于表 4 - 5 中。

表 4 - 5　　　　　　　常用滚动轴承钢的化学成分、热处理规范及用途

钢　号	化学成分（%）				热处理规范（℃）		用　　　途
	C	Mn	Si	Cr	淬　火	回　火	
G Cr6	1.05～1.15	0.20～0.40	0.15～0.35	0.40～0.70	800～820 水、油	150～160	直径小于 10mm 的滚珠、滚柱、滚锥及滚针
G Cr9	1.00～1.10	0.20～0.40	0.15～0.35	0.90～1.20	810～830 水、油	150～160	直径小于 20mm 的滚珠、滚柱、滚锥及滚针
G Cr15	0.95～1.05	0.20～0.40	0.15～0.35	1.30～1.65	820～840 油	150～160	壁厚小于 12mm、外径小于 250mm 的套筒，直径为 20～50mm 的钢球，直径小于 22mm 的滚子
G Cr9SiMn	1.00～1.10	0.90～1.20	0.40～0.70	0.90～1.20	810～830 水、油	150～160	
G Cr15SiMn	0.95～1.05	0.90～1.20	0.40～0.65	1.30～1.65	810～830 油	150～160	壁厚大于或等于 14mm、外径大于 250mm 的套筒；直径为 50～200mm 的钢球；直径大于 22mm 的滚子

第四节　合 金 工 具 钢

工具钢又可分为刃具钢、量具钢、模具钢等。工具钢的用途不同，对力学性能的要求也不同。刃具钢应具有高的硬度和耐磨性，以及一定的强度和韧性，在大负荷或高速切削时，还要求具有热硬性。量具钢应具有高的硬度，高的耐磨性和尺寸稳定性。冷模具钢应具有高硬度、高耐磨性，以及较好的强度和一定的韧性；热模具钢应具有高的韧性和抵抗热疲劳性能。

合金工具钢的含碳量一般较高，为 $0.65\%\sim1.5\%$，主要加入的元素有铬、钨、钼、钒等。铬是最基本的加入元素，能有效地提高钢的淬透性，从而增加钢的硬度和耐磨性。钨、钼、钒都是碳化物形成元素，加入后通过弥散硬化，可以显著地提高钢的热硬性和耐磨性。

一、刃具钢

刃具钢主要是指制造车刀、铣刀、钻头、丝锥、板牙等切削刀具的钢种。刃具在工作中受到很大的切削力、震动、摩擦及切削热的作用。因此，刃具钢应具有高硬度、高耐磨性，并能在高温状态下维持其高硬度，即有热硬性。此外，刃具钢还应有足够的强度和韧性，以免在切削过程中发生断裂或崩刃。

合金刃具钢按其成分和性能分为低合金刃具钢和高速钢。

1. 低合金刃具钢

低合金刃具钢的合金元素总含量为 3%～5%，加入铬、锰、硅等合金元素来提高淬透性和回火稳定性；加入钨、钒等强碳化物元素以提高钢的硬度和耐磨性。但由于所含合金元素的量不多，故钢的热硬性提高不大，一般只能在 250～300℃ 以下保持高硬度。主要用于制造形状复杂，要求淬火变形小的低速切削刃具。

常用低合金刃具钢的化学成分、热处理规范及用途列于表 4-6 中。

表 4-6　　　　　　　常用低合金刃具钢的化学成分、热处理规范及用途

钢 号	化 学 成 分（%）					热处理规范				用 途
	C	Mn	Si	Cr	其 他	淬 火（℃）	淬火后（HRC）	回 火（℃）	回火后（HRC）	
9Mn2V	0.85～0.95	1.70～2.00	≤0.40		V 0.10～0.25	780～820 油	≥62	150～200	60～62	丝锥、板牙、铰刀
9SiCr	0.85～0.95	0.30～0.60	1.20～1.60	0.95～1.25		860～880 油	≥62	140～160	62～65	丝锥、板牙、钻头、铰刀
Cr2	0.95～1.10	≤0.40	≤0.40	1.30～1.65		840～860 油		130～150	62～65	车刀、铰刀、插刀、刮刀
CrMn	1.30～1.50	0.45～0.75	≤0.40	1.30～1.60		840～860 油	≥62	140～160	62～65	长丝锥、长铰刀、板牙、拉刀、量具
CrWMn	0.90～1.05	0.80～1.10	0.15～0.35	0.90～1.20	W 1.20～1.60	820～840 油	≥62	140～160	62～65	长丝锥、长铰刀、板牙、拉刀、量具
CrW5	1.25～1.50	≤0.40	≤0.40	0.40～0.70	W 4.50～5.50	800～820 油	≥65	150～160	62～65	铣刀、车刀、刨刀

2. 高速钢

高速钢是含合金元素量较多的高合金刃具钢，其热硬性可达 600～650℃。适宜制造较高切削速度的刃具，如车刀、铣刀、刨刀、钻头、机用锯条等。

高速钢中含碳量较高（0.7%～1.4%），并含有较多的碳化物形成元素钨、铬、钒等。钨在高速钢中的含量为 6%～19%，钨是提高高速钢热硬性的主要元素，钨与碳能形成稳定的碳化物，可有效地阻止奥氏体晶粒长大。铬在高速钢中的含量为 3.8%～4.4%，铬的主要作用是提高钢的淬透性。钒在高速钢中的含量为 1%～4.4%，钒也是提高热硬性的主要元素之一，钒的碳化物硬而细碎，分布均匀更为稳定，使钢具有高的耐磨性。

常用高速钢的化学成分、热处理规范及用途，列于表 4-7 中。

表 4-7　　　　　　　常用高速钢的化学成分、热处理规范及用途

钢 号	化 学 成 分（%）					热处理规范				热硬性[①]（HRC）	用 途
	C	Cr	W	V	Mo	淬 火（℃）	淬火后（HRC）	回 火（℃）	回火后（HRC）		
W18Cr4V (18-4-1)	0.70～0.80	3.80～4.40	17.50～19.00	1.00～1.40		1260～1300 油	≥63	550～570	63～66	61.5～62	制造一般高速切削用车刀、铣刀、钻头、刨刀
W9Cr4V2 (9-4-2)	0.85～0.95	3.80～4.40	8.50～10.00	2.00～2.60		1240 油	≥63	560	63～66	61.5～62	作 18-4-1 钢代用品

续表

钢　号	化 学 成 分（%）					热处理规范				热硬性[1]（HRC）	用　　途
	C	Cr	W	V	Mo	淬火（℃）	淬火后（HRC）	回火（℃）	回火后（HRC）		
W6Mo5Cr4V2（6-5-4-2）	0.80~0.90	3.80~4.40	5.75~6.75	1.80~2.20	4.75~5.75	1220~1240 油	≥63	550~570	63~66	60~61	要求高耐磨性和韧性很好配合的高速切削刃具

① 将淬火回火试样在600℃加热四次，每次1h。

二、量具钢

测量工具的工作面应有高的硬度和耐磨性，并要求热处理时变形小，使用过程中尺寸稳定。精度要求一般，形状简单的量具可用 T10A、T12A、9SiCr 等钢制造。板形量规（样板、卡板）可用 60Mn、65Mn 合金弹簧钢来制造。精度要求较高的量规，则用低合金刃具钢 CrMn、SiMn 或滚动轴承钢 GCr15 来制造。

三、模具钢

生产上的模具有冷模和热模，由于工作条件的不同，所以模具材料的化学成分和力学性能就有差异。

1. 冷模具钢

用于制造金属在冷态下成型的模具，如冷冲模、冷剪切模、冷弯模、冷挤压模等。冷模具钢应具有高的硬度和耐磨性，以及足够的强度和韧性。

尺寸较小、受力不大的冷模具，可采用 T10A、9SiCr、9Mn2V、CrWMn 等钢种制造。大型模具则应有良好的淬透性，常用 Cr12、Cr12W、Cr12MoV 等钢种制造。

2. 热模具钢

用于制造金属在高温状态下成型的模具，如铸模、锻模、热挤压模等。热模具钢是在400~600℃甚至更高的温度下工作的。因此，既要有高的热硬性，又要有高的热强性和足够的高温韧性。此外，还应具有经受热胀冷缩所产生的热疲劳的能力。

热模具钢一般是含碳量为 0.3%~0.6% 的中碳合金钢。钢中的主要合金元素有铬、锰、镍、硅等。适中的含碳量是保证钢具有较高的强度和韧性；合金元素用于保证钢具有较高的淬透性，从而提高钢的硬度和抗热疲劳的能力。

常用模具钢的热处理规范及用途列于表 4-8 中。

表 4-8　　　　　　　　　　常用模具钢的热处理规范及用途

钢　号	退火后硬度（HBS）	淬 火			用　　途
		加热温度（℃）	冷却剂	HRC≥	
Cr12	269~217	950~1000		60	冲模、冷剪模、拉丝模
9Mn2V	≤229	780~810		62	小冲模、冷压模、塑料压模
Cr12MoV	255~207	1020~1040		60	拉伸模、冷冲模、粉末冶金压模
5CrNiMo	241~197	830~860	油	47	大型锻模、热压模、小型压铸模
5CrMnMo	241~197	820~850		50	大型锻模、热压模、小型压铸模
4W2CrSiV	≤234	850~920		56	压铸模、热锻模
3Cr2W8V	235~207	1075~1125		46	压铸模、热压模、热切剪刀
6SiMnV	≤229	830~860		56	中小型锻模

第五节　特　殊　性　能　钢

在钢中加入一些合金元素后，可以使合金钢具有某些特殊的物理、化学或力学性能，用以制造工程上有特殊性能要求的机械零件，这种合金钢又称为特殊用途钢。

电厂常用的特殊性能钢有磁钢、不锈钢、耐热钢和耐磨钢等。其中耐热钢应用得最为广泛，将专门阐述外，本节将简单地介绍有关磁钢、不锈钢和耐磨钢的知识。

一、磁钢

（一）磁性和磁化曲线

能吸引铁磁性材料的性能称为磁性。磁性材料的磁力大小可用磁导率 μ 来表示，即

$$\mu = \frac{B}{H}$$

式中　B——磁感应强度，T；

　　　H——磁场强度，A/m。

磁导率 μ 大于 1 的金属称为顺磁材料，顺磁材料中 μ 值特别大者称为铁磁材料；μ 小于 1 的金属称为逆磁材料。铬、锰、铁、镍、钴等金属属于顺磁材料，其中铁、镍、钴为铁磁材料；铜、铅、锌、锡、铍等金属属于逆磁材料。

磁感应强度 B 和磁场强度 H 之间的关系曲线称为磁化曲线，如图 4-8 所示。

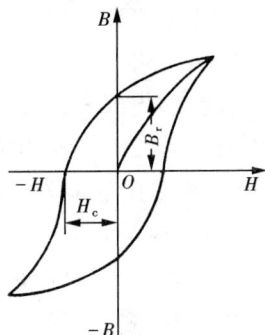

图 4-8　磁化曲线

从图中可知，磁感应强度 B 达到饱和值后，若将磁场强度 H 减到零，磁感应值并不为零，而保留着一定的数值，这种保留的磁感应值 B_r 称为剩磁。如果要使剩磁 B_r 全部消失，必须改变磁场强度的方向，即从相反的方向加上一个磁场强度 H_c，另加的磁场强度 H_c 称为矫顽力。若相反方向的磁场强度继续增加，又可得到负的饱和磁感应强度。这样循环一周，所得的封闭曲线叫磁化曲线。磁化曲线所包围的面积，称为磁滞损失，即表示往复磁化一次所消耗的能量。

不同的磁性材料所测得的磁化曲线是不相同的。不同的磁化曲线有不同的磁滞损失。工程上按磁滞损失的大小将磁性材料分成两大类，磁滞损失大的称为硬磁材料，磁滞损失小的称为软磁材料，其磁化曲线分别如图 4-9 和图 4-10 所示。

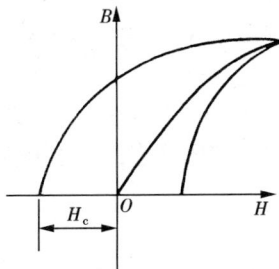

图 4-9　硬磁材料的磁化曲线

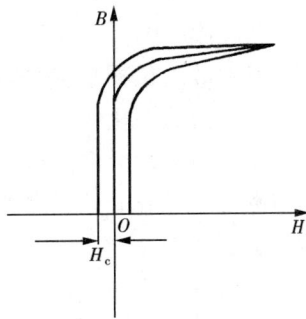

图 4-10　软磁材料的磁化曲线

图 4-9 所示为硬磁材料的磁化曲线，该曲线的主要特征是矫顽力 H_c 大，磁滞损失也大。这说明硬磁材料磁化和退磁均要加较大的磁场强度，磁化和退磁一次所消耗的能量较多。简言之，硬磁材料既难以被磁化，也难以退磁。因此，硬磁材料可制作永久磁铁。

图 4-10 所示为软磁材料的磁化曲线，该曲线的主要特征是矫顽力 H_c 小，磁滞损失也小。这说明软磁材料既易于被磁化，也易退磁，磁化和退磁一次消耗的能量较少。

（二）软磁材料

软磁材料常用的有两种，一种是 Fe-Si 合金硅钢片，另一种是 Fe-Ni 合金，也称坡姆合金。

1. 硅钢片

硅钢片是各种电动机、变压器和测量仪表的铁芯材料。这种钢含碳量很低（小于 0.1%），而含硅量较高（1.0%～4.5%）。含碳量低可减少磁滞损失；含硅量会增加饱和磁感应强度 B 和矫顽力 H_c 就降低，但含硅量会增加钢的脆性，若超过 4.5% 后脆性就大了，会造成加工成型的困难。

在电机中一般使用含硅量较低（1%～3%）的热轧或冷轧硅钢片，厚度为 0.5mm 左右；在变压器中一般使用冷轧的硅钢片和热轧高硅钢片，厚度为 0.35mm 左右。

2. Fe-Ni 合金

在自动化仪表、无线电通信及电气测量技术中，常用的软磁材料是 Fe-Ni 合金。这种软磁材料，磁滞损失和矫顽力 H_c 比硅钢片更小，磁导率则更高。其中以含 Ni 量为 78.5% 的 Fe-Ni 合金性能为最好，在弱磁场中它的磁导率比硅钢片高 10～20 倍。

（三）硬磁材料

硬磁材料应具有高的矫顽力 H_c 和高的剩余磁感应强度 B_r，而且这些参数能持久不变。常用的硬磁材料可分为马氏体型磁钢和弥散硬化型磁钢及磁合金。

1. 马氏体型磁钢

含碳 1%～1.5% 的碳钢是最早使用的一种硬磁材料，因其 H_c 及 B_r 低且不稳定，因而加入了钨或铬或钴或铝等金属元素，得到钨钢、铬钢、钴钢和铝钢。这些合金钢硬磁材料均是淬火后使用，经过热处理后的组织是马氏体、残留奥氏体和弥散的碳化物，统称为马氏体型磁钢。

钨使钢的 H_c、B_r 及磁稳定性都有所提高，作为硬磁钢的钨钢含碳量 0.7%、含钨量 6% 时性能最好。钨易与碳形成弥散分布的碳化物，钨能降低碳在奥氏体中的溶解度，有利于提高钢中的 H_c 和 B_r。铬在钢中对磁性的作用与钨相似。

钴是扩大奥氏体区的合金元素，不与碳形成碳化物，但能有效地提高钢的剩磁感应强度 B_r。为了达到用弥散碳化物来提高矫顽力 H_c，通常在钴钢中加入 3%～8% 的钨和 3%～5% 的铬，以形成钨及铬的碳化物。

铝钢是马氏体型磁钢中性能较好的一种。不含铬、镍，价格低廉。铝钢一般含 8%Al 及 2%C，铝不与碳形成碳化物，但能形成 Fe_3Al 金属间化合物，因而使钢的剩磁感应强度 B_r 和矫顽力 H_c 均有所提高。

2. 弥散硬化型磁钢

工业上常用的弥散硬化型磁钢有 Fe-Ni-Al、Fe-Co-Mo、Fe-Co-W、Fe-Co-W-Mo 等系列，其特点是以 α-Fe 为基体，弥散析出金属间化合物来提高钢的剩磁感应强度 B_r 和矫顽

力 H_c。

Fe-Ni-Al 系合金是指以铁、镍、铝为基本组元的弥散硬化型磁钢，以其磁性高、稳定性好著称，是目前用量最大、应用较广泛的硬磁材料。

二、不锈钢

金属因受外部介质的作用而发生的表面损坏叫做腐蚀，习惯上又称为生锈。碳钢及低合金钢在大气、水及许多其他介质中，不能抵抗介质对金属的作用，所以没有抗腐蚀的能力。在钢中加入铬并达到一定的含量后可以提高其抗腐蚀的能力，能减少甚至不受某些介质的腐蚀。因此，工程上就将含铬量超过 12% 的钢称为不锈钢。

常用的不锈钢有铬不锈钢和铬镍不锈钢两类，下面分别进行简单介绍；腐蚀及耐腐蚀的知识将在第五章耐热钢中阐述。

1. 铬不锈钢

铬不锈钢的主要钢种有 1Cr13、2Cr13、3Cr13、4Cr13、1Cr17 等，其化学成分、热处理、组织、力学性能及用途见表 4-9。

表 4-9　　　　常用铬不锈钢的主要成分、热处理、组织、力学性能及用途

类别	钢号	化学成分（%） C	化学成分（%） Cr	热处理	组织	力学性能 R_{eL} (MPa)	力学性能 R_m (MPa)	力学性能 A (%)	力学性能 Z (%)	力学性能 A_K (J)	力学性能 HRC	用途
马氏体型	1Cr13	0.08~0.15	12~14	1000~1050℃油或水淬 700~790℃回火	索氏体	≥420	≥600	≥20	≥60	≥72	HBS 187	制作能抗弱腐蚀性介质、能承受冲击负荷的零件，如汽轮机叶片、水压机阀门、结构架、螺栓、螺母等
	2Cr13	0.16~0.24	12~14	1000~1050℃油或水淬 700~790℃回火	索氏体	≥450	≥660	≥16	≥55	≥64		
	3Cr13	0.25~0.34	12~14	1000~1050℃油淬 200~300℃回火	回火马氏体						48	制作具有较高硬度和耐磨性的医疗工具、量具、滚珠轴承等，以及耐腐蚀的弹簧
	4Cr13	0.35~0.45	12~14	1000~1050℃油淬 200~300℃回火	回火马氏体						50	
铁素体型	1Cr17	≤0.12	16~18	750~800℃空冷	铁素体	≥250	≥400	≥20	≥50			制作硝酸工厂设备如吸收塔、热交换器、酸槽、输送管道，以及食品加工设备等

Cr13 型不锈钢的含碳量是适应力学性能需要的。必须指出，随着含碳量的增加，钢的强度与硬度虽有所提高，但其耐蚀性将下降。

1Cr17 型不锈钢属于铁素体类钢，它在升温时不发生 α→γ 相变，因而不能接受淬火强化。但是这种钢不仅耐蚀性好，而且塑性也较好，这是由于含铬量较高而且又具有单相铁素体组织。

2. 铬镍不锈钢

常用的铬镍不锈钢的化学成分、力学性能及用途列于表 4-10 中。

最早应用的铬镍不锈钢为含铬 18%、含镍 8%，习惯上称为 18-8 钢。这种钢具有很高

的耐腐蚀性能，而且无磁性，塑性和韧性极好，有良好的焊接性能，但是有晶间腐蚀的倾向。为了进一步提高耐腐蚀性能，防止晶间腐蚀，就在 18-8 钢的基础上，多加了点镍，又加入了 0.4%～0.8% 的钛，做成 18-9 型或含钛的 18-9 型铬镍不锈钢。

表 4-10　　　　　　　　铬镍不锈钢的化学成分、热处理、力学性能及用途

钢号	化学成分（%）					热处理	力学性能				用途
	C	Cr	Ni	Ti	Mo		R_{eL} (MPa)	R_m (MPa)	A (%)	Z (%)	
0Cr18Ni9	≤0.06	17～19	8～11			1080～1130℃ 水冷	200	500	45	60	焊芯
1Cr18Ni9	≤0.12	17～19	8～11			1100～1150℃ 水冷	200	550	45	50	发电机水接头、刷握罩及紧固件；不锈耐酸外壳；船舶控制设备的低磁性零件
2Cr18Ni9	0.13～0.22	17～19	8～11			1100～1150℃ 水冷	220	580	40	55	
0Cr18Ni9Ti	≤0.08	17～19	8～11	5×C%～0.7		950～1050℃ 水冷	200	500	40	55	焊芯、抗磁仪表、医疗器械、耐酸容器及管道、航空发动机排气系统的尾喷管等
1Cr18Ni9Ti	≤0.12	17～19	8～11	0.5～0.8		950～1050℃ 水冷	200	550	40	55	
1Cr18Ni12Mo2Ti	≤0.12	16～19	11～14	0.5～0.8	1.8～2.5	1000～1100℃ 水冷	200	550	40	55	用于耐硫酸、磷酸、蚁酸、醋酸腐蚀的设备
00Cr18Ni10	≤0.03	17～19	8～11			1050～1100℃ 水冷	180	490	40	60	具有良好耐蚀和耐晶间腐蚀的能力，作化学工业、化肥工业及化纤工业重要耐腐蚀零件
00Cr17Ni14Mo2	≤0.03	16～18	12～16		1.8～2.5	1050～1100℃ 水冷	180	490	40	60	

铬镍不锈钢中的含碳量都很低，含碳量增高不利于耐腐蚀性。

钢中约含 18% 的铬，主要是为了提高钢耐腐蚀性能；约含 9% 的镍，主要作用是扩大 γ 区域，降低钢的 M_s 点温度（降低至室温以下），使钢在室温时具有单相的奥氏体组织。单相奥氏体钢能进一步改善耐腐蚀性能，这种钢又称为奥氏体不锈钢。

钢中加钛的目的，是因为钛与碳的亲和力大，可以防止晶界上的铬析出，避免产生晶间腐蚀。

铬镍不锈钢淬火后并不能提高其硬度和强度，只是通过淬火使铬镍不锈钢成为单相的奥氏体组织，从而有高的耐腐蚀性能，所以这种热处理又叫做固溶处理。钢中加了钼后，可以提高固溶处理的效果。铬镍不锈钢有明显的加工硬化现象，所以通过冷变形加工可提高钢的强度，这是铬镍不锈钢提高强度的唯一途径。

近十几年来，研制用锰元素代替镍做奥氏体不锈钢，锰也能有效地扩大 γ 区域并降低 M_s 温度。新研制的以锰代镍奥氏体不锈钢有 Cr17Mn11Mo2N、Cr18Mn11Si2N 及

Mn18Cr10MoVB 等，这些钢种已在化工及动力设备上开始应用。

三、耐磨钢

磨损是机器零部件在工作中难以避免的一种损坏现象，也是机器零件失效的主要原因之一。所谓磨损是指两物体作相对运动时，物体表面物质不断损耗或产生塑性变形的现象。机械零件磨损后，往往要改变原来的尺寸甚至形状，失去了原来的精密度；严重磨损的零件将无法继续使用。因此，研究分析引起磨损失效的原因，探求防腐的方法，选用合适的耐磨材料，是一项十分重要的工作。

（一）磨损的类型

磨损虽是普遍存在的，然而却又是一个比较复杂的损坏现象。不同的机器零部件，不仅表现出不同的磨损现象，即使是同一机器的零部件，由于工作条件有所改变，表现出来的磨损现象也有所不同。为了分析磨损机理，采取相应的防磨措施，工程上将磨损进行分类。目前，比较统一的看法是按磨屑形成的过程及其特点来区分的，通常分为四种不同的磨损类型。

1. 粘着磨损

两个接触表面在相对运动过程中，如果表面实际接触点所受到的应力很大（$\geqslant R_{eL}$），这些实际接触点发生了粘合（即显微焊合），继而被剪切分离，并以磨屑的形式而脱离本体，这种磨损称为粘着磨损。粘着磨损也称为咬合磨损。

2. 磨料磨损

由于硬颗粒或硬突出点沿着金属表面运动，使金属表面的物质不断损耗，这种磨损称为磨料磨损，也可称为磨粒磨损。在磨损损坏中这种磨损约占 50%。

磨料磨损的磨屑产生有以下三种假设：

（1）显微切削假设。这种假设认为磨料不断从金属的表面切下显微切屑。磨料磨损的磨屑与切削加工的切屑一样，是螺旋形的。

（2）疲劳假设。这种假设认为磨料在金属表面反复作用，最后导致疲劳裂纹的产生与扩展从而引起磨损损坏。

（3）压痕假设。这种假设认为磨料颗粒在压力的作用下，压入金属表面而产生压痕，从表面层上挤压出剥落物。

3. 疲劳磨损

疲劳磨损是交变应力在金属表面作用的结果。滚动轴承中的滚珠与滚道之间的接触点，其作用力便属于交变应力。交变应力使金属表面产生疲劳裂纹，疲劳裂纹又在交变应力的作用下，不断扩展引起表面开裂，以致剥落。疲劳剥落的部分是磨屑，这种磨损称为疲劳磨损，也可称为表面接触疲劳磨损。

4. 腐蚀磨损

腐蚀磨损是金属在腐蚀介质中发生的，金属表面的损坏既有因摩擦过程中产生的磨损，又因腐蚀介质所引起的腐蚀损失，这种现象称为腐蚀磨损。腐蚀磨损还包括冲蚀和气蚀。

腐蚀性液体或气体中的细小磨料以高的相对速度，并以某种投射角射向工件表面，使工件表面与颗粒接触处产生磨损损坏，介质又引起腐蚀，这种磨损称为冲蚀。电厂中的风机叶片及输灰管道就是这种类型的磨损损坏。

液体介质中高速运动的零件，由于其表面的脱流而产生局部负压，迅速形成气泡。气泡在正压区会突然爆破，使零件表面受到了一种显微冲击波，从而产生点状塑性变形和点状疲劳，加之介质的化学和电化学腐蚀作用引起的损坏，会使金属表面出现蜂窝状的孔洞，这种腐蚀磨损称为气蚀。水电站中的水涡轮及火电厂的水泵均有气蚀损坏现象。

至今，磨损的分类还存在着许多争论，其原因是在每一个实际的磨损中，往往包含着多种磨损过程，而且工作条件（如外力大小、速度快慢、温度高低、介质的性质、金属和磨料的硬度等）不同，引起损坏的主要磨损类型便有所不同，况且各种磨损也还能相互影响。因此，研究磨损问题和耐磨材料时，必须弄清零件的工作条件，分析引起损坏的主要的磨损类型，然后才能选择适当的方法——改变工作条件或零件的材料，以提高零件的耐磨性，延长零件的使用寿命。

磨损的类型不同，对金属材料的性能要求也就不同。例如气蚀磨损，除要求金属材料具有良好的强度和韧性外，还要求具有耐腐蚀性能。又如磨料磨损，是与磨料的硬度和金属材料表面的硬度有很大关系的，提高了金属材料表面的硬度，就能减少磨料磨损量。

（二）高锰钢

习惯上将高锰钢称为耐磨钢。它的主要成分是含碳量为 $1.0\% \sim 1.3\%$，含锰量为 $11\% \sim 14\%$（$Mn/C = 10 \sim 12$）。其钢号是 Mn13，由于该钢种是铸造成型的常写成 ZGMn13。实践证明，高锰钢只有在全部获得奥氏体组织时才呈现出最为良好的韧性和耐磨性。

为了使高锰钢变成单相的奥氏体组织，铸态的高锰钢须进行"水韧处理"，其方法是：把钢加热至临界点温度以上（$1000 \sim 1100℃$），保温一段时间，然后迅速地把钢浸淬于水中冷却。加热到高温，使钢中的碳化物能全部溶解到奥氏体中去；快速冷却，碳化物来不及析出因而得到了均匀的单相奥氏体组织。水韧处理后高锰钢的硬度并不高，HB 在 $180 \sim 220$ 范围。当高锰钢受到剧烈的冲击或较大压力作用时，表面层的奥氏体将迅速产生加工硬化，并有马氏体及 ε 碳化物沿滑移面形成，从而使表面层硬度提高到 HB$450 \sim 550$，因而具备了高的耐磨性，而心部则仍维持原来的奥氏体状态，具有高的韧性。

在使用高锰钢制件中，如果其受的冲击力不大或压力不大时，其耐磨性并不比硬度相同的其他钢种好。例如喷砂机的喷嘴，选用高锰钢或碳钢来制造，其使用寿命几乎是相同的。这是因为喷砂机的喷嘴所通过的小砂粒不能引起高锰钢的加工硬化。因此，喷砂机喷嘴的材料就用不着选择高锰钢。

为了进一步提高高锰钢的耐磨性，在高锰钢中添加了铬、钼、钒、钛等元素；还有用降低一些含锰量，做成中锰加铬、钼、钒、钛等元素的耐磨钢。加了合金元素后，既可以强化奥氏体基体，还能得到弥散分布的碳化物硬质点，这样就能提高钢的强度和硬度，提高钢的加工硬化能力及抗疲劳破坏的能力，增加了钢的耐磨性。

（三）低合金耐磨钢

高锰钢是传统的耐磨材料，具有高的韧性，但其耐磨性取决于工况条件，在冲击严重、应力较大的条件下，高锰钢是极好的耐磨材料。但在冲击不大、应力较小的工作条件下，高锰钢的优越性得不到发挥，耐磨性并不高，可用低合金耐磨钢替代高锰钢做易磨损的零部件。

低合金耐磨钢中的含碳量视工作条件而定，对耐磨性要求高而韧性要求不太高的，可选较高的含碳量；若对韧性要求高的，可降低一些含碳量。

所加入的合金元素其作用为增加淬透性、强化基体、细化晶粒，有些则是形成弥散的碳化物。常用的元素有铬、锰、硅、钼、钛、硼及稀土等。

电力系统的修造厂这几年在研制低合金耐磨钢方面做了大量的工作，研制出了45Mn2、45Mn2B、40CrMnSiMoRe、60Cr2MnSiRe等钢种，用于制造煤粉制备系统中的易磨损件。国内外均很重视对低合金耐磨钢的研究，这是一种很有前途的耐磨钢。

（四）其他耐磨材料

受冲击力不大的易磨损件，已广泛地采用了耐磨合金铸铁。常用的有镍硬铸铁、含少量铬、锰、铜的合金白口铸铁、高铬白口铸铁等。有些内容在第二章中已做了介绍。

随着材料科学和焊接技术的发展，某些易磨损零件的表面可采用堆焊防磨层来解决防磨问题。堆焊材料随着磨损类型的不同而不同，如为抵御磨料磨损，可采用高铬白口铸铁电焊条；为减少和避免气蚀，可采用2Cr13或1Cr18Ni9Ti等不锈钢电焊条。如堆焊工作量很大，则可用焊丝进行自动堆焊。

近几年来，热喷涂技术在防磨工作中也得到了重视和应用。它是将合金粉末喷涂或喷熔到金属表面，既可作预防性的防磨覆盖，也可对已磨损的零件尺寸和形状进行修复。热喷涂工艺简单，合金粉末种类多，有很大的实用价值。

复 习 思 考 题

1. 何谓合金钢？合金钢有哪些特点？
2. 合金钢中经常加入的合金元素是哪些？各主要起什么作用？
3. 合金元素加入后对组织和性能主要起什么作用？
4. 合金元素的加入，会对 Fe-Fe₃C 相图产生什么影响？这些影响有何实际意义？
5. 合金元素的加入，对奥氏体等温转变曲线会产生什么影响？这些影响有何实际意义？
6. 合金元素的加入，对马氏体在回火时的转变有何影响？这些影响有何实际意义？
7. 合金元素在结构钢中的主要作用是什么？与碳元素的作用有什么区别？
8. 渗碳钢、调质钢、弹簧钢、滚动轴承钢是如何进行划分的？它们各自最主要的特点是什么？
9. 低合金工具钢、高速钢、模具钢是如何划分的？它们各自最主要的特点在哪里？
10. 何谓不锈钢？工程上常用的不锈钢有哪几种？
11. 耐磨钢要具备哪些主要的特性？工程上常用的耐磨材料有哪几种？
12. 在低合金耐磨钢中通常加入哪些合金元素？它们分别主要起什么作用？
13. 高锰钢为什么能够承受较大冲击载荷工况条件下的磨损？常用的高锰耐磨钢是什么牌号？
14. 为什么说高铬白口铸铁在抵御磨料磨损时具有较高的能力？耐磨高铬白口铸铁中主要加入哪些合金元素？它们分别起什么作用？
15. 何谓磁钢？工程上将磁钢分成哪几类？各具有何特征？

第五章　耐　热　钢

　　钢在高温下能够保持化学稳定性（耐腐蚀、不起皮）的品质，称为钢的热稳定性；钢在高温下具有足够强度的品质，称为钢的热强性。具有热稳定性和热强性的钢，称为耐热钢。

　　火电厂热力设备中很多零部件是在高温、高压和腐蚀介质中长期工作的。因此，这些零部件需用耐热钢制造。此外，耐热钢还用来制造汽车和飞机发动机的排气阀、化学热处理设备中的耐热构件等。

第一节　耐热钢的高温性能

　　钢材在高温下与室温下所表现出来的力学性能有很大差别。长期在高温下工作的钢材，其组织结构会发生显著的变化，组织结构的变化必然会引起力学性能的变化。所以，不能仅仅用钢在室温时的力学性能来评定和选用材料，还必须研究和了解钢材在高温时力学性能的变化。

一、高温对钢材强度的影响

　　钢材的工作温度超过某一温度后，钢的抗拉强度 R_m 要降低，钢材在高温下使用的时间越长，其强度也会越低。对 40 钢在不同的温度和用不同的时间进行拉伸试验测定的 R_m 列于表 5 - 1。

表 5 - 1　　　　　40 钢在不同温度及用不同时间试验测定的 R_m　　　　　（MPa）

试验温度	拉断试样的时间（min）					
（℃）	1	5	10	20	30	60
20	700	700	700	700	700	700
200	750	750	750	750	750	750
500	400	350	320	300	290	285
600	300	250	210	180	170	160

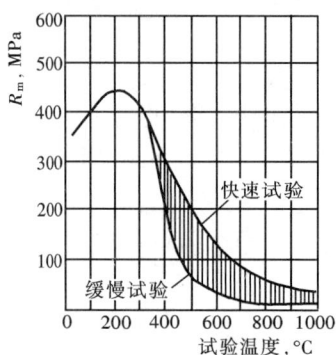

图 5 - 1　工业纯铁的抗拉强度与试验温度的关系

　　从表 5 - 1 可以看出，如果在 20℃ 或 200℃ 进行拉伸试验，钢的抗拉强度与加力的时间无关；但在 500℃ 时，钢的瞬时抗拉强度 $R_m=400MPa$，若用 20min 进行拉伸试验，抗拉强度 $R_m=300MPa$。试验温度越高，试验时间越长，R_m 值也就越低。

　　力学性能与温度和时间的关系可用强度与温度的关系曲线表示，如图 5 - 1 所示。

　　铁及其合金在 200～300℃ 时的强度比室温时高，其脆性也比室温时大，这种现象称为兰脆。从图 5 - 1 中还可以看出，350℃ 以上时抗拉强度逐渐下降，强度曲线分为两条，上面的一条为快速试验时的强度曲线，下面的一条为缓慢试验时的强度曲线。应力超过上面的曲线时，试样就断裂；应力低于下面的曲线时，一般认为试样不会发生断裂；应力位于两根曲线之间时，试样断裂需经过一定的时间。应力越接近上面的曲线，试样断裂所经历的时间越短。

金属的强度是由晶内强度（晶粒内原子的引力）和晶界强度（晶界的结合力）两部分组成。

常温下晶界强度大于晶内强度，这是因为晶界的原子排列不规则，而且晶体缺陷又较多，从而具有较大的抗变形能力，金属的破坏总是带有晶内破坏（穿晶破坏）的特点。

随着温度的升高，晶内强度和晶界强度都将下降。但晶界的原子比晶内的原子更不稳定，晶界的缺陷又比晶内的多，在较高温度下原子的扩散速度就大，因此晶界强度的下降速度就快。到达某一温度后，晶界强度就低于晶内强度，如图 5-2 所示。

晶内强度与晶界强度相等的温度，称为等强度温度（t_e）。如果工作温度超过等强度温度，钢材的破坏形式就开始转为晶粒之

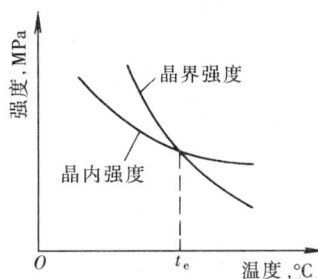

图 5-2 温度对晶内强度和晶界强度的影响

间的破坏（沿晶破坏），即在晶界处因晶粒之间的相对滑移而先产生裂纹，然后裂纹沿晶界扩展，导致脆性断裂。

等强度温度与载荷速度（变形速度）等因素有关。等强度温度随着载荷速度的降低而下降。在热力设备中，有些零部件是在高温和应力的长期作用下（相当于载荷速度很小的情况下）工作的，钢材的破坏往往属于晶粒间的脆性断裂，在高速载荷下，如短期超温爆管（相当于冲击或短时拉伸），等强度温度就比较高，又会产生晶内（穿晶）塑性断裂的形式。

钢在常温下和高温下的断裂形式不同，说明温度对晶内强度和晶界强度的影响不同，这也意味着晶粒度大小对钢材强度的影响与温度密切有关。在常温下细晶粒对强度有利，而高温时（超过等强度温度）晶粒粗一些对强度有利。

二、蠕变

1. 蠕变的概念

金属在一定的温度和应力作用下，随着时间的增加，缓慢地发生塑性变形的现象，称为蠕变。某些低熔点金属（如铅、锡等）在室温下也会发生蠕变。碳钢当温度超过 350℃，低合金钢当温度超过 350～400℃时，在应力的长期作用下都有蠕变现象。温度越高、应力越大，蠕变的速度也就越快。蠕变的变形量称为蠕胀。

高压锅炉和汽轮机设备中，可能引起蠕变的零部件很多，例如蒸汽过热器的蛇形管及其出口联箱，过热蒸汽管道和紧固件等。若蠕变现象严重会造成管壁的减薄，甚至会引起爆管。因此，抗蠕变能力的大小（蠕变强度）是衡量耐热钢高温力学性能的一个重要技术指标。

2. 蠕变曲线

描述金属蠕变整个变形过程的曲线称为蠕变曲线。典型的蠕变曲线如图 5-3 所示。

从图 5-3 中可以看出，蠕变的变形过程分为三个阶段：

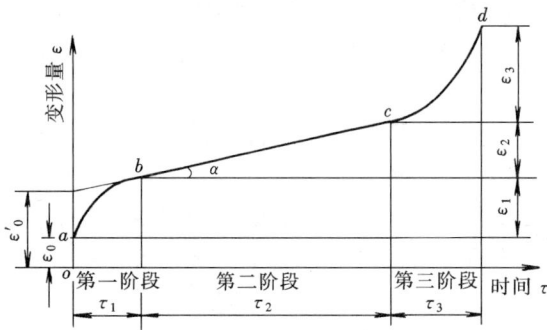

图 5-3 蠕变曲线

（温度 t＝常数，应力 σ＝常数）

oa——开始部分。这是加上外力所引起的瞬时变形。如果所加的应力值超过了该温度下的弹性强度，这种变形实际上包括弹性变形和塑性变形两部分。这一变形还不标志蠕变现象，而是外力加上后所引起的一般变形过程。

ab——蠕变第一阶段。这是蠕变的不稳定阶段，金属以逐渐减慢的变形速度积累着塑性变形。这一阶段的蠕变速度是很大的。

bc——蠕变第二阶段。这是金属以恒定的蠕变速度产生塑性变形的阶段，这一阶段蠕变速度很小，bc 近似直线，角 α 的正切表示蠕变速度。

cd——蠕变第三阶段。这是蠕变的最后阶段，金属以逐渐增加的变形速度积累着塑性变形量，直至 d 点发生断裂。

对不同的金属材料进行试验时，得到的蠕变曲线是不同的，同一种金属材料的蠕变曲线也随着试验条件（温度、应力）的不同而不同。应力和温度对蠕变曲线的影响如图 5-4 和图 5-5 所示。

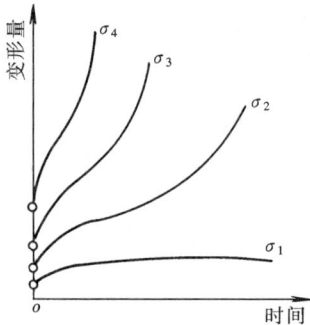

图 5-4 应力对蠕变曲线的影响

（$\sigma_4 > \sigma_3 > \sigma_2 > \sigma_1$）

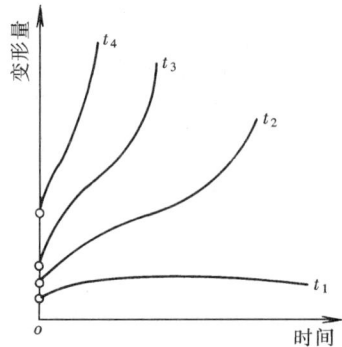

图 5-5 温度对蠕变曲线的影响

（$t_4 > t_3 > t_2 > t_1$）

图 5-4 表示温度不变，应力对蠕变曲线的影响。应力越大，蠕变速度就越快。图 5-5 表示应力不变，温度对蠕变曲线的影响，温度越高，蠕变速度也越快。蠕变速度快，钢材就易断裂。因此，防止超温或超负荷具有同样的意义。如果超温而又超负荷，钢材的蠕变损坏速度就更快。

3. 蠕变强度

蠕变曲线只能表达在一定的温度和一定的应力作用下时间和变形量的关系。在工程上则需要一个蠕变强度的数据，作为蠕变抗力的技术指标。蠕变强度通常有两种表示方法。一种方法是以一定的工作温度下引起规定的第二阶段蠕变速度的应力值来表示。热力设备零部件用钢中规定的蠕变速度，一般是 $v = \dfrac{1 \times 10^{-5}\,\%}{h}$ 或 $v = \dfrac{1 \times 10^{-4}\,\%}{h}$；蠕变强度就相应写成 $\sigma_{1 \times 10^{-5}}$ 或 $\sigma_{1 \times 10^{-4}}$。有时也以 $\sigma'_{10^{-5}}$ 或 $\sigma'_{10^{-4}}$ 表示在温度 t 时的蠕变强度，单位为 MPa。

另一种方法是以一定的工作温度下，规定的工作时间内，钢材发生一定的总变形量时的应力值来表示。热力设备零部件用钢中规定工作时间为 10^5 h（约 12a），总变形量≤1％；蠕变强度就写成 $\sigma_{1/10^5}$。有时也以 $\sigma_{1/10^5}^t$ 表示在温度 t 时的蠕变强度。

三、持久强度

钢材在高温下进行长时间的拉伸试验，其断裂时的应力值，称为持久强度。锅炉管子材料是以 10^5 h 断裂的应力值作为持久强度，并以 $\sigma10^5$ 表示，单位为 MPa。有时以 $\sigma_{10^5}^t$ 表示温度为 t、时间为 10^5 h 的持久强度。

持久强度表示钢材在高温和应力长期作用下抵抗断裂的能力，其数值越大，说明使之断裂所需的外力越大，即钢材在高温时能够承受外力的能力就越大。持久强度是耐热钢高温强度计算的依据，也是选用锅炉和汽轮机零部件用钢的重要技术指标。

由于 10^5 h 是个相当长的时间，钢材的高温持久试验一般不可能真正进行到 10^5 h，通常只试验到 $5000\sim10\,000$ h，再外推到 10^5 h 的断裂应力值，如图 5-6 所示。

持久强度试验通常是用 5 到 6 根试样，在一定的温度下，让每根试样承受不同的外力作拉伸试验。因为不同的应力就有不同的断裂时间，将所得的断裂应力和时间数据，描绘到应力和时间的双对数坐标上，然后将各点（即不同的试验应力和断裂时间的坐标点）连成一根直线，再延长此线外推到 10^5 h，从纵坐标上找出应力值，即为在某一温度下 10^5 h 的应力值。

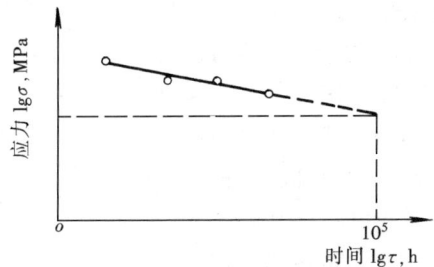

图 5-6　持久强度曲线

四、应力松弛

零件在高温和应力作用下，随着时间的增加，如果总的变形量不变，应力值却在缓慢地降低，这种现象称为应力松弛，简称为松弛。

在应力松弛的过程中，应力是逐渐下降的变量，总变形量虽然没有变化，但是其弹性变形量却在逐渐地向塑性变形量转化。锅炉、汽轮机和燃气轮机中的许多零件，如紧固件、弹簧、汽封、弹簧片等，会产生应力松弛现象，当这些零件应力松弛到一定程度后，就会影响设备的安全可靠性。

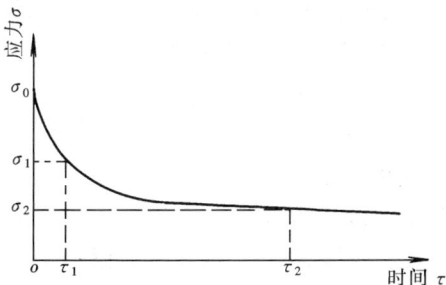

图 5-7　应力松弛曲线

应力松弛现象可用应力松弛曲线进行分析，如图 5-7 所示。应力松弛曲线反映总的变形量不变时，应力随时间增加而逐渐降低的规律性。松弛可分为两个阶段：第一阶段，应力随着时间急剧降低；第二阶段，应力下降速度逐渐趋向稳定。在图 5-7 中，σ_0 是初应力，σ_1 是经过了 τ_1 时间后的剩余应力（也称为残余应力），σ_2 是经过 τ_2 时间后的剩余应力。

在相同的温度和初应力的条件下，钢材的剩余应力值越高，表明该钢材的抗松弛稳定性能越好。剩余应力的大小与温度或初应力关系很大，温度越高或者初应力越大，剩余应力就越小。钢材的抗松弛稳定性是选用高温状态下的弹簧及紧固件等零部件材料的技术指标之一。

此外，金属材料的高温性能还有热疲劳和热脆性。这类问题尚在进一步探索研究中。

第二节　耐热钢的化学稳定性

火电厂热力设备用钢不仅要满足热强性的要求，还需要具有较高的化学稳定性，即耐腐蚀性能。

锅炉设备中过热器管和水冷壁管等受热面管子，在运行过程中其外壁直接与高温火焰和具有腐蚀性的烟气相接触，其内壁与汽、水相接触，因而受热面管子会产生腐蚀现象。

汽轮机中的许多零部件也是在与腐蚀性介质相接触的条件下长期运行的，也存在着腐蚀的问题。特别是汽轮机叶片，工作时转速很高，又与蒸汽介质直接接触，不仅要受到蒸汽的锈蚀和冲蚀，还可能产生应力腐蚀和腐蚀疲劳，引起损坏。

在设计选用热力设备零部件用钢时，除要考虑钢材高温强度外，还必须考虑钢材的耐腐蚀性能。在大气及弱腐蚀性介质中，腐蚀速度小于 0.1mm/a 为"耐蚀"，小于 0.01mm/a 为"完全耐蚀"；在强腐蚀性介质中，腐蚀速度小于 1mm/a 为"耐蚀"，小于 0.1mm/a 为"完全耐蚀"。所以，所谓不锈，所谓耐热不起皮，都是相对而言，都只是在一定的介质里具有较高的抗腐蚀性能。

一、腐蚀的原理

金属的腐蚀，按照腐蚀的原理可以分为化学腐蚀和电化学腐蚀。

1. 化学腐蚀

金属直接与介质发生氧化或还原反应而引起的腐蚀损坏，称为化学腐蚀。在化学腐蚀过程中不产生电流，而单纯起化学作用。

例如，锅炉受热面管子在与高温烟气、水、蒸汽接触的过程中，对金属表面产生强烈的氧化作用。腐蚀结果使铁变成铁的氧化物或氢氧化物，从而失去金属性质。

$$4Fe + 3O_2 \longrightarrow 2Fe_2O_3$$
$$Fe + 2H_2O \longrightarrow Fe(OH)_2 + H_2 \uparrow$$

有些腐蚀产物能起保护作用，可以减缓化学腐蚀的速度，阻止继续产生化学腐蚀。如钢中含有 Cr 或 Al 元素，形成了 Cr_2O_3 或 Al_2O_3 后，由于这类氧化物比较致密，所以就起了个保护膜的作用，从而阻止 O_2 的继续作用。这是化学腐蚀的极其重要的特征。

2. 电化学腐蚀

金属与电解液相接触时，有电流出现的腐蚀损坏过程，称为电化学腐蚀。电化学腐蚀是金属腐蚀的一种主要形式，它是以各种金属具有不同的电极电位为依据的。

电极电位是指金属在某电解质溶液中与所接触的溶液之间的电位差。金属在不同浓度及不同种类的电解质溶液中都有不同的电极电位，因此目前还无法测出金属与电解质溶液之间的电极电位的绝对值，而只能采用一种电极电位作为标准来和其他电极比较，求出它们的相对值。现在采用的是氢电极，称为标准氢电极，并假定标准氢电极的电极电位为零，那么某一种金属与标准氢电极之间的电位差就称为该金属的标准电极电位。表 5-2 列了几种金属和标准氢电极电位比较后的电化学次序。

当低电位的金属与高电位的金属在电解液中相接触时，低电位的金属就将被腐蚀，而且这些金属在电化学次序中彼此相隔越远，电位低的金属被腐蚀损坏就越快。

表 5 - 2 金属的电化学次序

元素	钾	钠	镁	铝	锰	锌	铬	铁	镉	钴
电位	−2.92	−2.76	−1.55	−1.33	−1.10	−0.76	−0.56	−0.44	−0.40	−0.29
元素	镍	锡	铅	氢	锑	铋	铜	汞	银	金
电位	−0.23	−0.16	−0.122	0	0.1	0.221	0.334	0.799	1.08	1.36

电化学腐蚀是最普遍的腐蚀损坏现象，例子很多。铁板用钢铆钉时，因铁的电极电位低于钢，因此钢铆钉周围的铁板会很快被腐蚀掉。镀锡铁板的锡层擦破后，铁板就容易被腐蚀。如果铁板镀的是锌，铁板就不易被腐蚀。具有多相组织结构的钢材也会产生这样的腐蚀损坏，例如具有铁素体和渗碳体两相的钢，其中铁素体的电极电位比渗碳体的低，当钢处于电解液中时，铁素体基体将不断被腐蚀而下陷。

3. 腐蚀损坏的形式

腐蚀损坏的形式一般可分均匀腐蚀和局部腐蚀。图 5 - 8 所示为几种腐蚀形式示意。

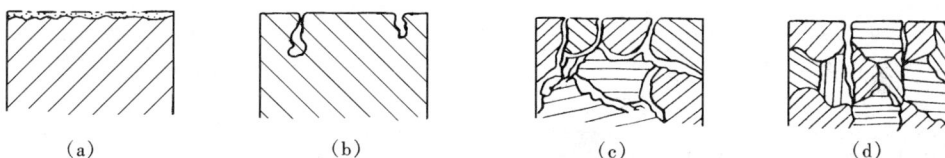

图 5 - 8 腐蚀形式示意

(a) 均匀腐蚀；(b) 点腐蚀；(c) 晶间腐蚀；(d) 穿晶腐蚀

腐蚀若是在整个金属表面均匀地进行，就称为均匀腐蚀。这种腐蚀虽然也降低钢材的使用寿命，但比局部腐蚀危害性小。晶间腐蚀、点腐蚀、穿晶腐蚀等均属于局部腐蚀，这些腐蚀虽然只损坏钢的某一部分，但危害很大，有时会引起事故。

晶间腐蚀是沿钢的晶粒边界进行的。钢材产生晶间腐蚀后，外形虽然未变化，但是破坏了晶粒之间的连接，使钢材变脆，强度急剧下降，有时会突然造成破坏，引起严重事故。晶间腐蚀是不锈钢的主要腐蚀损坏形式，这是因为晶界和晶粒之间在成分和组织上的差别而造成了电位差，晶界成为小阳极区，晶粒成为大阴极区，以致腐蚀沿晶界迅速发展。

产生点腐蚀的原因是金属的表面缺陷（裂纹、折叠）以及疏松、夹杂等引起的。点腐蚀一般是在不同的区域内产生的，往往迅速向深处发展，致使穿透金属，形成腐蚀坑。

二、电厂常见的腐蚀损坏类型

1. 蒸汽腐蚀

锅炉受热面管子，特别是锅炉的过热器管子，由于蒸汽的停滞或流速很小时，将产生"蒸汽腐蚀"，其化学反应如下：

$$3Fe + 4H_2O \longrightarrow Fe_3O_4 + 4H_2 \uparrow$$

产生蒸汽腐蚀后所生成的氢气，如果不能较快地被汽流带走，还将与钢材作用，使钢材表面脱碳并使钢材变脆，所以有时也把蒸汽腐蚀称为"氢腐蚀"或"氢脆"。

从上式可以看出，蒸汽腐蚀实质上是个氧化过程，一旦生成了 Fe_3O_4 的氧化铁之后，这种氧化物没有金属的特性，很容易脱落，俗称"铁锈"。钢材的氧化过程与其工作温度及钢的化学成分有密切的关系。工作温度越高，蒸汽腐蚀就越严重。如果钢材中有铬等能形成致密氧化膜的合金元素时，抗高温氧化的性能就好。

　　严重的氢脆将会引起锅炉管壁的爆破，图 5-9 即为 20 钢水冷壁管因氢脆爆管的实物照片。对破口附近内壁表面检查时，发现有许多裂纹。对破口附近的组织进行分析时，可以看出这些裂纹均是沿晶产生并扩展的，如图 5-10 所示。在氢脆裂纹所经过的珠光体边缘，可见到有脱碳现象存在，如图 5-11 所示。图中箭头所指的区域即为珠光体的脱碳部分。

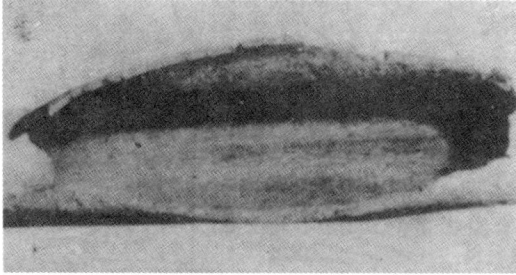

图 5-9　20 钢水冷壁管
氢脆爆管破口实物照片

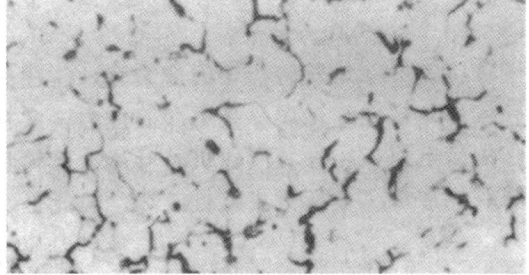

图 5-10　氢脆破口附近有沿
晶裂纹的显微组织（500×）

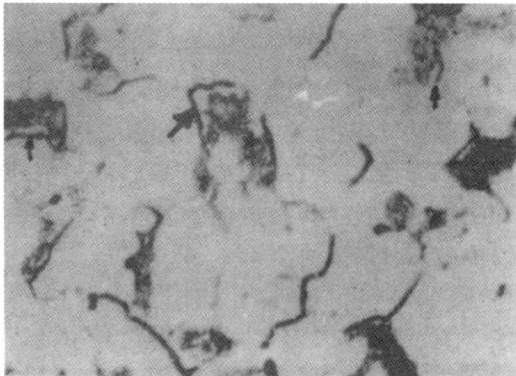

图 5-11　氢脆破口附近珠光体
边缘脱碳的显微组织（800×）

2. 烟气腐蚀

　　燃烧含硫高的燃料时，在烟气中生成较多的 SO_2，当烟气在锅炉的尾部受热面（省煤器、空气预热器）冷却到一定温度（通常称"露点"）时，烟气中的水蒸气开始凝结并与 SO_2 结合成硫酸溶液，将使受热面管子受到严重的腐蚀损坏。烟气腐蚀又称为"硫腐蚀"。

3. 垢下腐蚀

　　在锅炉受热面管子中有时沉淀含有氧化铁及氧化铜的水垢。垢下的腐蚀介质浓度很高，又处于静滞状态，因此，水垢与管壁金属相互之间就产生了电化学腐蚀。氧化铁与氧化铜为阴极，而受热面的钢管内壁为阳极，因而钢管内壁就要不断被腐蚀而减薄。此外，水垢导热性差，而且容易造成管子的堵塞，使管子局部过热，严重时会引起受热面管子鼓包或爆破。

　　垢下腐蚀一般均发生于受热面管子的向火侧内壁，尤其以过热器管和水冷壁管子为最常见。

4. 苛性脆化

　　锅炉汽包等设备的铆接（或胀接）缝隙处，由于介质的不断浓缩，产生高浓度的碱溶液，在钢材处于一定内应力状态下（铆接或胀接的残余应力、蒸汽压力等）即导致碱性腐蚀脆化，即称苛性脆化，如图 1-12 和图 1-13 所示。

　　图 5-12 中箭头所示即为苛性脆化裂纹，这种裂纹一开始主要是沿晶的，破坏了晶粒之间的联系。也有由于受到介质的化学性腐蚀，由沿晶裂纹转变为穿晶裂纹。

　　图 5-13 为苛性脆化裂纹的显微组织，其组织为铁素体和珠光体。裂缝内有灰黑色的腐蚀产物。

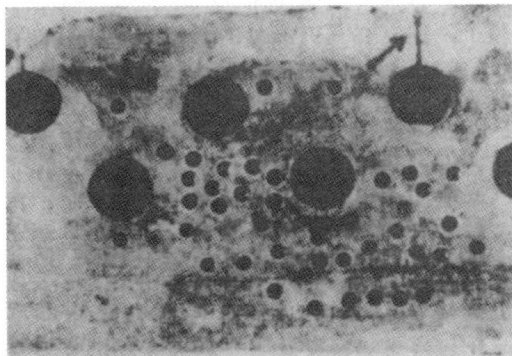

图 5-12　苛性脆化开裂的实物照片

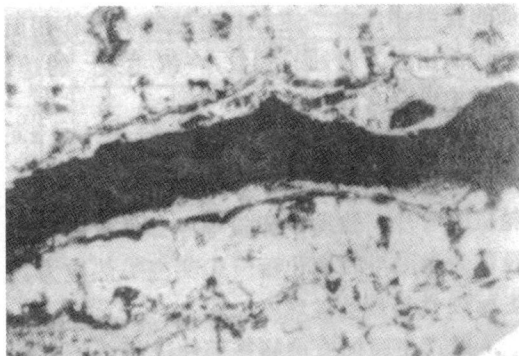

图 5-13　苛性脆化裂纹的显微组织（150×）

5. 应力腐蚀

应力腐蚀是介质与应力同时作用下引起的一种腐蚀。在锅炉管道中的应力腐蚀往往发生在蠕变过程中，由于金属表面氧化膜破裂，导致部分裸出的金属承受更大的应力，又在腐蚀性介质（蒸汽或烟气）渗入下，因电化学作用而迅速被腐蚀。汽轮机的叶片、叶轮和螺栓等也会有这种损坏现象。由于应力腐蚀的裂纹，常常诱发疲劳或脆性破坏，因此是腐蚀中破坏性最大的一种。

图 5-14 所示为应力腐蚀损坏的实物照片。由于钢管本身存在着较大的内应力，在与腐蚀介质的接触中，由于应力与腐蚀的共同作用而开裂了。图 5-15 所示为开裂处的显微形貌，从图中可以看出应力腐蚀的裂纹，一根主裂纹的边缘往往还有许多小裂纹。裂纹大多数是沿晶的，裂纹中也会有腐蚀产物。

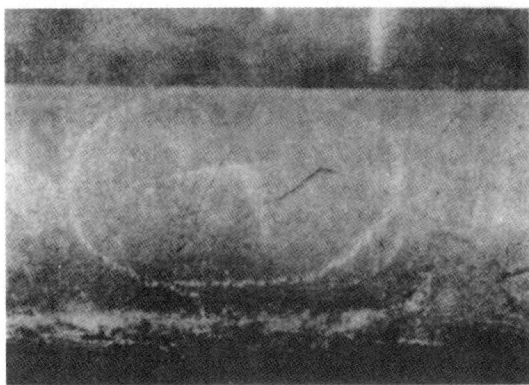

图 5-14　应力腐蚀实物照片

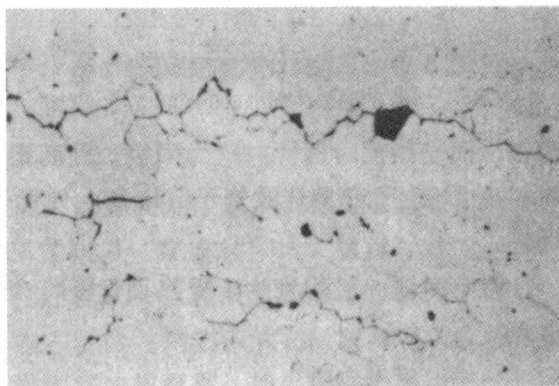

图 5-15　应力腐蚀裂纹的显微形貌（未浸蚀，50×）

6. 腐蚀疲劳

在交变应力作用下，钢在腐蚀性介质（蒸汽或烟气）中的腐蚀破坏称为腐蚀疲劳。汽轮机的叶片、轴类、弹簧等零部件常因腐蚀疲劳而破坏。在锅炉设备中有些构件也会因为经常发生温度的变化而引起交变的热应力，在这种交变热应力和介质的共同作用下也会发生腐蚀性热疲劳破坏。

对产生腐蚀疲劳的零部件进行分析时，发现其裂纹多为穿晶性的，端部圆钝内有灰色腐蚀产物，断口为带有疲劳特征的脆性断面。

图 5-16 和图 5-17 所示为 20 钢省煤器管子腐蚀性热疲劳损坏的实物照片及显微组织照片。

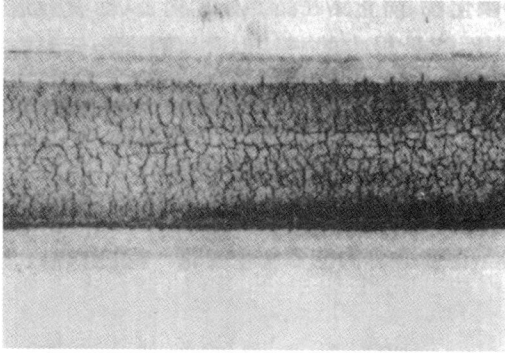

图 5-16　腐蚀性热疲劳损坏的实物照片

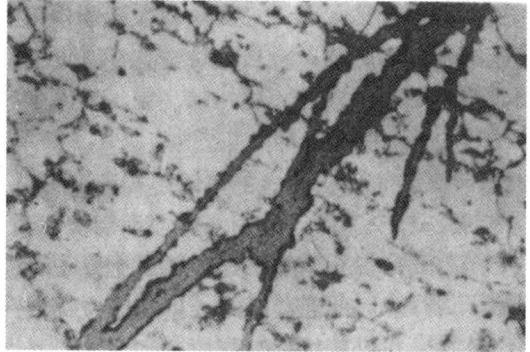

图 5-17　腐蚀性热疲劳的显微组织（200×）

从图 5-16 中可以看出有许多纵横交错的裂纹，这是由于交变应力不断作用的结果。图 5-17 中的组织为铁素体和珠光体，裂纹端部圆钝，裂纹内充满了腐蚀产物。

三、提高钢耐腐蚀性能的方法

提高钢耐腐蚀性能的方法很多，有保护层防腐、阴极保护、降低腐蚀介质的浓度等。但最根本的方法是在钢中加入合金元素以提高钢的抗氧化性能和抗电化学腐蚀的能力。加入合金元素后，提高钢的耐腐蚀性能的途径主要有三个方面：

（1）使钢的表面生成一层致密的氧化膜。钢的抗氧化能力决定于氧化膜的致密程度。实践证明，钢中加入铬、硅、铝后所生成的 Cr_2O_3、SiO_2、Al_2O_3 是比较致密的，本身的硬度也比较高，能隔绝金属与氧接触，避免钢继续被腐蚀，起到保护作用。这三种元素中以铬的影响最大，铬的氧化膜致密程度最高，保护作用最好。

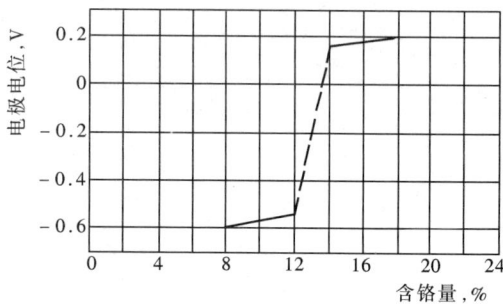

图 5-18　钢的含铬量对电极电位的影响

（2）提高钢的电极电位。普通的钢电极电位很低，抗电化学腐蚀的能力差。为了提高钢的抗电化学腐蚀的能力，必须提高钢的电极电位。实践证明，铬溶于钢中形成固溶体时，钢耐腐蚀性能可以大大提高。当含铬量超过 11.7% 时，钢的电极电位有一突变，即由负变正，达到有较好的抗电化学腐蚀的能力。考虑到其他一些因素，含铬量适当放宽一点，所以不锈钢中的含铬量一般在 12%～13% 以上。

钢的含铬量对电极电位的影响，如图 5-18 所示。

（3）使钢的组织形成单相固溶体。如单相的铁素体或奥氏体，能进一步提高抗电化学腐蚀的能力。为了形成单相的铁素体，一般加入缩小奥氏体区域的元素，如铬、硅、钼、钛、铌等；为了形成单相的奥氏体，一般加入扩大奥氏体区域的元素，如镍、锰、氮、铜等。奥氏体钢比铁素体钢具有更高的韧性、较好的塑性及冷变形能力，加热时晶粒长大倾向较小。

加入钢中的合金元素有些是直接起作用，如铬加入后可直接提高抗氧化性能，直接提高电极电位，从而增加耐腐蚀的能力。有些合金元素是间接起作用的，如在奥氏体钢中加入钛、铌等合金元素，主要是与碳元素作用形成碳化物，防止铬在晶界处贫化，从而有效地防止产生晶间腐蚀。合金化是提高钢材的耐腐蚀性能最根本的方法，常用的合金元素有铬、镍、锰、氮、硅、钼、钛、铌、铜、钴等。

第三节 耐热钢的组织稳定性

钢材在高温下长期工作时，由于原子的扩散，其组织结构也要发生变化。温度越高，高温下运行的时间越长，原子扩散能力就增强，钢的组织结构变化也就越大。组织发生变化，必然引起力学性能的改变。

一、碳化物的球化

1. 球化的概念及危害

碳化物的球化是指珠光体中的碳化物由片状逐渐转变成球状，所以也常称为珠光体的球化。20 钢及 15CrMo、12Cr1MoV 等低合金耐热钢所制造的锅炉管道，经长期运行后，就会出现碳化物的球化现象。

图 5-19 和图 5-20 所示分别为 12Cr1MoV 钢高温过热器管子球化前后的金相显微组织照片。图 5-19 是运行前的显微组织，其金相结构为铁素体和珠光体。该钢材在 540℃ 高温和 100 个大气压的应力下运行 85 672h 后，珠光体中的渗碳体已显著球化，金相结构为铁素体及颗粒状的碳化物，有些碳化物已连成链状，如图 5-20 所示。

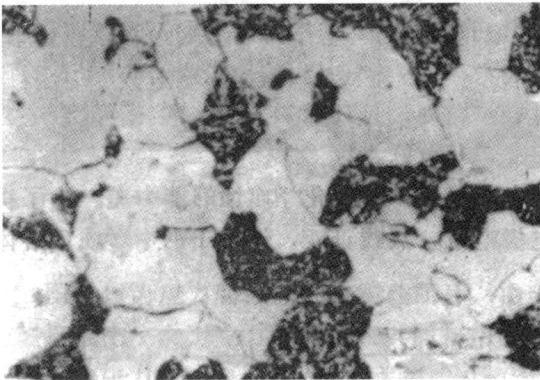

图 5-19 12Cr1MoV 钢球化前的显微组织（400×）

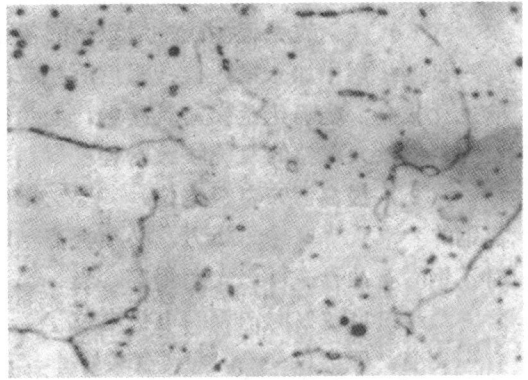

图 5-20 12Cr1MoV 钢球化后的显微组织（1000×）

球化过程包括碳化物从片状转化成球状和球状粒子长大两个过程。由于晶界上的原子扩散速度较大，所以球状的碳化物首先在晶粒边界上析出。温度越高或在高温下运行的时间越长，晶上的球状碳化物也就越多。而且，珠光体区域中所形成的球状碳化物也有向晶界聚集的倾向。球化现象严重时，珠光体的区域形态完全消失，球状的碳化物则聚集在铁素体的晶界上成为链状组织。

钢中的碳化物球化后，钢的蠕变强度和持久强度会下降。球化现象越严重，高温性能就越差。试验证明，12Cr1MoV 钢完全球化后，持久强度降低约三分之一。钢的持久强度下降后，其承载能力就相应地减少。在火电厂中，因锅炉钢管严重球化所引起的爆管事故时有发生。

2. 球化的原因

珠光体中片状渗碳体表面积较大，具有较大的表面能量，存在着从较高的能量状态向较低的能量状态转化的趋势。在常温或温度较低时，原子的活动能力较弱，一般不能完成上述的转变，所以这时的片状碳化物比较稳定。但是，在高温和应力的长期作用下，原子的活动能力增强，扩散速度也增大，碳化物从片状向球状的转化便具备了条件。由于珠的表面积最小，它的表面能量也最小，所以片状碳化物就向球状转变。

电厂用钢引起球化的原因，一是高温，二是在高温下工作的时间长。尤其是当超温运行或工作温度经常上、下波动时，会促进球化的产生和发展。

3. 球化的监督

火电厂中对锅炉管子用钢的球化情况要进行监督，特别是我国部分电厂高温高压蒸汽管道的运行时间已达到或超过了设计使用年限，珠光体类耐热钢球化现象已较为普遍，对这些管道更要密切注意，定期地检查球化发展的情况。为了加强金属的监督，已编制了球化级别标准，供各电厂金属监督评定球化时参考。

二、石墨化

在高温和应力的长期作用下，碳钢和含钼的低合金耐热钢组织中的渗碳体易分解为铁和石墨，这个分解过程称为石墨化，其反应式为

$$Fe_3C \longrightarrow 3Fe + C（石墨）$$

上式中的 C 呈游离状态聚集于钢中，由于石墨的强度和塑性几乎等于零，故游离状态的石墨析出后，钢中便如出现了孔洞和裂缝，造成钢材内部应力集中，使钢材的强度和塑性

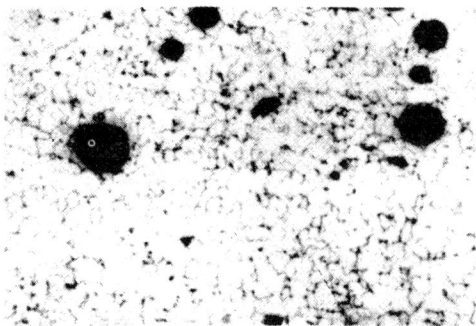

图 5-21　碳钢主蒸汽管道石墨化后的显微组织（550×）

显著下降，脆性增加。国内外均发生过因石墨化而引起的爆管事故。国内某热电厂用碳钢制造的过热器管子，规定的工作温度为 450℃，但超温至 500℃ 运行还不到 200h，就因石墨化而发生了爆管事故。又如某电厂用 15 钢制造的主蒸汽管道，在 450℃ 温度下运行了 142 552h 后，钢管内部有大量的石墨碳析出，如图 5-21 所示。用化学方法将石墨碳从钢中离析出来，所观察到的石墨碳，其色泽如同焦炭，有的呈条状，有的呈粒状，大小不均匀。

钢材的化学成分对石墨化的影响最大，铝和硅是促进石墨化的元素；铬、钛、铌、钒等碳化物形成元素，可以有效地阻止产生石墨化，其中铬元素的效果为最好。

三、固溶体中合金元素的贫化

在高温和应力的长期作用下，耐热钢由于原子扩散能力增加，将导致合金元素在固溶体和碳化物之间的重新分配。合金元素重新分配的特点是：因溶体中合金元素的含量逐渐减少，而碳化物中合金元素的含量逐渐增加，于是出现固溶体中合金元素逐渐贫化的现象。固溶体中合金元素贫化后，钢的蠕变强度和持久强度将要降低。12Cr1MoV 钢运行前后碳化物内合金元素含量的变化见表 5-3。

从表 5-3 中可以看出，随着运行时间的增长，合金元素逐渐从固溶体中迁移到碳化物中去，以钼元素的贫化（即减少）最为厉害，钒元素的变化则较缓慢。以上的变化规律还可用示意图来表示。12Cr1MoV 钢在不同温度下长期运行后碳化物内合金元素含量的变化如图 5-22 所示。

表 5 - 3   **12Cr1MoV 钢运行前后碳化物内合金元素的变化**

管子（mm）	运行参数	运行时间（h）	碳化物内合金元素的含量（%）		
			Cr	Mo	V
$\phi273\times26$	540℃、110 个大气压力	原 始	0.08	0.02	0.13
		20 700	0.21	0.15	0.14

从图 5 - 22 中可以看出，12Cr1Mo 钢在 510℃时，钼元素就已从固溶体中析出，而铬元素则几乎不变。随着温度的升高，钼和铬从固溶体中析出的量均逐渐增加，这说明温度升高后固溶体中的钼和铬越来越贫化。当温度升高到 565℃时，随着运行时间的增加，碳化物内钼和铬元素含量便显著地增多了。因此，超温运行将使固溶体中合金元素的贫化现象更加严重。

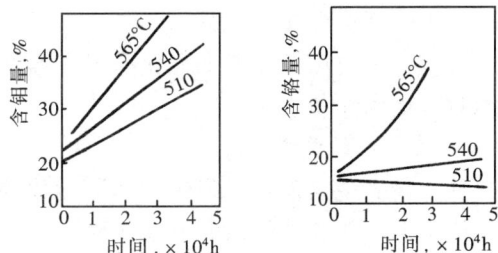

图 5 - 22   12Cr1MoV 钢在不同温度下长期运行后碳化物内合金元素的变化

固溶体中合金元素的贫化与原子的扩散过程有关。若钢中加入能延缓扩散过程的合金元素，就能提高固溶体的稳定性，从而减少固溶体中合金元素贫化的程度。钢中若加入强碳化物形成元素钨、钒、铌、钛等，就能起到稳定固溶体，阻碍钼和铬元素从固溶体中向碳化物迁移。

第四节 耐热钢中的合金元素及其作用

钢材的耐热性能主要是通过合金化来达到的。所谓合金化，就是在碳钢的基础上加入可以提高热稳定性和热强性的合金元素。最常用的合金元素是铬、钼、钒、钨、钛、铌、硼、硅、稀土元素等。加入的合金元素种类和含量不同，钢的组织和耐热性能就不一样，使用时工作参数也就不相同。

一、耐热钢的强化原理

耐热钢的高温强度主要取决于固溶体的强度、晶界强度和碳化物的强度。钢中加入合金元素就是为了使这三者强化。

1. 固溶体强化

低合金耐热钢的组织是以固溶体为基体的。提高固溶体的强度，增加固溶体的组织稳定性，都能有效地提高耐热钢的高温性能。所以，固溶体强化是耐热钢高温强化的重要方法之一。

加入合金元素，可增加原子之间的结合力，可使固溶体强化。此外，外来原子溶入固溶体使晶格畸变，也能提高强度；有些元素能提高再结晶温度，延缓再结晶过程的进行，从而增加了组织的稳定性，也同样能提高强度。

通常用于强化固溶体的合金元素有铬、钼、钨、锰、铌等。实践证明，多种元素的综合作用，会使强化的效果更好。

2. 晶界强化

晶界强度在高温时降低的速度较快。晶界强度降低后，晶界易产生裂纹以致断裂破坏。所以，增加晶界的强度是提高耐热钢高温强度需要研究的重要课题之一。

耐热钢中加入微量的硼或锆或稀土元素后，可以提高晶界的强度。因为这些元素加入后，易在晶界偏聚，能填充晶界上的空位，使原子排列得较为致密，减缓晶界处的扩散过程。在冶炼时这些元素还能起到除去气体和硫、磷等有害杂质的作用，也可间接地净化晶界而提高钢的高温性能。

目前，主要用硼元素来强化晶界。实践证明，如果硼和钛或铌一起加入钢中，则强化晶界的效果更为显著。

3. 碳化物的弥散硬化

从位错的观点来看，碳化物弥散硬化的强化效果比上述两种方法更为显著。碳化物相沉淀在位错上，能锁固位错的攀移。而且，稳定的碳化物若以弥散的状态分布在固溶体内，就能显著地提高钢的强度和硬度。

碳化物的弥散硬化主要取决于碳化物的硬度、稳定性、形状、颗粒大小和分布状况等因素。钒、铌、钛元素的碳化物，在钢中呈细小颗粒状的弥散分布，这些碳化物硬度高、稳定性好，高温时又不易产生聚集长大，所以其弥散硬化的效果较好。

二、合金元素的作用

（一）碳的作用

碳对钢的力学性能影响很大。随着含碳量的增加，钢的室温强度提高，塑性下降，碳对钢的高温性能影响就比较复杂。随着含碳量的增加，钢的抗蠕变性能会降低，而且，在高温下长期使用时，其蠕变速度要加快。因为含碳量多，在高温时从固溶体中析出的碳化物必然增多，会使固溶体中合金元素贫化，从而降低热强性。但是，含碳量也不宜过低，否则强度就太低了。

（二）铬的作用

铬能使钢的性能在很多方面得到改善和提高。因此，耐热钢中几乎都含有一定数量的铬元素。铬的作用主要如下：

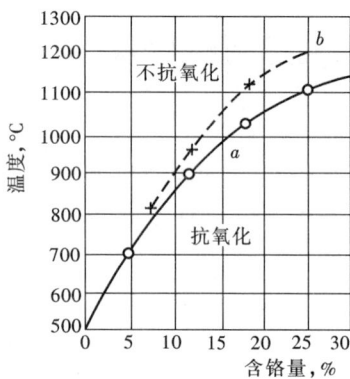

图 5-23　铬对钢抗氧化性的影响
a—铁素体钢；*b*—奥氏体钢

（1）提高钢的耐腐蚀性能。铬的氧化物 Cr_2O_3 比较致密，钢的表面生成的 Cr_2O_3 能起保护膜的作用，可有效地阻止钢被继续氧化。钢中含铬量越高，钢的抗氧化性也就越好，如图 5-23 所示。若含铬量超过 12% 以后，还能提高钢的电极电位，从而增加抗电化学腐蚀的能力，这一点在第二节中已经述及。

（2）增加铁素体的强度，提高组织稳定性。

（三）钼的作用

钼是耐热钢中强化固溶体的主要元素，几乎所有的耐热钢中均含有一定数量的钼。钼溶入铁素体可使原子之间的结合力增大，会使晶格发生畸变，因而提高了钢的强度；钼的熔点为 2625℃，溶入钢中后可提高再结晶温度，进一步增加钢的高温强度。钼对钢的抗蠕变能力的影响，如图 5-24 所示。

含钼量越高，钢的蠕变强度值也就越高。

（四）钒的作用

钒是强的碳化物形成元素，在钢中能够形成细小、均匀、高度弥散分布的碳化物和氮化物微粒。这些化合物在 $550\sim600℃$ 范围内比较稳定，因而能有效地提高钢的持久强度和抗蠕变能力。

钒和碳的亲和力比钼和铬大，能阻碍钼和铬元素由固溶体向碳化物中迁移，避免和减少固溶体中钼和铬的贫化，进一步提高钢的强化效果。

耐热钢中含钒量一般均小于 0.4%，含矾量过多钒的碳化物将要粗化，这对热强性反而不利。

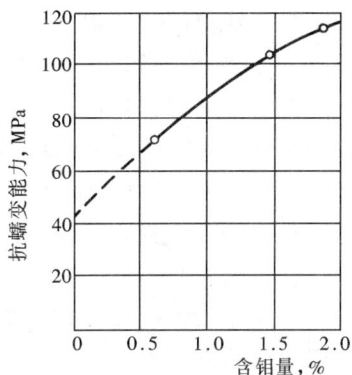

图 5 - 24 钼对钢抗蠕变
能力的影响

（五）其他元素的作用

1. 钛和铌

钛和铌也是强碳化物形成元素，钢中形成 TiC 和 NbC 后，在高温时其强度和稳定性均比 VC 高。由于钛和铌与碳的亲和力较大，所以常用钛和铌来防止或减少固溶体中钼和铬的贫化。钛和铌与钒一样还能有效地防止不锈钢的晶间腐蚀。钛和铌常常与钼和铬等元素一起复合加入到钢中，加入量通常也比较少。

2. 硼和稀土元素

硼和稀土都是提高晶界强度的合金元素。但这些元素的加入量如果过多，将会严重地降低钢的热加工工艺性能，在耐热钢中均属微量加入元素。

3. 铝和硅

铝和硅这两种元素在钢中也能显著地提高钢的抗氧化性，加入到钢中主要是为了提高耐腐蚀性能。但是，铝和硅均能促进石墨化，所以其加入量需要予以控制。

4. 镍

镍能增加钢的淬透性，因而能提高钢的强度。镍还是扩大奥氏体的元素，在奥氏体类耐热钢中用得较多。加入镍使钢变成单相的奥氏体组织后，钢就具备了较高的抗蠕变能力和耐腐蚀性能。

由于镍价格较贵，所以可用锰代替镍，使钢变成为单相的奥氏体组织。

第五节 耐 热 钢 的 分 类

根据小截面正火后的金相组织不同，耐热钢可以分为珠光体耐热钢、马氏体耐热钢、铁素体耐热钢和奥氏体耐热钢四类。

一、珠光体耐热钢

珠光体耐热钢中所加入的合金元素主要为铬、钼、钒，而且其总含量一般在 5% 以下，因此，有时也称为低合金耐热钢。这类钢的组织为铁素体和珠光体。若正火时冷却速度较快，或合金元素含量较高，元素的种类较多，其组织则为铁素体和贝氏体。

Cr - Mo 系及 Cr - Mo - V 系珠光体耐热钢，在火电厂热力设备中应用得很广泛。最常用的成熟的钢种有 12CrMo、15CrMo、13CrMo44、10CrMo910、12CrMoV、12Cr1MoV 等。

合金元素含量较低的铬钼钢主要用于 500～510℃ 以下的蒸汽管道、联箱等零部件及 540～550℃ 以下的锅炉受热面管子；合金元素含量较高的低碳铬钢和铬钼钒钢，主要用于 550℃ 以下的汽轮机主轴、叶轮、汽缸、隔板及高温紧固件等。但是，铬钼钢及铬钼钒钢在使用温度分别超过 550℃ 和 580℃ 后，其组织不稳定性加剧，高温氧化速度增加，持久强度显著下降。为适应 580℃ 以上温度的需要，多采用提高含铬量并添加钛、硼等多种合金元素。如 12Cr3MoVSiTiB（Ⅱ11）、12Cr2MoWVB（钢 102），其使用温度高达 600～620℃。

二、马氏体耐热钢

钢中如加入含量较多的能使等温转变曲线右移的合金元素，钢在空冷时就可转变为马氏体组织，这类钢称为马氏体钢。应用得最早的马氏体耐热钢就是 Cr13 型钢，这类钢不仅有热强性，还具有较高的耐腐蚀性能。因此，1Cr13 和 2Cr13 钢既可作为耐热钢，又可作为不锈钢使用。

为了提高 Cr13 型钢热强性，常在这类钢的基础上添加钼、钨、钒、硼等合金元素。如 1Cr11MoV、1Cr12MoWV 和 1Cr12WMoNbVB 钢，这类钢使用温度可提高，由于热强性能好，可用作汽轮机的末级叶片。

三、铁素体耐热钢

钢中加入相当多的铬、铝、硅等缩小奥氏体区域的合金元素，使钢具有单相的铁素体组织，称为铁素体耐热钢。常用的有 1Cr25Si2、1Cr25Ti 等，这类钢抗高温氧化和耐腐蚀性能好，但热强性较差、脆性大。铁素体耐热钢不宜用作受冲击载荷的零部件，而只宜用于受力不大的构件，如锅炉吹灰器、过热器吊架、热交换器等。

四、奥氏体耐热钢

钢中加入的合金元素，如不仅使等温转变曲线右移，而且使 M_s 线降低至室温以下，钢在空冷后的组织则仍然是奥氏体，这种钢称为奥氏体钢。由于奥氏体晶格致密度比铁素体大，原子间结合力大，合金元素在奥氏体中扩散较慢，因此奥氏体耐热钢不仅热强性很高，而且还有较高的塑性、韧性和良好的焊接性能。加之是单相的奥氏体组织，因而又有优良的耐腐蚀性能。

奥氏体耐热钢是高合金多组元的钢种，在火电厂热力设备中常用的有 1Cr18Ni9Ti、1Cr18Ni9Mo、4Cr14Ni14W2Mo、1Cr15Ni36W3Ti。此外，还有以锰代镍的奥氏体耐热钢钢种，如 2Cr20Mn9Ni2Si2N、Mn17Cr7MoVNbBZr、Mn18Cr10MoVB、Cr18Mn11SiN 等。

1Cr18Ni9Ti 是一种应用最为广泛的奥氏体耐热钢，其抗氧化工作温度可达 700～900℃，在 600℃ 左右的有足够的热强性，可用于 610℃ 以下的锅炉过热器管、主蒸汽管，以及汽轮机导管、阀体等。4Cr14Ni14W2Mo 钢具有更高的热强性和组织稳定性，常用于 650℃ 以下超高参数锅炉、汽轮机的过热器管、主蒸汽管及其他重要零件。1Cr15Ni36W3Ti 钢主要用于高压汽轮机汽封弹簧和 650℃ 以下燃气轮机叶片及紧固体。2Cr20Mn9Ni2Si2N 钢抗氧化性能优良，可用于 900～1000℃ 过热器吊架及管夹等。

同样，奥氏体耐热钢也可作不锈钢用。

复 习 思 考 题

1. 何谓耐热钢？火电厂热力设备中的某些零件为什么必须用耐热钢来制造？

2. 什么叫等强度温度？绘图分析它与晶界强度及晶内强度的关系。

3. 何谓蠕变？绘图说明蠕变不同阶段的特点。温度或压力增大后，对蠕变曲线有何影响？写出蠕变强度的两种表示符号。

4. 什么叫持久强度？一般情况下是如何测定持久强度的？持久强度符号是如何表示的？

5. 何谓应力松弛？热力设备中哪些零件易产生应力松弛现象？通常用什么数据来表示材料的抗应力松弛性能？

6. 钢材在高温状态下长期工作组织上会产生哪些变化？这些变化对性能有什么影响？

7. 腐蚀分哪两类？其损坏的特征有什么不同？工程上是通过哪些途径来提高钢材的耐腐蚀性能的？

8. 火电厂锅炉设备中会产生哪些腐蚀损坏现象？这些腐蚀损坏有什么危害？

9. 钢的耐热性能是用何种方法来提高的？耐热钢中常加入哪些合金元素？

10. 试分析铬、钼、钒在耐热钢中各主要起什么作用。

11. 工程上是按什么原则对耐热钢进行分类的？耐热钢通常分为几类？

第六章　有色金属及其合金

通常将铁及其合金以外的金属统称为有色金属。有色金属种类繁多，往往具有某些特殊的性能，也是现代工业技术中不可缺少的工程材料。在火电厂热力设备中常用铝、铜及其合金，以及以锡为基体的轴承合金。本章对上述有色金属材料进行简要介绍。

第一节　铝及其合金

一、工业纯铝

铝是地球上储量最丰富的金属元素，约为铁储量的两倍，比其他有色金属的总储量还多。铝的产量仅次于铁占第二位，应用也十分广泛。

铝的密度小，铝合金的密度也小，一般在 2.5～2.88 之间，广泛地用来制造各种要求减轻质量的机械零件和设备。

铝的导电性和导热性好，在电力、电器工业中常用于制作导线、电缆和电容器，以及导热或散热用的机械零件和设备。

铝在空气中有优良的抗蚀性，因为铝的表面易生成一层稳定而致密的 Al_2O_3 薄膜，从而能阻止进一步氧化。但是铝不耐碱、盐溶液及热的稀硝酸或稀硫酸的腐蚀。

铝有很高的塑性，便于通过各种冷、热压力加工制成型材、线材、板材和铝箔。

工业纯铝中最常见的杂质是铁和硅。铝中所含杂质数量越多，其导电性、导热性、抗蚀性及塑性就越低。我国工业纯铝的牌号用"铝"字的汉语拼音字首"L"加上按杂质限量编号的数字组成，有 L1、L2、L3、…、L6 等。数字越大，纯度就越低。

二、铝合金

工业纯铝的强度很低，$R_m = 80 \sim 100MPa$。工业纯铝中加入适量的铜、硅、锰、镁、锌等合金元素就成为铝合金了，铝合金的强度显著提高。铝合金经热处理或冷加工硬化后，R_m 可增高到 $500 \sim 600MPa$，而且铝合金的密度小，比强度 (σ/r) 较高，广泛地应用于要求质量轻的承载构件。

（一）铝合金的分类

铝合金按其成分、组织、性能及生产工艺的不同，可以分为两大类，一类为形变铝合金，一类为铸造铝合金。对铝合金进行分类的示意相图如图 6 - 1 所示。铝合金的分类见表6 - 1。

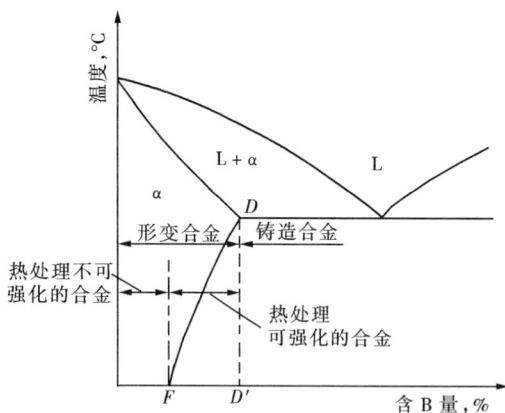

图 6 - 1　二元铝合金相图的一般形式

B—合金组元；L—液相；α—固溶体

表 6-1　　　　　　　　　　　　　　铝合金的分类

类别	名称	合金系	特性	牌号举例	编号说明
形变铝合金	防锈铝	Al-Mn[①] Al-Mg[①]	抗蚀性好，强度低，压力加工性好，焊接性好	LF21，LF5 LF11	用铝和防、硬、超、锻等汉语拼音的第一个字母和顺序数字表示
	硬铝	Al-Cu-Mg	力学性能好，抗蚀性差	LY1，LY3 LY11，LY13	
	超硬铝	Al-Cu-Mg-Zn	室温强度最高，抗蚀性差	LC4，LC6	
	锻铝	Al-Mg-Si-Cu Al-Cu-Mg-Fe-Ni	力学性能好，锻造性能好	LD5，LD10 LD7	
铸造铝合金	简单铝硅合金	Al-Si[①]	铸造性好，力学性能低，变质处理后使用，比重小，耐蚀性良好	ZL102	铸铝以汉语拼音 ZL 表示；后面三位数字中第一位数表示合金系；1 为铝硅系，2 为铝铜系，3 为铝镁系；第二、三位数字为顺序号
	特殊铝硅合金	Al-Si-Mg Al-Si-Cu Al-Si-Mg-Mn Al-Si-Mg-Cu Al-Si-Cu-Mg-Mn Al-Si-Mg-Cu-Ni	有良好的铸造性能，热处理后有良好的力学性能	ZL101 ZL107 ZL104 ZL110，ZL105 ZL103，ZL108 ZL109	
	铝铜合金	Al-Cu	耐热性好，铸造性差，抗蚀性差，密度大	ZL201 ZL202 ZL203	
	铝镁合金	Al-Mg	力学性能高，抗蚀性好，密度小，常以淬火状态使用	ZL301 ZL302	

① 不能时效强化的铝合金。

合金元素 B 的含量小于最大溶解点 D 时的含量，加热时能形成单相的固溶体，其塑性好，适于进行压力加工，这种铝合金称为形变铝合金。合金元素 B 的含量大于最大溶解点 D 时的含量，铝合金组织中就有了低熔点的共晶体，所以塑性较差，不宜进行压力加工，但其凝固温度较低，液态合金流动性好，适于铸造成型，这种铝合金就称为铸造铝合金。

（二）形变铝合金

形变铝合金中如其合金元素 B 的含量介于 F％～D％之间，在加热或冷却过程中，固溶体的溶解度将有变化，因此就可采用淬火的方法进行强化。这种成分范围的铝合金即为热处理能强化的合金。而 B 元素含量如果小于 F 点含量的铝合金，在固态时始终是单一的固溶体，采用淬火的方法已不能进行强化。这种成分的铝合金即为热处理不能强化的合金。

在工程上形变铝合金通常分为防锈铝合金及硬铝、超硬铝。

1. 防锈铝合金

防锈铝合金属于热处理不能强化的合金，只能靠冷变形加工硬化来提高强度。这类合金主要是 Al-Mg 或 Al-Mn 合金。防锈铝合金耐蚀性高，塑性、韧性及焊接性能好，具有比纯铝高的强度。在火电厂中常用于热交换器、管子、容器、壳体及铆钉等。

防锈铝合金的牌号用拼音字母"LF"再加数字序号表示，如 LF5、LF21 等，数字越大，表示含锰或镁越多。

2. 硬铝及超硬铝

硬铝属于 Al-Cu-Mg 及 Al-Cu-Mn 的合金，超硬铝属于 Al-Mg-Zn-Cu 的合金。这

两类铝合金均可通过淬火和时效来提高其强度和硬度。时效是指将淬火后的铝合金在室温下停放5～7d（自然时效）或在100～150℃的温度下停留几小时（人工时效），使过饱和的固溶体析出一些新相，因而使铝合金的强度和硬度提高。

硬铝和超硬铝是制造飞机的重要材料。在火电厂中，硬铝主要用作铆钉、冲压件及发电机离心式风扇叶片等。

硬铝及超硬铝的牌号分别用 LY 及 LC 加上数字序号表示。

（三）铸造铝合金

铸造铝合金有 Al‑Si、Al‑Mg 及 Al‑Cu 等合金，其中以 Al‑Si 合金（常称为硅铝明）应用最广。铸造铝合金由于铸造性能好，适于制造形状复杂的零部件，如仪表零件、油泵、活塞、汽缸体和小型电机外壳等。

铸造铝合金的牌号用 ZL 加上数字序号来表示。

铸造铝合金所含的合金元素较形变铝合金为高，从相图 6‑1 中可以看出，铸造铝合金中有共晶体，熔点也较低，这样可以增加液态金属的流动性，增高铸件的致密度，减少收缩率，有利于改善铸造性能。合金中的共晶体越多，铸造性能就越好。共晶成分的合金，铸造性能最佳。

第二节　铜及其合金

一、工业纯铜

工业纯铜呈玫瑰红色，表面氧化后呈紫色，故常称为紫铜。纯铜的熔点为1083℃，密度为8.9，固态下具有面心立方晶格。

纯铜具有优良的导电性、导热性和无磁性。其电导率仅次于银，居金属元素的第二位。铜还具有很高的化学稳定性，在大气、淡水、水蒸气中均有良好的耐蚀性。

纯铜有极好的塑性（$A=40\%\sim50\%$，$Z\leqslant70\%$）、较低的强度（$R_m=200\sim400$MPa）和硬度（HBS=35左右），易于接受冷热压力加工和焊接。纯铜经冷变形后有明显的加工硬化现象，其强度、硬度升高（$R_m=400\sim500$MPa，HBS=120），塑性降低（$A=6\%$，$Z=35\%$），而且电导率也下降，但降低得不多。纯铜主要用于电气导体，抗磁性干扰的仪表零件、铜管，以及配制合金不宜作结构材料。

工业纯铜的杂质主要有铅、铋、氧、硫、磷等，这些杂质的存在会降低铜的电导率，并使铜的加工工艺性能恶化。我国的工业纯铜按其所含杂质的多少分为四级，即 T1、T2、T3、T4。T 是汉语拼音铜字的首字母，后面附以数字序号。纯铜牌号中的数字越大，其纯度就越低。

二、黄铜

黄铜是铜、锌两种元素为主的铜合金，按其化学成分可分为普通黄铜和特殊黄铜两种。

1. 普通黄铜

普通黄铜是铜和锌的二元合金，锌对黄铜组织和性能的影响，如图 6‑2 所示。

当含锌量小于32%时，锌完全溶于铜的晶格中，形成α固溶体，黄铜的强度 R_m 和塑性 A 随着含锌量的增加而提高。这种单相α黄铜具有优良的冷变形能力，适用于冷热压力加工，称为压力加工黄铜。当含锌量大于32%时，合金组织中开始出现硬度高、脆性也大的

β′相。β′相是以化合物 CuZn 为基的固溶体，它在高温下塑性较好，而在室温下则脆性较大，因而使黄铜的塑性逐渐下降，而强度继续提高。组织为 α＋β′ 的双相黄铜适于热加工和铸造，又称为铸造黄铜。若含锌量增至 45％～47％时，合金组织已全部为 β′相；再增加含锌量并将出现 γ 相，于是强度和塑性都急剧下降。因此，含锌量大于 45％～47％的铜锌合金在工业上已没有实用价值。

普通黄铜的编号是用汉语拼音字母 H 加上数字表示，H 表示黄铜，数字则指含铜量。例如 H70，即表示含铜量为 70％，含锌量为 30％的普通黄铜。

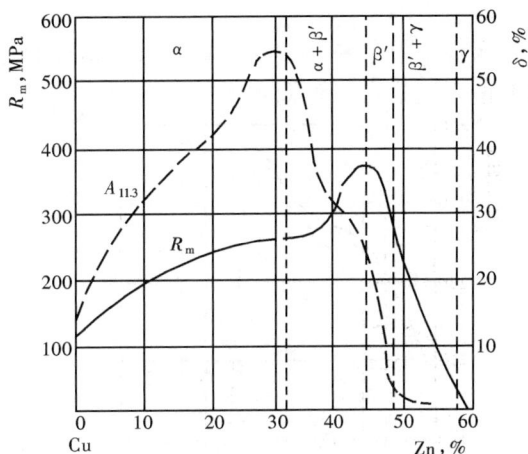

图 6 - 2　锌对黄铜组织和性能的影响

2. 特殊黄铜

在铜和锌的基础上，再加入少量的其他元素（如铝、锰、锡、硅、铅等）的铜合金，称为特殊黄铜。加入铝或锰，能进一步提高铜合金的力学性能；加入铝、锰、锡，能提高铜合金的耐腐蚀能力；加入硅和铅，可以提高铜合金的耐磨性；加入少量的铅，能改善铜合金的切削加工性能。

特殊黄铜的牌号要标明所加入的元素及其含量。例如 HAl67 - 2.5，表示含铜量为 67％，含铝量为 2.5％，含锌量为 30.5％的铝黄铜。牌号前如有 Z，则表示是铸造黄铜。

常用黄铜的牌号、成分、力学性能及用途列于表 6 - 2 中。

表 6 - 2　　　　　　　　常用黄铜的牌号、成分、力学性能及用途

类别	牌　号	化学成分（％）		力学性能			用　　途
		Cu	其他	R_m (MPa)	A (％)	HBS	
普通黄铜	H80	79～81	余量为 Zn	320	52	53	适用于镀层及制作装饰品，散热器管子
	H70	69～72	余量为 Zn	320	55		用于弹壳、凝汽器管子以及工业用的其他零件
	H62	60.5～63.5	余量为 Zn	330	49	56	散热器垫圈、弹簧、垫片、各种网、螺钉
	H59	57～60	余量为 Zn	390	44		制造热压及热轧的零件
特殊黄铜	HPb59 - 1	57～60	0.8～0.9Pb 余量为 Zn	620	5	149	具有良好的切削加工性能，适用于热冲压和切削方法制作零件
	HAl59 - 3 - 2	57～60	2.5～3.5Al 2.0～3.0Ni 余量为 Zn	380	50	75	在常温下工作的高强度零件和化学稳定性的零件
	HMn58 - 2	57～60	1.0～2.0Mn 余量为 Zn	400	40	85	制造海轮和弱电流工业用的零件
	ZHSi80 - 3 - 3	79～81	2.0～4.0Pb 2.5～4.5Si 余量为 Zn	250 300	7 15	90 100	耐磨性较好，作轴承衬套
	ZHAl67 - 2.5	66～68	2.0～3.0Al 余量为 Zn	300 400	12 15	90	海轮和普通机械中的耐蚀零件

三、青铜

铜合金中主要的加入元素如果不是锌而是锡、铅、铝等元素，这种铜合金称为青铜。习惯上把青铜分为锡青铜和无锡青铜两大类。

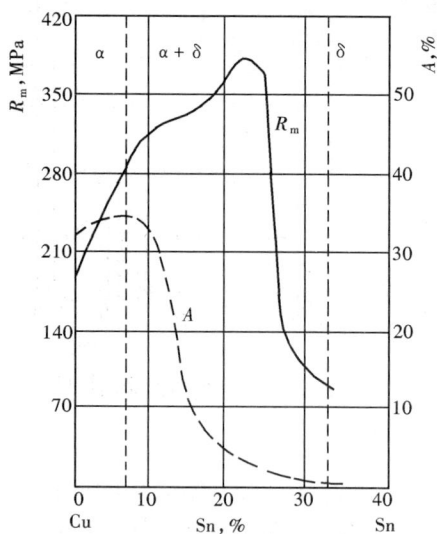

（一）锡青铜

以锡为主要加入元素的铜合金称为锡青铜，这是人类历史上应用最早的金属材料。锡对锡青铜组织和性能的影响如图 6-3 所示。

从图 6-3 中可以看出，当含锡量小于 6%～7% 时，其组织为单相 α 固溶体（锡在铜中的置换式固溶体），随含锡量的增加，锡青铜的强度（R_m）和塑性（A）逐渐提高。当含锡量大于 6%～7% 以后，由于合金中出现硬而脆的 δ 相（以化合物 Cu31Sn8 为基的固溶体），强度虽然仍在提高，但塑性急剧下降。当含锡量超过 20% 时，由于 δ 相较多，强度也急剧下降。所以，工业上应用的锡青铜，其含锡量一般在 3%～14% 范围内；用于压力加工的锡青铜，其

图 6-3　锡对锡青铜组织和性能的影响

含锡量一般不超过 6%～7%；用于铸造的锡青铜，其含锡量一般为 10%～14%。

锡青铜有一定的力学性能，熔点较低，具有良好的铸造性、减磨性和耐腐蚀性。因而广泛用来制造蒸汽锅炉、海船及其他机械设备的耐磨和耐蚀零部件，如低压蒸汽管配件、泵体、叶轮、轴承、轴套、齿轮、蜗轮等，也常用锡青铜来铸造人像等工艺美术品。

锡青铜的牌号用铜和锡化学元素的符号及数字表示，数字指含锡量的百分数，余数即为含铜量。铸造用的锡青铜，则在牌号前加字母 Z。例如 ZCuSn10，表示铸造锡青铜，含锡量为 10%，含铜量则为 90%。如在铜锡的基础加入一些其他元素，可以提高锡青铜某一方面的性能，则在牌号中也应标出其所加的元素的化学符号，并在符号后用数字标出所加元素的含量。

（二）无锡青铜

除锌和锡以外，其他元素与铜的合金称无锡青铜。无锡青铜也称为特殊青铜。按所加入的主要元素的不同，分别称为铝青铜、铍青铜、锰青铜、铅青铜等。

1. 铝青铜

铝青铜中的含铝量为 5%～10%，这种青铜的价格低廉，强度、硬度和韧性均比黄铜和锡青铜高，并可通过淬火和回火进行进一步强化。铝青铜的化学稳定性比纯铜、黄铜还要好。铝青铜在盐酸、磷酸、有机酸的稀溶液、乳酸、海水以及大气中能耐腐蚀，但是，由于碱会破坏铝青铜的保护膜（Al_2O_3），所以不能用铝青铜制造在碱溶液中工作的零件。

为了进一步改善铝青铜的性能，通常在 Cu-Al 合金的基础上加入一些铁或锰或镍等元素，配制成铝青铜。例如加入 4%Fe，便可细化晶粒，提高铝青铜的强度和硬度，进一步提高耐磨性能。

铝青铜主要用来制造耐磨抗蚀的零件，如重要的弹簧、泵、齿轮、蜗轮、轴套等。海边

的火电厂曾试用铝青铜制造凝汽器管，已获得成功。

2. 铍青铜

铍青铜的含铍量为 2%，铍青铜经过淬火和人工时效后，其强度、硬度、弹性强度和疲劳强度都有很大提高。铍青铜的耐磨性、耐蚀性、导电性和导热性，均比其他的铜合金好。因此，铍青铜是优良的导电弹性材料，可用于制造各种精密仪表和仪器的弹簧及弹性元件，制造电接触器、电焊机电极、钟表和罗盘中的零件。

3. 锰青铜

锰青铜的含锰量为 5% 左右，锰能溶于铜中，可提高合金的力学性能和耐腐蚀性。加入锰还能改善铸造性能，降低合金的脆性。含锰量为 5% 的锰青铜，能抵御碱溶液和高压力 CO 和 H_2 的混合气体在 170～350℃时的腐蚀。锰青铜还有较好的耐热性，可用来制造在高温下工作的零件。因此，锰青铜是化工及造船工业中应用较广泛的合金。

4. 铅青铜

铅青铜是含铅量为 30% 左右，这也是一种铸造青铜。铅青铜的显微组织中有固溶体软相和化合物硬相，也是一种理想的轴承材料，可用于制造高速高负荷的大型轴瓦和衬套。

常用青铜的牌号、成分、力学性能及用途，列于表 6-3 中。

表6-3　　　　　　　　常用青铜的牌号、成分、力学性能及用途

类别	牌号	化学成分（%）		力学性能			用途
		Sn	其他	R_m $\left(\dfrac{MN}{m^2}\right)$	A（%）	HBS	
铸造锡青铜	ZCuSn10	9～11	余量为 Cu	200～250 200～250	10 3～10	70～80 70～80	形状较复杂的铸件，管子的配件等
	ZCuSn10P1	9～11	0.8～1.2P 余量为 Cu	200～300 250～350	3 7～10	80～106 90～120	高速运转的轴承、齿轮、套圈和轴套等耐磨零件
	ZCuSn6Zn6Pb3	5～7	5～7Zn 2～4Pb 余量为 Cu	100～200 180～250	8～12 4～8	60 65～75	飞机、汽车、拖拉机工业用的轴承和轴套的衬垫
压力加工锡青铜	CuSn4Zn3	3.4～4	2.7～3.3Zn 余量为 Cu	350	40	60	弹簧、管配件和化工器械
	CuSn4Zn4Pb2.5	3～5	3～5Zn 1.5～3.5Pb 余量为 Cu	300～350	35～40	60	飞机、汽车、拖拉机及其他行业中用的轴承和轴套的衬垫
	CuSn6.5P0.4	6～7	0.3～0.4P 余量为 Cu	350～450	60～70	70～90	弹簧及其他耐磨零件；造纸工业用的铜网
无锡青铜	ZCuAl9Fe4	Al8～9	2～4Fe 余量为 Cu	400 500	10 12		重要用途的耐磨、耐蚀零件，如齿轮、蜗轮、轴套等
	ZCuPb30	Pb30	余量为 Cu	76	5	28	大功率航空发动机及汽车上发动机的轴承
	ZCuMn5	Mn 4.5～5.5	余量为 Cu	300	40	80	有较高的强度和塑性，还具有良好的热强性、耐蚀性。制作化工、船舶零件
	CuBe2	Be2～2.3	余量为 Cu	500	30	100	制造重要的弹簧和弹性零件，电接触器、电焊机电极、钟表及仪表零件

注　新的青铜牌号是以 Cu 替代旧牌号中的 Q。

第三节　钛及其合金

一、工业纯钛

钛在地壳中的分布也很广泛。钛具有密度小（$\rho=4.5\text{g/cm}^3$），强度高的特点。钛合金的抗拉强度 R_m 可高达 1300MPa，是金属材料中比强度最高的一种合金（$R_\text{m}/\rho=220$）。钛的耐腐蚀性能好，在海水中其抗蚀能力相当于 1Cr18Ni9Ti 不锈钢；在 600℃ 以下还具有良好的抗氧化性能。

纯钛在固态也有同素异晶性，在 882℃ 以下为密排六方晶格，称为 α 钛（或用 α-Ti 表示）；在 882℃ 以上转化为体心立方晶格，称为 β 钛（或用 β-Ti 表示）。

工业纯钛与工业纯铁差不多，强度不高 $R_\text{m}=300\text{MPa}$，塑性较好 $A=40\%$。但是，钛也可以通过合金化及热处理来强化。由于钛合金是比强度最高的金属材料，近几年来发展很快，已成为飞机、船舶以及其他重要设备的结构材料。火电厂热力设备中的一些零部件也开始应用钛合金制造。

二、钛合金

钛合金的主要加入元素有铝、铬、锰、铁、钼、钒等，这些元素能与钛形成置换固溶体，有些还能与钛化合成为金属化合物。加入的元素起固溶强化和弥散硬化的效果，从而显著地提高钛合金的强度。加入锡和锆等元素，还能够提高钛合金的耐热性能。

钛合金中加入的元素按其作用的不同，可以分成两类。一类是扩大 α-Ti 区域元素；另一类是缩小 α-Ti 即扩大 β-Ti 区域元素。所加的合金元素和加入量的不同，钛合金在室温下的组织和性能也就有所不同。

钛合金按组织结构的不同分为 α 型、β 型、α+β 型三种。

1. α 型钛合金

主要加入元素是扩大 α-Ti 区域的铝元素或锡、锆等中性元素，便可得到单相 α 型钛合金。这类钛合金具有中等的强度，焊接性能好，密度小，不能用热处理强化，可用冷变形引起加工硬化以提高强度。α 型钛合金牌号用拼音字母 TA 加序号表示，序号数字大表示所加入的合金元素含量多。

2. β 型钛合金

主要加入元素是扩大 β-Ti 区域的铬、钼、钒等元素，当 Cr>7% 或 Mo>11% 或 V>15% 时，室温下仍保持体心立方晶格，得到单相 β 型钛合金。这类钛合金塑性很好，可冲压成型；强度也比较高，且能通过淬火和时效进一步强化。β 型钛合金的牌号是用 TB 加序号表示。

3. α+β 型钛合金

α+β 型钛合金通常属于多元合金，即钛合金中既有稳定 α-Ti 的元素，又有稳定 β-Ti 的元素，室温下其组织为 α+β。α+β 型钛合金适于锻造、冲压、轧制，并有较好的切削加工性能。这类钛合金具有综合的力学性能，通过淬火和时效可进一步提高合金的强度，用化学热处理（如氮化）可提高钛合金表面的强度，提高抗疲劳和抗氧化的性能。α+β 型钛合金应用得最为广泛，其牌号用 TC 加序号来表示。

常用钛合金的牌号、成分、力学性能及用途列于表 6-4 中。

表 6 - 4　　　　　常用钛合金的牌号、成分、力学性能及用途

牌号	化学成分（%）						力学性能		用　途
	Al	Cr	Mn	Mo	V	其他	R_m（MPa）	$A_{11.3}$（%）	
TA4	3					余量为 Ti	700	12	焊接性能好，650℃时能保持足够的强度。制造飞行器蒙皮、压气机机匣、叶片、叶轮等；热处理不能强化
TA5	4					0.05B 余量为 Ti	700	15	
TA7	5					2.5Sn 余量为 Ti	800	10	
TB1	3	11		8		余量为 Ti	1300	5	强度高、塑性好，可冲压，淬火和时效后能进一步强化。制造火箭、超音速飞机的结构件
TB2	3	8		5	5	余量为 Ti	1350	8	
TC2	3		1.5			余量为 Ti	700	12	具有良好的综合力学性能，可用热处理强化，锻、冲、焊接性能均良好，可切削加工。制造飞机蒙皮、导流叶轮等
TC4	6				4	余量为 Ti	950	10	
TC7	6	0.6				0.4Fe 0.4Si 0.01B 余量为 Ti	1195	8	
TC10	6				6	2Sn 余量为 Ti	1080	10	

第四节　轴　承　合　金

一、对轴承材料的要求

制造滑动轴承的轴瓦及内衬的合金称为轴承合金。轴承是支承着轴进行工作的重要零件。轴在轴承内转动时，轴与轴瓦之间必然有强烈的摩擦。轴是转动机械中很重要的部件，其制造过程复杂，价格较贵，而且更换困难。所以，在这种不可避免的磨损情况下，轴承材料应能保证轴不被磨损或仅有极少的磨损。这样，轴承材料必须具备下列特性：①低的摩擦系数，高的抗压强度及疲劳强度；②硬度不能太高（最好比轴的硬度低，HBS250 左右），避免轴的磨损；③能储存润滑油；④有良好的导热性与耐蚀性；⑤制造容易，价格低廉。

为了满足上述性能要求，轴承合金的组织一般是由软的基体和夹嵌在基体内的硬质点所构成，如图 6-4 所示。轴承在工作时，软的基体会较快地被磨凹下去，夹嵌在基体内的硬质点便承受着轴的压力，起着支撑轴的作用。由于轴与轴承的接触面积减少，轴承被磨凹下去的地方便可储存润滑油。有了润滑油，轴转动时能形成油膜，使轴颈与轴承在

图 6-4　轴承合金组织结构示意

运转时不直接接触，因而摩擦系数减小，减少了磨损；流动的润滑油还可以及时带走热量和磨屑。软基体还具有抗冲击、抗震和与轴能较好地磨合等优点。

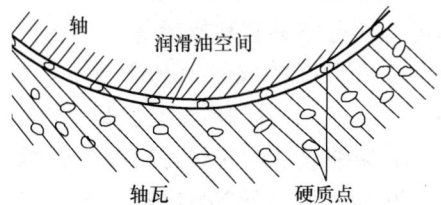

此外，还有一种硬基体软质点（或片）组织结构的轴承合金，其抗压强度比软基体硬质点的高。

二、常用的轴承合金

工业上常用的轴承合金有三种。

1. 锡基轴承合金

锡基轴承合金是以锡为主要元素，添加一定的锑和铜等元素后配制而成。最常用的锡基轴承合金的牌号为 ZChSnSb11-6，Z 指铸造 Ch 是轴承合金的代号，其后是基本元素锡和主要加入元素锑的化学符号；11 是指含锑量 11%，6 是指含铜量 6%，含锡量则为 83%。这种轴承合金的显微组织如图 6-5 所示。

ZChSnSb11-6 锡基轴承合金的软基体为锑固溶于锡中的 α 固溶体，即图 6-5 中的黑色部分。硬质点是 SnSb 化合物为基体的固溶体，即图 6-5 中的块状白色组织，又称为 β 相。铸造时，由于 α 相密度大，β 相便会上浮，造成密度偏析。为了防止偏析，加入 6% 的铜，使结晶时优先析出 Cu_3Sn 或 Cu_6Sn_5 的化合物，这种组织呈针状或粒状，能有效地防止 β 相上浮，防止 α 相下沉。铜锡的化合物称为 ε 相，还能进一步提高轴承合金的强度，增加耐磨性。

图 6-5　锡基轴承合金的显微组织

ZChSnSb11-6 锡基轴承合金主要用于汽轮机、发电机等高速重载机械的轴承。

2. 铅基轴承合金

铅基轴承合金是以铅为基本元素，主要加入锑、锡、铜等元素后配制而成。常用的牌号为 ZChPbSb16-16-2，即表示含锑 16%、含锡 16%、含铜 2% 和含铅 66% 的轴承合金。铅基轴承合金的强度、硬度和耐磨性，以及冲击韧性均要比锡基轴承合金低，所以只适用于较低速度和中等负荷的机械的轴承。在火电厂中用于制造磨煤机、电动机、泵及风机等机械设备的轴承。

3. 铜基轴承合金

常用的铜基轴承合金有 ZCuSn10P1、ZCuPb30、ZCuSn6Zn6Pb3 等青铜。

ZCuSn10P1 的成分为 Sn=10%、P=1%、Cu=89%，用于制造大比压、高转速机械的轴承，还可作轴套和蜗轮等。

ZCuPb30 的成分为 Pb=30%、Cu=70%，这种铅青铜也是锡基轴承合金的代用品，疲劳强度高，导热性好，因此可以作为高负荷、高转速及在高温下工作的轴承材料，如航空发动机、柴油机和汽轮机等机械的轴承。

ZCuSn6Zn6Pb3 的成分为 Sn=6%、Zn=6%、Pb=3%、Cu=85%，常用于制造机床上的轴承及蜗轮、开口螺母等。

此外，目前应用的轴承合金材料还有铝基轴承合金、铸铁轴承合金和粉末合金轴承材料等。这三类轴承材料都有一些特点，有一定的应用价值。

复 习 思 考 题

1. 铝及其合金有何特点？工程上哪些零部件需要用铝合金来制造？
2. 铝合金分成几类？试用合金相图来解释分类的原则。

3. 何谓黄铜？分几类？怎样编号？试举一些常用的黄铜牌号，并说明含义、性能特点及用途。

4. 何谓青铜？分几类？怎样编号？试举一些常用的青铜牌号，并说明含义、性能特点及用途。

5. 钛合金有何特点？工程上应用的钛合金有哪几种？各有何特性？

6. 何谓轴承合金？其组织结构有何特点？

7. 汽轮发电机的轴承合金是何牌号？解释牌号中符号及数字的意义，画出显微组织示意图。

第七章　锅炉与汽轮机用钢及事故分析

随着电力工业的发展，在火电厂中大容量、高参数的锅炉和汽轮机机组逐渐增多，对电厂金属材料的要求也越来越高。由于电厂金属材料多数是在高温、高压和腐蚀介质作用下长期运行，会发生组织和性能的变化，甚至可能引起某些零部件的失效。零部件失效后往往会造成严重事故，直接影响火电厂的安全发供电。因此，了解锅炉和汽轮机主要设备的用钢情况，了解电厂金属在运行过程中组织和性能的变化，对正确选用材料以及正确处理金属事故具有十分重要的意义。

第一节　锅炉主要设备用钢及事故分析

一、锅炉管道用钢及事故分析

（一）对锅炉管道用钢的要求

锅炉管道包括受热面管子（过热器、再热器、水冷壁管、省煤器等管子）和蒸汽管道（主蒸汽管、再热蒸汽管道、蒸汽导管、联箱、连接管等管道）。

电厂对锅炉管道用钢有下列要求：

（1）足够高的蠕变强度、持久强度和良好的持久塑性。在进行过热器管子和蒸汽管道的强度计算时，常以持久强度作为主要依据，然后再按蠕变强度进行校核。需要指出的是，蒸汽管道由于直径大、压力高，一旦发生事故，影响大。因此，对同一钢号若用于蒸汽管道和集汽联箱时所允许的最高使用温度一般要比过热器管子低 30～50℃。

（2）高的抗氧化性能和耐腐蚀性。一般要求在工作温度下的氧化速度应小于 0.1mm/a。

（3）足够的组织稳定性。

（4）良好的工艺性能，特别是焊接性能要好。

选择锅炉管道用钢，其主要依据是其工作温度。进行强度计算时，必须确定在工作温度下的许用应力 $[\sigma]$。根据 GB/T 9222—2008《水管锅炉受压元件强度计算》的规定，对锅炉所用的低碳钢、低碳锰钢及低碳锰钒钢在 380℃ 以下，其他低合金耐热钢在 420℃ 以下，许用应力 $[\sigma]$ 按下式计算：

$$[\sigma] = \frac{\sigma_s^T}{n}$$

或

$$[\sigma] = \frac{\sigma_b^T}{n}$$

在 380℃ 或 420℃ 以上除按上式计算外，还需按持久强度计算许用应力 $[\sigma]$：

$$[\sigma] = \frac{\sigma_{10^5}^T}{n}$$

以上三式中　σ_s^T——钢在 T 温度下的屈服强度；

σ_b^T——钢在 T 温度下的抗拉强度；

$\sigma_{10^5}^T$——钢在 T 温度下断裂时间为 10^5h 的持久强度；

　　n——安全系数。

　　（二）锅炉管道用钢介绍

　　蒸汽温度在450℃以下的低压锅炉管道主要使用10、20优质碳素结构钢。中、高压机组除水冷壁和省煤器管用20A碳钢外，其他受热面管子和蒸汽管道均采用合金钢管。常用的锅炉管道用钢其化学成分和应用范围列于表7-1中，常用的锅炉管道用钢其热处理和力学性能列于表7-2中。

　　下面按锅炉管道的壁温（工作温度）介绍一些用钢情况。

　　1. 壁温≤500℃的过热器管子及壁温≤450℃的蒸汽管道

　　一般采用优质碳素结构钢，其含碳量在0.1%～0.2%之间，组织为铁素体和珠光体。常用的是20钢，该钢在450℃以下具有足够的强度，530℃以下具有抗氧化性能，而且工艺性能良好，价格低廉。碳钢钢管在高温长期运行过程中，会出现渗碳体球化和石墨化现象，出现了组织的异常情况后，钢的蠕变强度和持久强度会降低。

　　2. 壁温≤550℃的过热器管子及壁温≤510℃的蒸汽管道

　　20世纪40～50年代广泛使用的是16Mo钢，但因其组织稳定性差，在高温长期运行过程中会出现渗碳体球化和石墨化现象，降低了钢的热强性。后来在钼钢的基础上加入了铬，发展成15CrMo等铬钼钢，15CrMo钢是在这个温度范围内应用很广泛的钢种。

　　15CrMo钢的化学成分及热处理工艺在表7-1及表7-2中均已分别做了介绍。经热处理后的组织一般是铁素体和珠光体，有些是贝氏体。15CrMo钢在500～550℃温度范围内有较高的热强性和抗氧化性能，其工艺性能也很好。

　　15CrMo钢虽无石墨化倾向，但在高温下长期运行过程中会发生渗碳体的球化及固溶体中合金元素贫化的组织变化，从而使热强性降低。当温度超过550℃时，持久强度显著下降。在发展普通低合金钢时，结合我国的资源情况，提出以12MnMoV钢替代15CrMo钢。

　　3. 壁温≤580℃的过热器管子及壁温≤540℃的蒸汽管道

　　在这个温度范围内应用最广泛的锅炉管道钢是12Cr1MoV钢及$2\frac{1}{4}$Cr-1Mo型的耐热钢。

　　（1）12Cr1MoV钢。12Cr1MoV钢是在Cr-Mo钢的基础上，加入0.2%钒的低合金耐热钢。钒是强碳化物元素，VC细碎而稳定，对钢的弥散硬化效果好。因而，12Cr1MoV钢的耐热性能比铬钼钢高，工艺性能也很好，在国内外均得到广泛应用。

　　12Cr1MoV钢在高温下长期运行过程中，也会发生渗碳体球化及固溶体中合金元素贫化的现象，而使热强性降低。若超温工作，这种现象更为严重。我国曾研制了12MoVWBSiRe（无铬8号）钢，代替12Cr1MoV钢用于制造锅炉管道。

　　（2）$2\frac{1}{4}$Cr-1Mo钢。提高铬钼钢中合金元素的含量，当Cr=2.25%、Mo=1%时具有最佳的热强性。$2\frac{1}{4}$Cr-1Mo钢是比较成熟的钢种，在美、英、德、日本等工业发达的国家中应用于锅炉管道已有相当长的历史，例如美国的P22、瑞典的HT8、日本的STBA24、德国的10CrMo910等钢种。在我国新建的电厂中，较多地引进了德国的10CrMo910钢。$2\frac{1}{4}$Cr-1Mo钢的蠕变强度和持久强度比12Cr1MoV钢低，$2\frac{1}{4}$Cr-1Mo钢最常用的温度是540～550℃。

表 7-1　锅炉管道用钢的化学成分与应用范围

钢号	化学成分（%）								应用范围
	C	Si	Mn	Mo	W	Cr	V	其他	
20	0.17~0.22	0.17~0.37	0.35~0.65						壁温≤500℃受热面管子；壁温≤450℃蒸汽管道、联箱
15CrMo (HT5)②	0.12~0.18	0.17~0.37	0.40~0.70	0.40~0.55		0.80~1.10			壁温≤550℃受热面管子；壁温≤510℃蒸汽管道、联箱
12MnMoV	0.08~0.15	0.50~0.80	0.80~1.20	0.40~0.65					15CrMo的代用钢
10CrMo910① (HT8)②	≤0.15	0.15~0.50	0.40~0.60	0.90~1.10		2.00~2.50			介质温度≤540℃过热器联箱、蒸汽管道
12Cr1MoV	0.08~0.15	0.17~0.37	0.40~0.70	0.25~0.35		0.90~1.20	0.15~0.30		壁温≤580℃过热器、再热器管箱；壁温≤540℃蒸汽管道、联箱
12MoVBSiRe (无铬8号)	0.08~0.15	0.60~0.90	0.40~0.70	0.45~0.65			0.30~0.50	0.003~0.007B 0.15Re	壁温≤580℃过热器、再热器管子
12Cr2MoWVB (钢102)	0.08~0.15	0.45~0.75	0.45~0.65	0.50~0.65	0.30~0.55	1.60~2.10	0.28~0.42	≤0.008B	壁温600~620℃过热器管子
12Cr3MoVSiTiB (ΙΙ11)	0.09~0.15	0.60~0.90	0.50~0.80	1.00~1.20		2.50~3.00	0.25~0.35	0.22~0.38Ti 0.005~0.011B	壁温600~620℃过热器管子、蒸汽管道；壁温600~650℃再热器管子
10CrSiMoV7①	≤0.12	0.90~1.20	0.35~0.75	0.25~0.35		1.60~2.00	0.25~0.35		壁温≤600℃过热器管子
X20CrMoWV121① (F11)	0.17~0.23	0.15~0.50	0.40~0.70	0.80~1.20	0.40~0.60	11.0~12.5	0.25~0.35	0.30~0.80Ni	壁温≤650℃过热器管子；壁温≤600℃主蒸汽管
X20CrMoV121① (F12)	0.17~0.23	0.15~0.50	0.40~0.70	0.80~1.20		11.0~12.5	0.25~0.35	0.30~0.80Ni	同 F11
HT9②	0.20	0.30	0.55	1.00	0.50	12.0	0.30	0.50Ni	同 F11

① 德国钢号。
② 瑞典钢号。

表 7-2　　锅炉管道用钢的力学性能（GB 5310—2008《高压锅炉用无缝钢管》）

钢号	热处理	取样位置	R_{eL} (MPa) 不小于	R_m (MPa) 不小于	A (%) 不小于	α_K (J/cm²) 不小于	持久强度 $\sigma_{10^5}^{T}$ (MPa)	蠕变极限 $\sigma_{10^5}^{T}$ (MPa)
20	900~930℃正火	纵向 横向	250 220	410 410	24 22	50 40	$\sigma_{10^5}^{500℃}=33$ $\sigma_{10^5}^{450℃}=65$	$\sigma_{10^5}^{500℃}=21$ $\sigma_{10^5}^{450℃}=45$
15CrMo	930~960℃正火，680~730℃回火	纵向 横向	240 230	450 450	21 20	60 50	$\sigma_{10^5}^{550℃}=50\sim70$ $\sigma_{10^5}^{500℃}=110\sim140$	$\sigma_{10^5}^{550℃}=45$ $\sigma_{10^5}^{500℃}=80$
12MnMoV			400	540	17		$\sigma_{10^5}^{500℃}=143$	
10CrMo910	正火，高温回火		270	450~600	20	HB170	$\sigma_{10^5}^{540℃}=92$	$\sigma_{10^5}^{540℃}=63$
12Cr1MoV	980~1020℃正火，720~760℃回火	纵向 横向	260 260	480 450	21 19	60 50	$\sigma_{10^5}^{580℃}=80$	$\sigma_{10^5}^{580℃}=60$
12MoVWBSiRe	970~1010℃正火，760~780℃回火		320	550	18		$\sigma_{10^5}^{600℃}=120$ $\sigma_{10^5}^{580℃}=130\sim147$	$\sigma_{10^5}^{580℃}=95$
12Cr2MoWVB	1000~1035℃正火，760~780℃回火		350	550	18		$\sigma_{10^5}^{620℃}=65\sim95$ $\sigma_{10^5}^{580℃}=120$	$\sigma_{10^5}^{620℃}=36\sim50$ $\sigma_{10^5}^{570℃}=120\sim140$
12Cr3MoVSiTiB	1040~1090℃正火，720~770℃回火		450	640	18		$\sigma_{10^5}^{620℃}=65\sim85$ $\sigma_{10^5}^{600℃}=94\sim100$ $\sigma_{10^5}^{580℃}=110\sim118$	$\sigma_{10^5}^{620℃}=41\sim44$ $\sigma_{10^5}^{600℃}=60\sim64$ $\sigma_{10^5}^{580℃}=78\sim82$
10CrSiMoV7			300	500~650	20		$\sigma_{10^5}^{580℃}=45$	
X20CrMoWV121	1020~1070℃30min 空冷或油冷，740~780℃2h回火	纵向 横向	500	700~800	17 15	60 40	$\sigma_{10^5}^{540℃}=150$	$\sigma_{10^5}^{540℃}=114$
X20CrMoV121	1020~1070℃30min 空冷或油冷，740~780℃2h回火	纵向 横向	500	700~850	17 15	50~80	$\sigma_{10^5}^{560℃}=114$ $\sigma_{10^5}^{600℃}=60$	$\sigma_{10^5}^{560℃}=88$ $\sigma_{10^5}^{600℃}=45$
HT9			500	700~850	16	50	$\sigma_{10^5}^{600℃}=70$	$\sigma_{10^5}^{600℃}=55$

4. 壁温≤600～620℃的过热器管子及壁温≤550～570℃的蒸汽管道

多年来国内外均致力于研究进一步提高低合金耐热钢的使用温度，使之超过600℃，甚至达到620℃。我国研制成功的有 12Cr2MoWVB（钢102）和 12Cr3MoVSiTiB（Ⅱ11）钢；俄罗斯有 12X2МφCP、12X2φB 钢；德国有 10CrSiMoV 钢等。这些钢种目前多用于壁温600～620℃的过热器和再热器管子，很少用于蒸汽管道。

微量多元合金化是这类钢种的共同特点，铬含量在2%左右，其他的元素含量更少，由于多种元素的相互作用，使钢具有更高的组织稳定性和化学稳定性，因而耐热性能更好。例如 12Cr3MoVSiTiB 钢在 600～620℃时持久强度 $\sigma_{10^5}^{600℃} \geqslant 94 \sim 100MPa$，$\sigma_{10^5}^{620℃} \geqslant 65MPa$；620℃时抗氧化速度仅为0.008 73mm/a。

5. 壁温≤600～650℃的过热器管子及壁温≤550～600℃的蒸汽管道

当锅炉汽温达到570℃时，高温段过热器管子的壁温可达620℃以上。这时，一般珠光体型的低合金耐热钢已不能满足要求，需要采用高合金耐热钢。马氏体型耐热钢得到了较快的发展和应用，有些还采用奥氏体型耐热钢来制造。

这几年我国火电厂已向大型机组方向发展，自行设计和制造了 1000MW 的大机组。这些大机组均为超（超）临界参数，其蒸汽温度和压力更高了。因此，对锅炉受热面管道用的材料性能要求也就更高了。目前这些高参数大机组锅炉受热面管道均采用含铬量较高的耐热钢来制造，最常用的为 9Cr-1Mo 型马氏体型耐热钢。属于这一类型的钢种有美国的 T9 和 P9 钢（也写作 T9-1 和 P9-1），日本的 STBA26 和 STPA26 钢，德国的 X12CrMo91 钢以及瑞典的 HT7 钢等。此外，为了进一步提高钢的热强性，又添加了 2%Mo 的 9Cr-2Mo 钢钢号为 T92 和 P92（也写作 T9-2 和 P9-2），即日本的 HCM9M 钢。加入了合金元素 V 和 Nb，控制微量加入的 Al 和 N 的含量，使钢具有更高的热强性和抗高温氧化性能，还具有良好的冲击韧性和稳定的持久塑性。这类钢目前主要用于制造亚临界、超临界压力锅炉壁温≤625℃的高温过热器、壁温≤650℃的高温再热器管道，以及壁温≤600℃的高温集箱和蒸汽管道，也可用于核电设备的热交换器。这类马氏体型的耐热钢，我国也已研制成功，牌号为 10Cr9Mo1VNb 钢；引进的材料有：美国的 T91 和 P91，日本的 火STBA28、火STPA28，俄罗斯的 10X9МφБ-Щ 钢，法国的 TUZ10CD-VNbO9.01 钢等。

Cr12%马氏体型耐热钢主要是依靠铬、钼、钨等元素在钢中起固溶强化的效果来提高热强性；有些加入钒、铌等元素来起弥散硬化，加入硼、稀土等元素强化晶界，从而进一步提高蠕变强度和持久强度。在高温下长期运行过程中，此类钢会不断析出 Fe_3Mo、Fe_2W 等金属化合物，可以抵消因固溶体中合金元素贫化（贫钼或钨）而削弱固溶强化的现象；同时又由于固溶体中保持高浓度的铬，使其具有高的抗氧化性和耐腐蚀能力。

我国在大型机组中采用 F11 或 F12 钢作再热器管子及出口联箱。Cr12 钢含铬量高，高温加热后在空气中冷却即可获得马氏体组织，所以焊接性能较差。

过热器管子壁温超过650℃、蒸汽管道壁温超过600℃后，需要使用奥氏体耐热钢。奥氏体耐热钢具有较高的高温强度和耐腐蚀性能，最高使用温度可达700℃左右。目前应用的有 0Cr18Ni9、1Cr18Ni9、0Cr19Ni9、1Cr19Ni9、0Cr18Ni9Ti 和 1Cr18Ni9Ti 等钢种。

（三）锅炉受热面管子常见事故的分析

锅炉受热面管子是在高温、高压及腐蚀介质作用下长期工作的。在运行过程中，当管子材料不能抵抗其所能承受的负荷时，就会发生不同形式的损坏而造成事故。

锅炉受热面管子常见事故主要有长时超温爆管、短时超温爆管、材质不良爆管及腐蚀性热疲劳裂纹损坏等。

1. 长时超温爆管

如果锅炉受热面管子在运行过程中，因某些原因而使管壁温度超过设计温度，在高温长时间作用下，导致钢材组织结构的变化，蠕变速度加快，持久强度下降，使用寿命达不到设计要求而提早爆破损坏，称为长时超温爆管，也称为长期过热爆管或一般性蠕变损坏。长时超温爆管由于管壁温度还没有达到 A_{c1} 临界点温度，爆管时虽然有介质的激冷作用，还不会发生相变。

长时超温爆管一般发生在高温过热器出口段的外圈向火侧。据近几年来对过热器管子爆破事故的分析，有 70% 是由于长时超温而引起的。

长时超温爆管的破口呈粗糙脆性断口，管壁减薄不多，管子胀粗也不很显著，爆破口附近往往有较厚的氧化铁层，如图 7-1 所示。

长时超温爆管的显微组织虽无相变，但却有碳化物球化、碳化物析出并聚集长大甚至有些还会出现石墨化等组织变化，如图 7-2 所示。

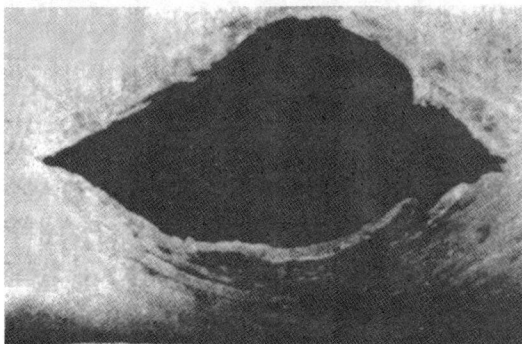

图 7-1　长时超温爆管的爆破口实物照

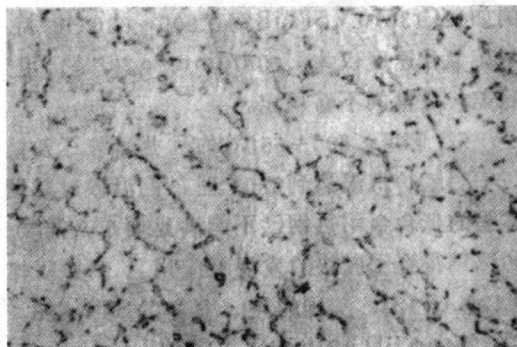

图 7-2　长时超温爆管的爆破口显微组织

图 7-1 及图 7-2 是某厂 12Cr1MoV 钢高温过热器管子爆破后的实物照及显微组织照片。该管材仅运行了 12 000 余小时，由于设计上的原因，造成长时间严重超温而在 600℃ 运行近 10 000h，是典型的长时超温爆管实例。

2. 短时超温爆管

锅炉受热面管子在运行过程中，由于冷却条件的恶化，使管壁温度在短时间内突然上升，达到钢的 A_{c1} 临界点以上温度。在这样高的温度下钢的抗拉强度急剧下降，在介质压力作用下，温度最高的向火侧首先产生塑性变形，管径胀粗，管壁减薄，随后发生剪切断裂而爆破。爆破时，由于介质对炽热的管壁产生激冷作用，在爆破口往往有相变的组织结构，这种爆管就称为短时超温爆管，也有叫做短时过热爆管或加速蠕变爆管。

短时超温爆管大多数发生在水冷壁管、凝渣管上，特别是水冷壁管热负荷最高的地方，如燃烧带附近及喷燃器附近的向火侧。

短时超温爆破口一般胀粗较为明显，管壁减薄很多，爆破口呈尖锐的喇叭形，其边缘很锋利，具有韧性断裂的特征。爆破口附近有时有氧化铁层，有时没有。爆破口的这些特征是与超温爆管时产生了较大的塑性变形，使管壁减薄，因而承受不了介质的压力而引起剪切断裂有密切关系。短时超温爆管的过程类似作高温短时拉伸试验，在应力的作用下，先引起塑性变形，后在局部地区出现收缩现象，最后形成剪切裂纹而产生韧性断裂。爆破口附近的氧化铁层厚度，则要从运行情况来分析。如果管子一直是在设计温度下运行的，氧化铁层就薄，甚至没有；如果曾经在超温情况下运行过一段时间后再发生短时超温爆管，则氧化铁层就较厚，而且爆破口的背部（即背火侧）还会出现碳化物球化等组织变化。

图 7-3 所示为短时超温爆管的实物照。图 7-4 所示为该实物的爆破口的显微组织，从这张金相照片中可以看出已有了马氏体、贝氏体之类的淬硬组织。这是因为运行温度超过了 A_{c1}，又突然激冷，形同淬火处理。爆破口的这种组织在长时超温爆管中是不可能有的。

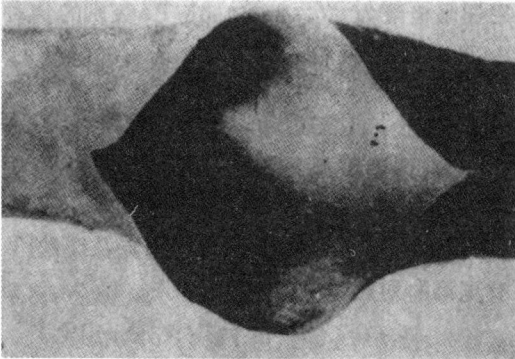

图 7-3　短时超温爆管的爆破口实物照片

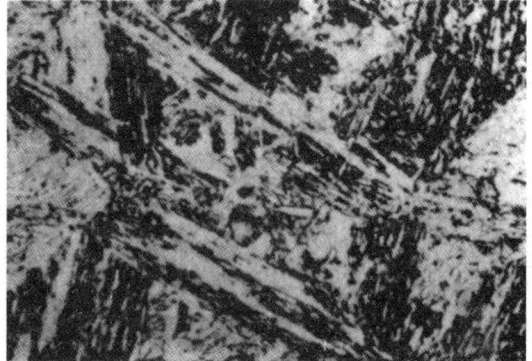

图 7-4　短时超温爆管的显微组织（500×）

组织变化后，力学性能也会发生改变。如对爆破口断面进行硬度测定，可发现爆破口周向断面上各点的硬度差异很大，爆破口的硬度明显增高。

3. 材质不良引起的爆管

材质不良爆管是指错用钢材或使用有缺陷的钢材造成锅炉管道提早损坏。

错用钢材往往是指把性能比较低的钢材用到高参数的工况下，实际上是一种超温运行。一旦发生爆管事故，是属于长时超温爆管，其爆破口的宏观特征和微观组织的变化基本上与长时超温爆管相同。爆管后对该管子进行化学成分分析就很容易检查出事故的原因。

在制造、安装和检修时，未经计算就选用了低一级的钢管，即认为是错用钢材。管理不善也往往会错用钢材。例如蒸汽参数为 535℃、10MPa 的主蒸汽管道，正常使用的钢材应为 12Cr1MoV 钢，若误用了 20 钢，由于该钢用于主蒸汽管道的允许温度是 450℃，因此只要运行几千小时就会发生爆破。

使用了大于壁厚负偏差的折叠、结疤、离层、发纹和大于壁厚 5% 的横向发裂以及严重夹杂、脱碳的管子称为使用有缺陷的钢材。这些缺陷的存在严重地削弱了管壁强度，在高温和应力的长时间作用下，缺陷部位容易形成应力集中现象，产生裂纹使缺陷加深，腐蚀介质也可能侵入缺陷区域使腐蚀速度加快，使受热面管子承受不了介质的压力而爆破。这种损坏主要是由于在制造、安装和检修时管理不严所造成的，因而在各种受热面管子上都可能发生。

有缺陷管子爆破时，爆破口往往是沿缺陷豁开，裂纹较直。爆破口边缘一般有两部分，有缺陷的部分边缘粗糙呈脆性断面；没有缺陷的部分则呈韧性断面。

二、锅炉汽包及其他部件用钢

1. 锅炉汽包的工作条件及对材料的要求

锅炉汽包钢材处于中温（350℃以下）高压状态下工作，它除承受较高的内压以外，还会受到冲击、疲劳载荷及水和蒸汽介质的腐蚀作用。在制造过程中，还要经过各种冷、热加工工序，如下料、卷板、焊接、热处理等。因此，对锅炉汽包提出了较高的要求：

（1）较高的强度，包括常温和中温强度。在设计时，屈服强度和抗拉强度都作为钢材许用应力的计算依据。一般中、低压锅炉选用屈服强度为 250、300、350MPa 级别的钢种；直径较大、压力较高的中压锅炉可选用 400MPa 级别的钢种；高压锅炉则要选用 500MPa 或更高强度级的钢种。

（2）良好的塑性、韧性和冷弯性能。

（3）较低的缺口敏感性。在制造锅炉时，要在锅炉钢板上开孔和焊接管子接头，往往会造成应力集中，因此要求钢材有较低的缺口敏感性。

（4）要求分层、非金属夹杂物、气孔、疏松等缺陷尽可能少。不允许有白点及裂纹。

（5）如果工作温度超过 400℃，则必须有更高的耐热性能。

（6）良好的焊接性能等加工工艺性能。

2. 汽包用钢介绍

常用的锅炉汽包用钢的化学成分、强度级别及应用范围见表 7-3。

表 7-3　　　　　　　　　　锅炉汽包用钢的化学成分、强度级别及应用范围

钢　　号	C	Si	Mn	Mo	V	其　　他	强度级别 R_{eL}（MPa）	应用范围
20	0.16~0.24	0.15~0.30	0.35~0.65				250	≤450℃ 低中压锅炉
22	0.19~0.26	0.17~0.30	0.70~0.90				270	≤450℃ 低中压锅炉
12Mn	≤0.16	0.20~0.60	1.10~1.15				300	≤450℃ 低中压锅炉
16Mn	0.12~0.20	0.20~0.60	1.20~1.60				350	≤450℃ 低中压锅炉
15MnV	0.10~0.18	0.20~0.60	1.20~1.60		0.04~0.12		400	≤450℃ 低中压锅炉
14MnMoV	0.10~0.18	0.20~0.50	1.20~1.60	0.4~0.65	0.05~0.15		500	500℃ 高压锅炉
14MnMoVB-RE	0.10~0.16	0.17~0.37	1.10~1.70	0.3~0.5	0.10~0.40	B0.001~0.006 Re0.15~0.20	500	≤520℃ 高压锅炉
18MnMoNb	0.17~0.23	0.17~0.37	1.35~1.65	0.45~0.65		Nb0.025~0.050	500	520℃ 高压锅炉
14CrMnMoVB	0.10~0.15	0.17~0.40	1.10~1.60	0.32~0.40	0.03~0.06	Cr0.9~1.3 B0.002~0.06	650~700	560℃ 高压锅炉

过去生产的中、低压锅炉汽包均用 20 钢或 22 钢钢板来制造。由于大量地发展了低合金高强度钢，现在已逐步地采用 12Mn 钢、16Mn 钢、15MnV 钢等普通低合金钢板，这些钢板的综合力学性能均比碳钢高，可以减轻锅炉汽包的质量，节省大量钢材。

16Mn 钢是结合我国资源生产的屈服强度为 350MPa 级的普通低合金钢，是我国应用得

最早、最广泛的普通低合金钢种之一。推荐应用的范围为 $-40\sim+450℃$，采用 16Mn 钢代替 20 钢后，钢材可节省 $20\%\sim30\%$。16Mn 钢具有良好的综合力学性能、焊接性能以及低温冲击韧性，但是缺口敏感性比碳钢大。

15MnV 钢强度比 16Mn 钢高，也具有良好的综合力学性能及焊接性能。用于制造中、高压锅炉汽包。15MnV 钢板也有较大的缺口敏感性，板材中硫化物夹杂的存在会增加材料的缺口敏感性，在加工时要引起注意。

14MnMoV 钢是屈服强度为 500MPa 级的普通低合金钢。钢中由于加入了 0.5%Mo，提高了钢的屈服强度及中温力学性能，特别适合生产厚度为 60mm 以上的厚钢板，以满足制造高压锅炉汽包的需要。

14MnMoVBRE 钢是 500MPa 级的多元低碳贝氏体钢，屈服强度比碳钢高一倍，有良好的综合力学性能。由于加入了适量的硼、稀土，所以钢的强度更高了，符合我国资源情况。

18MnMoNb 钢也是 500MPa 级的低合金钢，不仅有较高的屈服强度，而且耐热性能也较高。

14CrMnMoVB 钢的屈服强度很高，$R_{eL}=650\sim700MPa$。该钢又加入强化元素铬，也是微量多元低合金钢，不仅强度高，塑性、韧性也较好，焊接性能也好，并且能耐湿度较大地区的大气腐蚀。

3. 吹灰器工作特点及用钢

锅炉设备中的燃烧室、水冷壁管、过热器、省煤器、空气预热器等部件中均有吹灰装置，又称吹灰器，定期吹落敷浮在这些设备上的烟灰渣子。吹灰器工作的时间很短，但是工作温度却很高。吹灰管应能保证用到五年以上，喷头应保证能用到两年左右。所以要用具有高的抗氧化性能和较高的高温强度的材料来制造。

布置在燃烧室的吹灰器，其工作温度为 $900\sim1000℃$，工作 $3\sim5min$，又放回到原来的 $250\sim400℃$ 的炉墙处。高温过热器区的吹灰器工作温度为 $800\sim900℃$；高温省煤器和高温空气预热器区的吹灰器工作温度为 $500\sim550℃$；低温省煤器和低温空气预热器区的吹灰器工作温度小于 $450℃$。由于布置在不同部位的吹灰器工作温度不同，因而所用的材料有奥氏体耐热钢、高铬不锈钢、低合金耐热钢、碳钢、耐热铸铁等。高温下使用的吹灰器用钢见表 7-4。

表 7-4　　　　　　　　　　　　　锅炉吹灰器及固定零件用钢

钢　　号	C	Si	Mn	Cr	Ni	其他	组织类型	许用温度（开始强烈氧化，℃）
Cr6SiMo	≤0.15	1.5~2.0	≤0.70	5.0~6.5	<0.60	Mo0.45~0.60	珠光体	750
1Cr13	≤0.15	≤0.60	≤0.60	12.0~14.0			马氏体	
Cr25Ti	≤0.12	≤1.0	≤0.8	24.0~27.0		Ti0.8	铁素体	1000
1Cr18Ni9Ti	≤0.12	≤0.80	≤2.0	17.0~19.0	8.0~11.0		奥氏体	800
Cr20Ni14Si2	<0.20	1.0~3.0	<1.5	19~20	12~15		奥氏体	900~1000
Cr25Ni12MnSi2	<0.20	<2.0	<1.0	22~27	12~15		奥氏体	900~1000
25Cr18Mn11SiN（D1）	0.20~0.28	1.5~2.0	10.5~12.5	17.5~19		N0.22~0.30	奥氏体	900~1000
Cr18Mn9Ni2Si2N（钢101）	0.12~0.20	2.0~2.5	6.5~8.0	17~19	2.0~3.0	N<0.3	奥氏体	900~1000

在燃烧室、高温过热器区所用的吹灰器材料有 Cr25Ti、1Cr18Ni9Ti、1Cr13 等钢种。它们分别是铁素体耐热钢、奥氏体耐热钢和马氏体耐热钢，都是单相组织。Cr25Ti 钢具有

很高的抗氧化性能及抗晶间腐蚀的能力，在 1000℃ 左右耐热不起皮，但是强度较低，焊接性能也不好，承受的力不能过大。1Cr18Ni9Ti 钢及 1Cr13 钢则相反，具有较好的热强性和其他力学性能，但抗氧化性能比 Cr25Ti 钢差。

当温度小于 450℃ 时应尽量采用低合金钢、碳钢和耐热铸铁。如 20 钢表面渗铝或渗铬后可具有较好的抗氧化性能，能满足在这个温度范围内使用。

4. 锅炉固定零件用钢

锅炉设备中的固定零件主要是指管子夹马、定位板、吊架、支座等。这些零件也是处在较高的烟气温度下工作的，而且不像受热面管子那样有介质冷却，因此也要求具备较高的抗氧化腐蚀能力和高温强度。由于固定件工作的部位不同，应用的材料也不同。炉膛和前部烟道的吊架和夹马，工作温度约为 1000℃，因此需要选用 Cr20Ni14Si2 和 Cr25Ni12 高铬镍奥氏体钢。对流加热面部分的固定件，工作温度低于 750℃，最合适而经济的材料是 Cr6SiMo 钢。固定零件常用材料见表 7-4。

Cr20Ni14Si2 钢虽有很高的抗氧化性能，但是含铬量 20% 左右，含镍量 14% 左右，不符合我国资源情况。近几年来，我国已研制成功了 Cr18Mn11Si2N（D1）钢和 Cr20Mn9-Ni2Si2N（钢 101）钢来代替昂贵的高铬镍奥氏体钢作高温马夹和吊架。D1 钢是 Cr-Mn-N 型奥氏体耐热不锈钢。该钢不含镍，符合我国的资源情况，用于工作温度在 900℃ 以下的锅炉过热器吊架及其他锅炉设备中耐热构件，根据目前在电厂吊挂试验情况来看，性能良好。钢 101 是 Cr-Mn-Ni-N 型奥氏体耐热不锈钢，钢中含镍量较少，工艺性能和高温性能良好，可用作工作温度在 850～1100℃ 的锅炉过热器吊架及其他锅炉设备中的耐热构件。

第二节　汽轮机主要零部件用钢及事故分析

一、汽轮机叶片用钢及事故分析

（一）汽轮机叶片的工作条件及对材料的要求

叶片是汽轮机中将汽流的动能转换为有用功的极其重要的部件。按照工作条件叶片分为与转子相连接并一起转动的动叶及与静子相连接处于不动状态的静叶（又称为导叶）。不同功率的汽轮机中，处于不同级的叶片因工作条件不同，动叶与静叶具有各种不同的结构、尺寸及固定的方法。第一级的动叶与静叶所处的温度最高，接近于进口的蒸汽温度；随后逐级降低，至末级则接近 100℃ 或更低一些。叶片是在运动着的蒸汽介质中工作的，而各级的蒸汽状态是不一样的。在大多数级中，叶片是在过热蒸汽中工作，而末级叶片是在湿蒸汽中工作。通流部分的不同区段，蒸汽中所含的盐类、氧和凝结水滴的量是不同的。因此，不同级中蒸汽对叶片的腐蚀与冲蚀作用也不同。

汽轮机在工作过程中，动叶承受着最大的静应力、动应力及交变应力。这些应力主要取决于转子旋转时作用在叶片上的离心力。叶片越长，转子的直径与转速越大，在叶片上由离心力所产生的拉应力便越大。当有围带或拉金时，还要考虑由它们产生的离心力对叶片的影响。

汽轮机在工作过程中，叶片和拉金的振动具有重要的意义。这种振动非常复杂，它与叶片及隔板的结构形式、加工质量、安装质量、工作条件等许多因素有关。叶片的振动是引起叶片断裂事故的重要原因。

导致叶片振动的总原因，是汽轮机转子转动时，作用于叶片上的周期性激振力，又称为扰动力。

产生周期性激振力的原因很多。因出汽道汽流压力沿节距的不均匀分布所引起的周期性激振力，其频率是转子的转速与静叶片片数的乘积，称为高频激振力。由于隔板通流面积不均匀所引起汽流力的不均匀而产生的周期性激振力，其频率等于转速或转速的简单倍数，称为低频激振力。

如果激振力的频率落入与叶片自振频率相同的共振频率之中时，则振幅就要突然增大至不能允许的程度，从而使叶片产生过大的应力。视应力超过允许值的程度不同，在经过一定的时间之后，即会发生叶片的断裂。汽轮机动叶的设计和计算是以汽轮机在运行过程中没有这种危险的共振为条件的。

根据以上所述叶片的工作特点，对于用来制造叶片的金属材料，在性能上应满足以下要求。

1. 良好的常温和高温力学性能

低、中压汽轮机叶片的工作温度一般不超过 400℃，可以用常温时的力学性能为依据，即应具有较高的强度及较好的塑性和韧性，特别是应该具有尽可能高的抗疲劳破坏的性能。高压汽轮机前几级叶片工作温度在 400℃ 以上，主要是要求具有良好的高温力学性能，即应具有较高的蠕变强度及持久强度。另外，也应该具有较高的高温疲劳强度。

2. 良好的抗蚀性

汽轮机的后级叶片在湿蒸汽中工作。由于湿度大及蒸汽中可能含有盐类及氧，后级叶片就在一层电解质包围下，因而会产生电化学腐蚀。前级叶片在高温的长时间作用下，会受到氧化作用。在停机期间，也会受到电化学的腐蚀。因此，制造叶片的材料必须具有良好的抗蚀性。

3. 良好的减振性

防止共振是保证汽轮机安全运行最重要的措施。减振性是指振动的固体由于其内摩擦使机械能转变为热能从而使振动衰减的能力。如果叶片材料的减振性好，消除振动的能力大，就可以大大降低共振时应力的幅度，间接地降低了循环应力，从而可以使疲劳裂纹的形成及扩展过程减缓进行，减小疲劳损伤的积累，而利于延长叶片的工作寿命。因此，叶片材料具有较高的减振性，具有重要的意义。

4. 一定的耐磨性

汽轮机的最后几级叶片，由于蒸汽汽流速度降低而出现水滴，汽流速度越低，水滴就越多。这种水滴冲击叶片的表面后，会由于机械磨损的作用，使动叶进汽侧背弧的上部形成磨点或疏松孔穴，这种现象称为冲蚀或称水蚀。级的圆周速度越高，冲蚀的作用也就越剧烈。因此，后级叶片材料，特别是大功率机组的后级叶片材料，应具有一定的耐磨性。

5. 良好的工艺性能

叶片形状较复杂，对加工的精度及表面粗糙度的要求很高，因此要求叶片材料应具有良好的切削加工性能。由于围带是用铆钉铆接在叶片上的，要求叶片材料还应具有能够很好地进行铆接的能力。某些叶片的根部结构是采用冷墩的方法获得的，要求材料还应有较好的冷变形能力。

（二）汽轮机叶片材料介绍

制造汽轮机叶片的材料，主要是含铬 13％的铬不锈钢及含铬约 12％并加入少量钨、钼、钒、铌等合金元素以提高材料热强性的强化型铬不锈钢。蒸汽温度超过 600℃时，一般采用奥氏体耐热钢来做叶片，燃气轮机叶片是用铁基或镍基的耐热合金来制造。国外对于负荷很大的末级叶片，已开始试用密度小的铝合金或钛合金。常用的叶片用钢化学成分及应用范围见表 7-5，常用的叶片用钢热处理及力学性能见表 7-6。

1. 铬不锈钢

对于工作温度在 450～500℃以下的汽轮机叶片，国内外均广泛采用 1Cr13 和 2Cr13 的铬不锈钢制造。这类钢还具有较高的热强性又属于马氏体型耐热钢。

加入铬的主要目的是提高钢的抗蚀性。当溶入铁素体的铬含量达到 Cr/Fe＝1/8（原子比）时（即含铬量约等于 11.7％），钢的电极电位突然呈直线升高，由 －0.56V 提高至 ＋0.2V，从而使其抗电化学腐蚀的能力增强。因此铬不锈钢中的最低含铬量不得小于 11.7％。考虑到铬与碳的亲和力较大，少量的铬要进入碳化物中，所以生产上将含铬量的下限定为 12％，钢中的含碳量增高，含铬量应相应增多。钢中有了铬以后，由于能够在表面生成致密的 Cr_2O_3 薄膜，阻止氧向基体金属扩散，因此使铬不锈钢具有良好的抗氧化性能。此外，铬溶入铁素体中以后，可以有效地起一个固溶强化的作用，因而也就在一定程度上提高了钢的热强性。

1Cr13 钢用于汽轮机中的前几级叶片。2Cr13 钢由于强度高一些，故用于制造汽轮机的后几级叶片。1Cr13 钢的最高工作温度为 480℃左右，2Cr13 钢的最高工作温度为 450℃左右，当温度超过 500℃时，这类叶片钢的热强性将明显下降。

铬不锈钢抗水冲蚀的能力比较差。防止水冲蚀的方法有两方面，一是改造汽轮机通流部分的结构及消除湿蒸汽；二是增强叶片材料抗水冲蚀的能力。增强叶片材料抗水冲蚀的能力常用的方法是在叶片表面易被水冲蚀的部位焊上高硬度耐磨合金或对叶片进行表面处理。常用的表面处理有氮化、电火花处理或局部淬火等。

2. 强化型铬不锈钢

为了进一步提高铬 13％型叶片用钢的热强性，就在这类钢的基础上加入了少量的钼、钒、钨、镍、铌、硼等元素。钒或铌与碳的亲和力比铬大，加入后能避免铬进入碳化物，让铬充分溶入固溶体发挥防腐蚀和强化作用。因此，强化型铬不锈钢中的含铬量为 11％或 12％左右。常用的强化型铬不锈钢有 Cr11MoV、Cr12WMoV、Cr12WNbVB、2Cr12WMoNbVB 及 1Cr11Ni2W2MoV 等钢种。

Cr11MoV 钢中加入了钼和钒，钼溶入铁素体，提高了铁素体的强度和再结晶温度；钒与碳形成了稳定性较高、硬度也高的碳化物。因此，Cr11MoV 钢的热强性就明显提高了，可在 500～560℃下长期工作。我国 125MW 机组、300MW 机组及 600MW 机组的汽轮机前级动叶片，都是用 Cr11MoV 钢制造的。

Cr12WMoV 钢中又多了钨和镍元素，热强性又有提高，可用在 580℃以下大功率汽轮机的叶片材料。由于钨、钼、铌都是缩小奥氏体扩大铁素体区域的元素，当含量较多时会出现过多的 δ 铁素体，从而降低钢的韧性。为了降低 δ 铁素体的含量，需要加一些镍元素。

表 7-5　叶片用钢的化学成分及应用范围

钢号	C	Si	Mn	Cr	Mo	W	V	Ni	Nb	B①	Al	Ti	Ce	S	P	应用范围
	化学成分（%）															
25Mn2V	0.22~0.29	0.20~0.40	1.80~2.10				0.10~0.20							≤0.03	≤0.035	推荐用于中压汽轮机压力级叶片
20CrMo	0.17~0.24	0.20~0.40	0.40~0.70	0.80~1.10	0.15~0.25									≤0.03	≤0.035	中压汽轮机压力级叶片
24CrMoV	0.20~0.28	0.20~0.40	0.30~0.60	1.20~1.50	0.50~0.60		0.15~0.30							≤0.03	≤0.035	用于压力级叶片，经表面处理后可作后几级叶片
1Cr13	≤0.15	≤0.60	≤0.60	12.0~14.0										≤0.03	≤0.035	国内外应用最广的叶片材料
2Cr13	0.16~0.24	≤0.60	≤0.60	12.0~14.0										≤0.03	≤0.035	国内外应用最广的叶片材料
Cr11MoV	0.11~0.18	≤0.50	≤0.60	10.0~11.0	0.50~0.70		0.25~0.40							≤0.03	≤0.035	用作540℃以下叶片
Cr12WMoV	0.12~0.18	≤0.40	0.50~0.90	11.0~13.0	0.50~0.70	0.70~1.10	0.15~0.35							≤0.03	≤0.035	用作580℃以下叶片
Cr12WMoNbVB	0.15~0.22	0.20~0.40	0.20~0.60	11.0~13.0	0.40~0.60	0.40~0.70	0.15~0.35		0.20~0.40	0.003				≤0.025	≤0.025	用于600℃以下的汽轮机喷嘴，叶片、围带
Mn18Cr10MoVB	0.12~0.17	0.30~0.70	17.0~19.0	9.5~11.5	0.40~0.60		0.70~0.90			0.03			0.02	≤0.035	≤0.035	奥氏体钢，用作620℃以下的燃气轮机叶片
Cr17Ni13W	0.09~0.15	≤0.60	0.50~0.80	15.0~16.5	≤0.15	2.50~3.00	≤0.15	12.5~14.0				0.40~0.80		≤0.03	≤0.03	奥氏体钢，用作620℃以下的燃气轮机叶片
ZGCr14Ni14Mo2WNb	0.09~0.15	≤0.55	0.50~1.00	13.0~15.0	1.70~2.10	1.25~1.65		13.0~15.0						≤0.02	≤0.025	奥氏体钢，用作600℃以下的阀门和静叶片
Cr14Ni18W2NbBCe	0.08~0.12	≤0.60	1.00~2.00	13.0~15.0		2.00~2.75		18.0~20.0	0.90~1.30	0.025			0.02	≤0.02	≤0.02	奥氏体钢，用作680℃以下的燃气轮机叶片
Cr15Ni35W3Ti3AlB	≤0.08	≤0.60	≤0.60	12.0~16.0	2.00~4.00	3.50~4.50		33.0~37.0		0.03	0.70~1.7	2.40~3.20		≤0.01	≤0.02	高温合金，可在700℃以下长期工作
Cr14Ni40W4Mo2Ti3Al2BZr	≤0.08	≤0.60	≤0.60	12.0~16.0	1.50~2.50	3.50~4.50		38.0~42.0		0.01	1.80~2.30	2.30~3.00	0.02~0.05 Zr①	≤0.01	≤0.02	高温合金，可在750℃以下长期工作

① 指加入量。

表 7-6　　叶片用钢的热处理与力学性能

钢号	热处理	截面厚度 (mm)	R_{eL} (MN/m²)	R_m (MN/m²)	A (%) 不小于	Z (%) 不小于	α_K (J/cm²)	HBS	持久强度 σ_{10}^T (MN/m²)	蠕变极限 $\sigma_{10^{-5}}^T$ (MN/m²)
25Mn2V	900℃水或油冷 650℃水冷	≤80	600	750	15	50	100			
20CrMo	880℃水或油冷 500℃水或油冷	≤80	700	900	12	50	100	197~241	$\sigma_{10}^{520℃}=120\sim140$ $\sigma_{10}^{470℃}=260$	$\sigma_{10^{-5}}^{520℃}=62$ $\sigma_{10^{-5}}^{470℃}=140$
24CrMoV	900℃油冷 600~700℃空冷		600	800	14	50	60		$\sigma_{10}^{500℃}=200$ $\sigma_{10}^{450℃}=350$	$\sigma_{10^{-5}}^{500℃}=140$ $\sigma_{10^{-5}}^{450℃}=260$
1Cr13	1050℃油或风冷 650~700℃空冷	≤60	420	600	20	60	90	187~223	$\sigma_{10}^{500℃}=190$ $\sigma_{10}^{450℃}=220$	$\sigma_{10^{-5}}^{500℃}=57$ $\sigma_{10^{-5}}^{450℃}=105$
2Cr13	1000~1050℃油或水冷 660~770℃油或空冷	≤60	450	600	16	55	80	217~269	$\sigma_{10}^{500℃}=150$ $\sigma_{10}^{450℃}=250$	$\sigma_{10^{-5}}^{500℃}=50$ $\sigma_{10^{-5}}^{450℃}=120$
Cr11MoV	1050~1100℃空冷 720~740℃空冷	≤60	500	700	16	55	80	217~255	$\sigma_{10}^{550℃}=160\sim170$	$\sigma_{10^{-5}}^{550℃}=90$
Cr12WMoV	1000℃油冷 680~700℃空冷		600	700	15	45	60		$\sigma_{10}^{580℃}=160$ $\sigma_{10}^{550℃}=220$	$\sigma_{10^{-5}}^{580℃}=70$ $\sigma_{10^{-5}}^{550℃}=100\sim120$
Cr12WMoNbVB	1030℃油冷 650~700℃空冷	≤90	500	750	14		60	269~302	$\sigma_{10}^{590℃}=170\sim200$ $\sigma_{10}^{560℃}=220\sim260$	$\sigma_{10^{-5}}^{590℃}=100$ $\sigma_{10^{-5}}^{560℃}=150$
Mn18Cr10MoVB	1150℃固溶处理 800℃16h时效		250	800	30	35	100	HRB 90~95	$\sigma_{10}^{650℃}=90\sim110$ $\sigma_{10}^{600℃}=180\sim190$	$\sigma_{10^{-5}}^{600℃}=125$
Cr17Ni13W	1150℃固溶处理 750℃8h时效		220	550	35	50	80	175		
ZGCr14Ni14Mo2WNb	1180℃固溶处理 800℃6h时效 750℃16h时效		200	400	18	35	40		$\sigma_{10}^{600℃}=130$	$\sigma_{10^{-5}}^{600℃}=70$
Cr14Ni18W2NbBCe	1130℃固溶处理 750℃5h时效		220	540	30	44	120		$\sigma_{10}^{700℃}=250$	$\sigma_{10^{-5}}^{700℃}=200$
Cr15Ni35W3Ti3AlB	1080~1200℃固溶处理 1050℃固溶处理 750~800℃16h时效	~80	650	950	6	8	30		$\sigma_{10}^{700℃}=250$	$\sigma_{10^{-5}}^{700℃}=200$
Cr14Ni40W4Mo2Ti3Al2BZr	1080℃2h固溶处理 1050℃4h固溶处理 800℃16h时效	~80	200	(840℃) 680	4.5	8			$\sigma_{10}^{700℃}=210$ $\sigma^{750℃}=200$	$\sigma_{0.2/20000}^{700℃}=210$ $\sigma_{0.2/20000}^{750℃}=105$

2Cr12NiMoWV 钢是强化型的 12%Cr 马氏体型耐热不锈钢，由于添加了 Ni 元素，而且 Cr、W、Mo 含量略高，所以热强性较以上的几种钢高。该钢缺口敏感性小，具有良好的减振性和抗松弛性，综合性能良好。相当于美国的 C‑422 钢和日本的 CUH616 钢，用于 550℃ 工作温度以下的汽轮机叶片，最高使用温度为 649℃。

2Cr12NiW1Mo1V 钢是在上述马氏体型耐热不锈钢的基础上，调整了 C、Ni、W、Mo 的含量，具有更佳的综合力学性能。

2Cr12Ni2WMoV 钢，又增加了 Ni 的含量，进一步改善了性能。用于 300MW 和 600MW 汽轮机的末级叶片。

2Cr12Ni2W1Mo1V 钢是高强度马氏体型耐热不锈钢，在 12%Cr 型钢的基础上加入了较多量的 Ni、W、Mo、V，具有较高的强度水平和良好的韧性配合。主要作为 300MW 和 600MW 机组汽轮机末级、次末级叶片。

近几年大力发展的 1 000MW 汽轮机采用 Cr20NiTiAl 钢来制造第一级叶片。这种材料将含 Cr 量提高到了 20%，还添加了 Ni、Ti、Al，进一步提高了叶片的热强度和抗高温腐蚀的能力。同类材质进口钢种的牌号分别为 KT 550A 和 PA74A 两种。

（三）汽轮机叶片事故分析

汽轮机因叶片断裂而造成的事故是比较常见的，因此分析叶片损坏的原因，采取一定的防范措施，从而延长叶片使用的寿命，对于提高电厂热力设备的效率具有重要的意义。

按照叶片断裂的性质，叶片断裂可分为长期疲劳损坏、短期疲劳损坏、接触疲劳损坏、应力腐蚀和腐蚀疲劳损坏等。

1. 长期疲劳损坏

长期疲劳是指叶片运行过程中，承受低于叶片原始疲劳强度的应力，经过较长的时间（远大于 10^7 次）才发生的一种机械疲劳损坏。例如，因叶片或叶片组存在着某种高频振动而引起共振损坏；叶片表面有缺陷（如夹杂、腐蚀点坑、划痕等），使叶片局部区域产生应力集中而提早发生疲劳损坏；由于运行不正常（如低频率运行、超负荷运行、低负荷运行等），使某些级的叶片应力升高，导致提早破坏。长期疲劳损坏在电厂叶片事故中最为常见。

长期疲劳损坏的宏观特征是断口平整、断面呈细瓷状结构，贝壳纹清晰，疲劳断裂区面积一般大于静撕裂区面积。当应力水平稍高时，疲劳断裂区面积会减小；反之，叶片应力水平较低，破坏时间较长的断口，疲劳断裂区域面积就大一些。因而可从分析断口的疲劳断裂区面积的大小来推断叶片受载应力的大小。

防止长期疲劳损坏的主要措施是：消除共振、提高叶片制造质量和安装质量、改善运行条件。

2. 短期疲劳损坏

短期疲劳损坏是指叶片在运行过程中，受到外界较大的应力或是较大的激振力，导致叶片只经受了较少的振动次数（小于 $10^7 \sim 10^8$ 次）就发生断裂的一种机械疲劳损坏。例如，由于运行不正常，疏水系统发生故障，使水进入汽轮机内，叶片遭到水的冲击而承受较大的应力，随即很快损坏；或是由于设计不良，安装不好，存在较大的低频激振力（如转子不平衡而产生的振动；隔板结构不佳或安装不良，存在较大的交变应力；或是喷嘴损坏，使叶片受力不均等），当低频激振力与叶片的自振频率相同时就引起共振，会很快导致叶片的断裂。

短期疲劳损坏的宏观特征是断口表面粗糙，疲劳贝壳纹（又称疲劳前沿线）不明显，在断面上疲劳区面积往往小于最后断裂的静撕裂区面积，在断口的四周伴有宏观的塑性变形，经受水击的叶片断口还呈现"人"字形纹络的特征。图7-5所示为因水击而引起的疲劳断裂的叶片断口照片，其断口粗糙，裂纹发展区有"人"字形花样。图7-6所示为断口的显微特征，可看出有明显的疲劳纹。

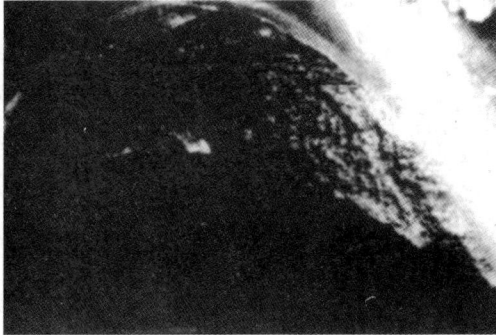

图7-5　叶片疲劳损坏断口形貌

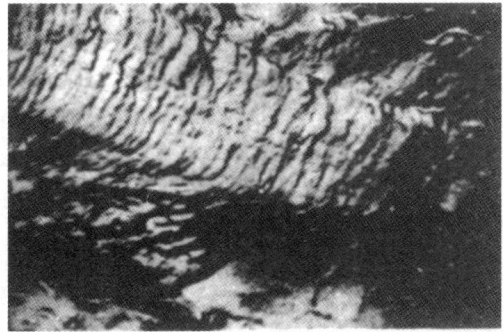

图7-6　叶片疲劳损坏断口
的显微特征（14 000×）

防止短期疲劳损坏的主要方法是设法消除低频共振和防止水击的发生。

3. 接触疲劳损坏

接触疲劳损坏是由于存在着振动，使毗邻的叶片之间或者叶片与叶轮之间产生往复的微量位移，相互接触摩擦的一种机械疲劳损坏。接触应力往往是由叶根齿部设计不合理，或是安装不良所产生的。叶根的接触面因振动而进行往复循环的摩擦，造成根部表面层金属晶体的滑移与硬化，接触摩擦到一定次数后，硬化层会出现显微裂纹，继续不断地接触摩擦会使显微裂纹不断扩展，最终发生接触疲劳断裂。

接触疲劳损坏的宏观特征是断口具有贝壳状特征，并往往伴有因摩擦氧化而产生的斑痕。接触疲劳损坏的显微裂纹呈簇状，大体上互相平行，并与摩擦应力垂直。

防止接触疲劳损坏的措施是：消除共振（特别是切向振型），提高汽轮机叶片的安装质量，设法增大叶根的接触面积，改善叶轮与叶根接触面的接触状况使叶根齿部在工作状态下尽量保持均匀的接触，避免局部点或区接触应力的集中。

4. 应力腐蚀损坏

应力腐蚀损坏是叶片在拉伸应力和腐蚀介质的共同作用下所发生的破坏现象。即使在低的应力水平和弱的腐蚀介质中，也有应力腐蚀损坏的现象。根据断裂金相分析，叶片产生应力腐蚀的主要原因是材质问题。分析发现，首先是由于在晶界析出了碳化物，造成了晶界贫铬，使晶界与晶粒内造成了电位差，在电解质的作用下引起晶界腐蚀；其次是存在应力，从而导致叶片损坏。

应力腐蚀损坏宏观特征是断口通常呈颗粒状，又称结晶状。裂纹是沿晶的，断面上有滑移台阶，并有细小的腐蚀坑。

防止应力腐蚀损坏的措施主要是改善叶片材料的质量，消除叶片材质的内应力，改善蒸汽的品质，同时要避免叶片产生共振。

5. 腐蚀疲劳损坏

腐蚀疲劳损坏是叶片在腐蚀介质里受交变应力作用而产生的疲劳损坏，其特征介于机械疲劳和应力腐蚀之间。当交变应力较大，裂纹发展速度快时，以机械疲劳为主，其裂纹为穿晶型，断口的宏观形貌为贝壳纹花样。而当交变应力较小，裂纹发展速度较慢时，以应力腐蚀为主，其裂纹主要为沿晶型，断口的宏观特征为颗粒状。

防止腐蚀疲劳损坏的措施主要是提高叶片材料的耐腐蚀性能，尽量减小交变应力水平，同时改善蒸汽的品质。

叶片损坏的形式除上述几种外，还有因材料局部韧性和塑性过低造成的脆性破坏；有因蠕变和疲劳综合作用产生的高温疲劳损坏；有因焊接工艺不当（裂缝补焊、对接或银焊）造成的断裂；也有因静应力过大，如安装不良产生过大的结构应力或是异物打击等原因造成断裂的。

二、汽轮机转子及其他部件用钢

（一）汽轮机转子用钢及事故分析

1. 转子的工作条件及对材料性能的要求

汽轮机转子是主轴和叶轮的组合部件，转子是汽轮机设备的心脏，因此必须十分重视转子部分的安全性。随着高温高压大容量锅炉汽轮机机组的发展，汽轮机转子的重量和尺寸也越来越大。例如，300MW 汽轮机的高压转子直径为 1m，重 8t 多；低压转子直径为 2m，重 27t。要制造如此巨大的转子，就要求用大型钢锭来加工。大型钢锭的熔炼、铸造、锻压、热处理、机械加工，直到转子的安装、调整，都存在着一系列技术问题。

高压蒸汽喷射到工作叶片后，转动力矩由叶轮传到主轴。主轴不但承受扭矩和由自重引起的弯矩作用，而且因为主轴较长，过热蒸汽自第一级至最末级叶轮其温度是逐渐在降低的，由于这种不均匀的温度分布，主轴还要承受温度梯度所造成的热应力。此外，主轴还要受到因振动所产生的附加应力和发电机短路时产生的巨大扭转应力及冲击载荷的复杂作用。

叶轮是装配在主轴上的，在高速旋转时，圆周线速度很大，由于离心力的作用产生巨大的切向和径向应力，其中轮毂部分受力最大。大功率汽轮机的叶轮，在长叶片的离心力作用下，轮毂部分的应力可高达 300MPa。叶轮的轮毂和轮缘之间也存在着温度差（例如启动时轮缘升温快），因而造成热应力。此外，叶轮也要受到振动应力和毂孔与轴之间的压缩应力。为了防止疲劳损坏，由叶轮重量不平衡所产生的离心力不应超过转子重量的 4%～5%，而动平衡的振幅以不超过 0.01～0.25mm 为宜。

高参数大功率机组的转子因在高温蒸汽区工作，还要考虑到材料的蠕变、腐蚀、热疲劳、持久强度、断裂韧性等问题。

由此对制造汽轮机转子的材料提出了下列要求：

（1）严格控制钢的化学成分。钢中含硫量不大于 0.035%（酸性平炉钢）或 0.030%（碱性电炉钢）；铜的含量应低于 0.25%；含钼的钢材，钼的含量不允许低于下限；钢中的气体（如氢等）应尽量低。

（2）综合力学性能要好。既要强度高，又要塑性、韧性好。沿轴向和径向的力学性能应均匀一致，要求轮毂与轮缘之间的硬度偏差不超过 HB40，轮毂或轮缘本身各点的硬度差不得超过 HB30，而且主轴两端面硬度值的偏差不超过 HB40。此外，还要求材料的缺口敏感性小。

（3）有一定的抗氧化、抗蒸汽腐蚀的能力；对于在高温下运行的主轴和叶轮，还要求高的蠕变强度和持久强度，以及足够的组织稳定性。

（4）不允许存在白点、内裂、缩孔、大块非金属夹杂物或密集性细小夹杂物等缺陷。

（5）有良好的淬透性，良好的焊接性能等工艺性能。

2. 汽轮机转子用钢介绍

汽轮机转子的材料是按不同的强度级别选用的。转子用钢一般都属于中碳钢和中碳合金钢，只有制作焊接转子时，为了保证焊接性能才适当降低含碳量（例如选用17CrMo1V钢）。功率较大的汽轮机其转子用钢都含有一定量的铬、镍、钼、锰等合金元素，加入这些元素可以提高钢的淬透性，增加钢的强度，其中钼可以减小钢的回火脆性，铬、钼、钨、钒则可提高钢的热强性。叶轮、主轴和转子用钢的化学成分见表7-7，叶轮用钢的力学性能见表7-8，主轴和转子用钢的力学性能见表7-9。

汽轮机组功率不同，转子的制造方法也不同，小功率机组主轴与叶轮分开制造，而后用热套法整装成转子；中等功率机组，转子采用一部分叶轮与主轴锻成一个整体（一般是高压段），另一部分叶轮采用热套法整装；大功率机组，高压转子为整体锻造，而低压转子是焊接而成的。

34CrMo钢用作480℃以下的汽轮机的主轴，有较好的工艺性能和较高的热强性，长时期使用组织也比较稳定。若工作温度超过480℃时热强性就有明显降低。

17CrMo1V钢用于工作温度520℃以下的汽轮机、燃气轮机和压气机的焊接转子。17CrMo1V钢中的合金元素含量虽然不高，但是综合力学性能较好，工艺性能良好，有较高的热强性和低温冲击韧性。由于临界点较高，所以正火加热温度为950~970℃。淬火加热温度为950~1000℃，一般采用油淬深冷。对17CrMo1V钢焊接时，必须严格控制预热温度，焊后应立即进行高温回火。

27Cr2Mo1V钢中铬和钼的含量均较多，有较好的制造工艺性能和热强性，可用来制造工作温度540℃以下的汽轮机整锻转子和叶轮。若用来制造整锻转子和叶轮，均需要经过两次正火加回火处理。第一次正火970~990℃空冷，第二次正火930~950℃空冷，回火680~700℃炉冷。

34CrNi3Mo钢是大截面高强度钢，具有良好的综合力学性能和工艺性能，国内外曾用来制造发电机转子和汽轮机整锻转子及叶轮，工作温度限制在400℃以下。一般是在调质状态下使用，840~870℃油淬，560~650℃回火。这类钢因为含镍量高，所以无回火脆性倾向。

33Cr3MoWV钢是我国自行研制的无镍大锻件用钢，已在50MW以下汽轮机中大量应用，可替代34CrNiMo钢。调质工艺为950℃油淬，580~660℃空冷或炉冷。油淬时应有足够的深冷度，以获得较好的心部性能。

18CrMnMoB钢也是我国研制的无镍少铬大锻件用钢，加入硼可以增加淬透性，也是34CrNi3Mo钢的代用钢。

20Cr3MoWV钢是一种热强性较高的低合金耐热钢，因为此钢中含钒量比33Cr3MoWV钢高，因此弥散硬化的效果就好。用于制造工作温度低于550℃的汽轮机和燃气轮机整锻转子和叶轮等大锻件。

550~600℃温度范围的大锻件，国外过去一直采用奥氏体钢，但价格昂贵，现采用Cr12%型转子用钢，如英国的H46、俄罗斯的ЭИ802、ЭИ756、美国的C422钢等。

3. 汽轮机转子事故分析

汽轮机转子的金属事故主要是叶轮与主轴（转子）的变形与开裂。

表7-7　　叶轮、主轴和转子用钢化学成分

(%)

序号	钢号	技术条件	工作温度(℃)	用途	C	Mn	Si	Cr	Ni	Mo	V	S	P	S+P
												不大于		
1	35	GB/T 699—1999	400	主轴、转子	0.32~0.40	0.50~0.80	0.17~0.37					0.04	0.04	0.075
2	40	GB/T 699—1999	400	叶轮、主轴、转子	0.37~0.45	0.50~0.80	0.17~0.37					0.04	0.04	0.075
3	45	GB/T 699—1999	400	叶轮、主轴、转子	0.42~0.50	0.50~0.80	0.17~0.37					0.04	0.04	0.075
4	40Cr	GB/T 3077—2008	400	叶轮、主轴、转子	0.37~0.45	0.50~0.80	0.20~0.40	0.80~1.10				0.035	0.030	
5	35SiMn	GB/T 3077—2008	400	叶轮、主轴、转子	0.32~0.40	1.10~1.40	1.10~1.40					0.035	0.030	
6	34CrMo	工厂标准	500	叶轮、主轴、转子	0.30~0.40	0.40~0.70	0.17~0.37	0.90~1.30	≤0.5	0.20~0.30		0.035	0.030	0.060
7	34CrMo1A	①	500	主轴、转子	0.30~0.40	0.40~0.70	0.17~0.37	0.90~1.20	≤0.4	0.40~0.55		0.035	0.030	0.060
8	30Mn2MoB	工厂标准	450	叶轮、主轴、转子	0.26~0.32	1.40~1.70	0.17~0.37		B 0.001~0.004	0.45~0.55	≤0.05	0.035	0.030	0.030
9	24CrMoV	GB/T 3077—2008	500	叶轮、主轴、转子	0.20~0.28	0.30~0.60	0.20~0.40	1.20~1.50		0.50~0.60	0.15~0.30	0.035	0.030	0.060
10	35CrMoV	GB/T 3077—2008	500	叶轮	0.30~0.38	0.40~0.70	0.20~0.40	1.00~1.30		0.20~0.30	0.10~0.20	0.035	0.030	0.060
11	25Cr2MoV	GB/T 3077—2008	500	叶轮	0.22~0.29	0.40~0.70	0.20~0.40	1.50~1.80		0.25~0.35	0.15~0.30	0.035	0.030	0.060
12	30Cr2MoV	工厂标准	500	叶轮、主轴、转子	0.26~0.34	0.40~0.70	0.17~0.37	2.30~2.70		0.15~0.25	0.10~0.20	0.035	0.030	0.060
13	33Cr3MoWV	工厂标准	500		0.30~0.38	0.50~0.80	0.17~0.37	2.40~3.30	0.30~0.50 W	0.35~0.55	0.15~0.25	0.035	0.030	0.060
		工厂标准			0.28~0.36	0.60~0.90	0.17~0.37	2.40~3.30	0.30~0.50	0.35~0.55	0.15~0.25 B			
14	18CrMnMoB	工厂标准	500	叶轮、主轴、转子	0.17~0.23	1.20~1.50	0.17~0.23	1.50~1.80		0.45~0.55	0.002~0.005	0.030	0.030	0.060
15	34CrNi3Mo	工厂标准	450	叶轮、主轴、转子	0.30~0.40	0.50~0.80	0.17~0.37	0.70~1.10	2.75~3.25	0.25~0.40		0.035	0.030	0.060
16	17CrMo1V	工厂标准	520	焊接转子	0.12~0.20	0.60~1.00	0.30~0.50	0.30~0.45		0.70~0.90	0.30~0.40	0.030	0.030	0.060
17	27Cr2Mo1V	工厂标准	535	转子	0.22~0.32	0.50~0.80	0.30~0.50	1.50~1.70	≤0.30 W	0.60~0.80	0.20~0.30	0.025	0.030	0.050
18	20Cr3MoWV	GB/T 3077—2008	550	转子	0.17~0.24	0.30~0.60	0.20~0.40	2.60~3.00	0.30~0.60 W	0.35~0.50	0.70~0.90	0.030	0.035	0.060

① 汽轮发电机转子锻件技术条件（试行稿）。

表7-8　　　　　　　　　　　　**叶轮用钢的力学性能**

强度级别	取样位置	R_{eL} (MPa)	R_m (MPa)	A (%)	Z (%)	a_K (J/cm²)	冷弯 $d_0=40mm$	推荐用钢
I	切向	320	570	17	35	40	150°	40、45
II	切向	400	600	17	35	50	150°	40Cr、35SiMn
III	切向	500	670	15	35	50	150°	35SiMn、34CrMo 30Mn2MoB、24CrMoV 35CrMoV、17CrMo1V
IV	切向	600	780	14	35	50	120°	24CrMoV、35CrMoV 25Cr2MoV
V	切向	700	830	13	35	50	120°	24CrMoV、30Cr2MoV 33Cr3MoWV 18CrMnMoB
VI	切向	750～930	870	12	35	50	120°	33Cr3MoWV 18CrMnMoB 34CrNi3Mo

表7-9　　　　　　　　　　　　**主轴和转子用钢的力学性能**

强度级别	取样位置	R_{eL} (MPa)	R_m (MPa)	A (%)	Z (%)	a_K (J/cm²)	冷弯 $d_0=40mm$	推荐用钢
I	纵向 切向	280 (−5%)	520 (−5%)	19 (−25%)	40 32	40 (−25%)	180°	35、40、45
II	纵向 切向	350 (−5%)	580 (−5%)	17 (−25%)	40 32	50 (−25%)	180°	34CrMo、34CrMo1A 30Mn2MoB
III	纵向 切向	500 (−5%)	650 (−5%)	15 (−25%)	40 32	60 (−25%)	160°	34CrMo、34CrMo1A 30Mn2MoB、24CrMoV 17CrMo1V
IV	纵向 切向	600 (−5%)	720 (−5%)	15 (−25%)	40 32	60 (−25%)	160°	34CrMo1A、30Mn2MoB 24CrMoV、30Cr2MoV
V	纵向	700～900	820	14	40	60	150°	33Cr3MoWV、18CrMnMoB 34CrNi3Mo
VI	纵向	750～900	870	13	40	60	150°	33Cr3MoWV、18CrMnMoB 34CrNi3Mo
VII	纵向 切向	450 450	650 625	15 11	40 32	50 40	160°	27Cr2Mo1V
VIII	纵向 切向	650 620	800 760	13 10	40 32	50 40	150°	20Cr3MoWV

（1）主轴（转子）的变形。汽轮机主轴由于出厂时残余应力较大，运输或安装不当（热套时由于加热和冷却不均匀而产生的局部热应力）以及运行不良（动、静部件单侧摩擦所造成的局部膨胀）等，均可能引起主轴的变形。

当主轴（转子）发生弯曲变形时，需要进行校正，通常称为直轴。对于小功率汽轮机碳钢转子，可采用局部加热法予以校直。对于大功率汽轮机主轴（转子），则必须采用松弛法进行校正。松弛法直轴的实质是利用金属在高温下的应力松弛特性，即在一定的应变下，作用于构件的应力随着时间的延长而自行下降；在应力降低的同时，所产生的反向塑性变形用以抵消原始变形度，从而达到校直的目的。松弛直轴法的优点是采用感应加热，因此沿整个轴的断面受热均匀，直轴的过程是在一定的应变情况下产生塑性变形，当去压后应力也随之消失。因此，一般情况下不会产生新的内应力，并易于用仪表监视和控制温度及应力的变化情况。

（2）主轴（转子）的断裂。汽轮机转子是高速转动的部件，主轴的断裂会造成严重的事故，国内外都曾发生过这类事故，必须引起高度的重视。主轴（转子）产生裂纹的原因大致有以下几种：

1）结构不良。如两截面交界处过渡圆角太小、机械加工粗糙，有尖锐刀痕等，导致严重的应力集中，从而在交变载荷作用下断裂。

2）腐蚀介质的影响。主轴运行或停机时接触蒸汽、油和水等腐蚀介质，表面形成腐蚀坑或腐蚀裂纹。

3）材质不良。

4）运行不当。运行时有超温或超速现象，启动停机过快引起过大的内应力等。

（3）叶轮的变形与开裂。叶轮的变形破坏了转子的动平衡，运行中会产生很大的振动，因此，变形后也必须进行校正。叶轮，特别是末级叶轮，在长期运行过程中键槽处容易出现裂纹，当裂纹达到一定深度时，整个叶轮会飞裂。

国内外曾发生过多起叶轮飞裂事故，其后果是十分严重的，也必须引起重视。引起叶轮开裂的主要原因如下：

1）键槽处加工质量差，应力高度集中产生裂纹源。

2）材料的综合力学性能差，强度偏高，塑性和韧性偏低，脆性大，加速裂纹的扩展。

3）机组停机保养不善，或介质腐蚀性较大，造成应力腐蚀。

防止叶轮开裂的措施是注意停机时的保养工作，防止产生腐蚀；提高冶金质量，减小键槽的加工粗糙度；大修时加强对后几级叶轮的探伤检查，及时对已经产生裂纹的叶轮采取补焊修复或者换上新的叶轮。

（二）汽轮机静子用钢及事故分析

1. 静子的工作条件及对材料性能的要求

汽轮机静子（汽缸、隔板、蒸汽室等）部件是在高温高压或一定的温差、压力差作用下长期工作的。汽缸是汽轮机的重要部件，通常分为上、下两部分。汽缸工作时受到汽流的压力，这种压力在汽缸的前部最大，沿轴线向后逐渐降低，因此在汽缸壁上所受的力是变化的。同时，汽缸内温度场分布也比较复杂，例如汽缸前后存在着温度梯度，在大功率高参数凝汽式汽轮机的中压缸中，从蒸汽入口到出口的温度差超过500℃，低压缸则在真空条件下工作，承受着外部空气的压力。

　　汽缸形状复杂，尺寸和重量大，从而造成铸件生产上的困难。在结构上，缸壁较厚，且又厚薄不均匀，拐角多，从法兰到汽缸的过渡区域，截面变化很大，容易产生铸造缺陷和很大的局部应力。

　　基于上述工作特点，因此对静子材料提出以下要求：

　　（1）足够高的室温力学性能和较好的热强性。

　　（2）有一定的抗氧化性能，良好的组织稳定性和抗热疲劳能力。

　　（3）具有尽可能好的铸造性能及良好的焊接性能。

　　2. 静子零部件用钢

　　静子零部件用钢的化学成分和应用范围见表 7-10。

　　工作温度不同，静子的材料也就不同。中、小功率汽轮机的低压缸还可用灰口铸铁或耐热合金铸铁来制造。

表 7-10　　　　　　　　　　　静子用铸钢的化学成分和应用范围

钢　号	R_{eL} (MPa)	R_m (MPa)	A (%)	a_K (J/cm²)	持久强度 (MPa) 温度 (℃)	σ_{10^5}	蠕变强度 (MPa) 温度 (℃)	$\sigma_{1\times10^{-5}}$	应　用　范　围
ZG25	240	450	20	45	400	153	400	70	450℃ 以下的汽缸、隔板、锅炉阀门等
ZG35	280	500	16	35	—	—	—	—	常温强度较高的铸件、轴承外壳、齿轮等
ZG22Mn	300	550	18	40	—	—	—	—	450℃ 以下的阀件、中压汽机前汽缸、蒸汽室
ZG20CrMo	250	470	18	30	510	142～157	510	66	500～520℃ 以下的汽缸、隔板、阀门等
ZG20CrMoV	320	500	14	30	540	140	540	60～100	540℃ 以下的锅炉阀门及汽缸等
ZG15Cr1Mo1V	350	550	20	35	580	94～127	580	49	570℃ 以下的锅炉阀门及汽缸等
ZG1Cr18Ni9Ti	200	450	25	100	650	45	650	40	610℃ 以下的高压、超高压阀门、管道铸件

　　对于工作温度在 425℃ 以下的汽轮机的汽缸、隔板、阀门等零部件，可以用 ZG25 钢铸造。然后在 900℃ 退火或 900℃ 正火再在 650℃ 回火 6～8h。铸件在机械加工或补焊后应在 650～680℃ 退火 6～8h。

　　ZG20CrMo 钢用于工作温度在 500℃ 以下的汽缸、隔板、主蒸汽阀等，铸件在 900℃ 正火，650～680℃ 回火；经机械加工或补焊后应在 650～680℃ 退火 4～8h。

　　ZG20CrMoV 钢用于工作温度在 540℃ 以下的汽轮机静子，该钢含有钒元素，因而热强性有了提高。但是铸造性能和焊接性能要比 ZG20CrMo 钢差一些，应严格控制焊前预热（300～350℃）和焊后消除应力的退火处理。

ZG15Cr1Mo1V 钢含铬钼比 ZG20CrMoV 钢高，因而就有更高的热强性，可用于制造 570℃温度以下的汽轮机静子。其铸造性能和焊接性能比 ZG20CrMoV 钢稍差一些。

例如：国产的 125MW 汽轮机，其低压缸采用含铬钼的合金铸铁制造；中压排汽缸采用 ZG25 钢制造；高、中压外缸采用 ZG20CrMoV 钢制造；高、中压内缸采用 ZG15Cr1Mo1V 钢制造。温度和压力不同，汽缸的材料也就不同。

对蒸汽参数为 560~580℃、23.5MPa 的大功率汽轮机汽缸则要求用更高的热强性材料来制造，国外是采用 ZGCr11MoVB 钢一类的强化型马氏体耐热钢来制造的。

3. 汽缸的变形和开裂

汽缸的金属事故主要是变形和开裂。

（1）汽缸的变形。汽缸发生变形会影响汽轮机的安全经济运行，其表现形式为汽缸水平结合面因变形而漏汽，以及汽缸圆周发生变形而导致汽轮机中心变化。为此，在检修时不得不进行水平结合面的修刮和局部补焊（也可用热喷涂进行修复）以及重新调整汽轮机中心。

造成汽缸变形的主要原因如下：

1）汽缸残余应力过大。汽缸由于形状复杂、厚薄不均匀，铸造时各部分的凝固和冷却速度不一而产生内应力。在汽缸运行过程中会因残余应力的作用而导致汽缸变形。为了消除铸造残余应力需要进行消除应力退火处理。

2）蠕变的影响。高压汽轮机汽缸的工作温度往往会在产生蠕变的温度以上，因此，在长期运行过程中就会有蠕变现象发生。由于汽缸形状复杂、厚薄不均匀，各部分的温度和压力不同，使各部分的蠕变速度不同，因而各部分蠕变（塑性变形）量不同，导致汽缸变形。

3）汽轮机基础不良，造成各部分受力的大小不同而产生汽缸变形。

（2）汽缸的开裂。汽缸裂纹大都产生在温度梯度大、圆角半径小或汽缸厚度不对称的地方，法兰与汽缸壁的过渡区以及各调节汽门汽道之间最容易产生裂纹。

产生汽缸裂纹的原因是很复杂的，但总的说来不外乎内因和外因两个方面。内因包括汽缸的结构、材质、工艺等方面的原因。外因包括温度条件及应力状态等方面的原因。汽缸在结构上如果拐角的半径小及壁的厚薄差别大而又过于陡峭，则容易导致应力集中及应力的增大，在一定的条件下就会导致裂纹的产生。

出现了裂纹的汽缸可以采取挖除补焊等方法以消除裂纹和防止裂纹的继续扩展。

第三节　螺栓用钢及断裂事故分析

一、螺栓的工作条件及对材料性能的要求

在火电厂中，螺栓是锅炉、汽轮机和蒸汽管道上广泛使用的紧固零件。合理选用连接螺栓和螺母的金属材料是一个重要而复杂的工作。螺栓在工作时由于螺母拧紧而使其受到拉应力，从而使螺栓产生一作用于法兰结合面的压力，使所连接的两结合面密合而不致产生漏汽现象。螺栓和螺母是在高温高压下工作的，在长期运行的过程中会发生应力松弛，导致螺栓压紧力降低，造成法兰结合面漏汽。

在汽轮机运行过程中，如果没有意外停机事故发生，法兰密合的连续工作时间取决于螺栓的可靠性。一般要求螺栓的可靠工作时间不应该小于汽轮机按计划进行大修的两次停机之间的时间。无论是制造厂还是电厂，都希望这段时间越长越好。我国电厂使用在高温下工作

的紧固件，设计寿命通常规定为 $2 \times 10^4 h$。

影响螺栓工作期限的因素很多，例如螺栓本身的结构，制造的质量，拧紧螺栓的方法和拧紧的程度，汽轮机启动时螺栓与法兰之间的温度等。螺栓的过早断裂失效，主要是由金属材料方面的因素引起的。因此，对螺栓用钢有以下一些要求：

（1）具有较高的抗松弛性能。我国规定大电厂所用的高温螺栓最小密封应力为147MPa，因此，要求螺栓用钢有较高的抗松弛性能，以保证在较小的初紧应力下，大修期内的压紧力不低于最小密封应力。

（2）足够高的强度和韧性。

（3）小的缺口敏感性。由于螺栓上存在着螺纹，有应力集中的条件，因此要求材料具有小的缺口敏感性。

（4）良好的耐腐蚀性能，小的热脆性倾向。

（5）不发生螺母"咬死"现象。为此，要求螺母材料的硬度应比螺栓低 HB20～40。所以螺母材料可以比螺栓材料低一级；若材料相同，螺母的回火温度应高一些。

此外，选用螺栓用钢时还要考虑螺栓材料的线膨胀系数及导热系数与被固定金属的线膨胀系数及导热系数相接近。

二、螺栓用钢介绍

螺栓用钢多属于中碳钢和中、低碳合金钢。取中碳是希望有强度和韧性的较好的配合。合金钢中因为加入了起强化作用的合金元素，所以含碳量可以低一些。制造高温螺栓的合金钢中主要含铬、钼、钒元素，这些元素加入后都能提高其热强性和耐腐蚀性能，还使其具有较高的抗松弛能力。工作温度更高的螺栓用钢中还要加入铌、钛、硼等元素，这些元素都能增加淬透性，细化晶粒，硼还能起到强化晶界的作用，铌、钛都是强碳化物元素，因而弥散硬化效果好，使钢具有更高的热强性和抗松弛的能力。螺栓用钢的化学成分、热处理及应用范围，见表 7 - 11。

对于工作温度在 400℃以下的螺栓，一般采用 35 或 45 钢制造，这类钢调质后有较好的综合力学性能，广泛用作小功率低参数汽轮机和管道的螺栓材料。

对于工作温度在 430℃以下的螺栓，常用 35SiMn 钢制造，该钢价格低廉，所含元素符合我国资源情况，在可能的条件应尽量采用。其缺点是有一定程度的过热敏感倾向及回火脆性倾向，热处理时必须注意。

35CrMo 钢具有较高的热强性和抗松弛能力，长期工作组织稳定性也较好，可用于制造480℃以下的螺栓和 510℃以下的螺母。经 850℃油淬，560℃回火，调质处理后的组织为索氏体。该钢在火电厂中应用得比较广泛。

25Cr2MoV 钢和 25Cr2Mo1V 钢是目前火电厂热力设备中最广泛使用的螺栓材料。

25Cr2MoV 钢具有较好的综合力学性能，热强性和抗松弛能力也较高，用于制造工作温度在 510℃以下的螺栓。25Cr2MoV 钢的高温力学性能见表 7 - 12。

25Cr2MoV 钢在 500℃时的抗松弛能力见表 7 - 13。

通常当螺栓选用 25Cr2MoV 钢时，螺母则选用 35CrMo 钢制造；如果螺栓和螺母均用25Cr2MoV 钢制造时，螺母的回火温度应较螺栓高 15～30℃。

25Cr2Mo1V 钢中铬、钼、钒的含量均比 25Cr2MoV 钢高，因此具有更高的热强性和抗松弛能力，广泛用作工作温度在 540℃的螺栓材料。

表7-11　螺栓用钢的化学成分、热处理、力学性能及应用范围

钢号	化学成分（%）								热处理	$R_{0.2}$（MPa）	R_m（MPa）	A（%）	Z（%）	a_K（J/cm²）	应用范围
	C	Si	Mn	Cr	Mo	V	Nb	B							
35	0.32~0.40	0.17~0.37	0.50~0.80	≤0.25					正火	320	540	20	25	70	≤350℃的螺栓
45	0.42~0.52	0.17~0.37	0.50~0.80	≤0.25					正火	360	610	16	40	50	≤400℃的螺栓
35SiMn	0.32~0.40	1.10~1.40	1.10~1.40						900℃水冷 510℃水冷	750	900	15	45	60	≤430℃的螺栓
35CrMo	0.32~0.40	0.20~0.40	0.40~0.70	0.80~1.10	0.15~0.25				850℃油冷 560℃水或油冷	850	1000	12	45	80	≤480℃的螺栓
17CrMo1V	0.12~0.20	0.30~0.50	0.60~1.00	0.30~0.45	0.70~0.90	0.30~0.40			980℃正火 980~1000℃油冷 710~730℃空冷	650	750	16	45	60	≤520℃的螺栓
25Cr2MoV	0.22~0.29	0.20~0.40	0.40~0.70	1.50~1.80	0.25~0.35	0.15~0.30			900℃油冷 620℃空冷	800	950	14	55	80	≤510℃的螺栓
25Cr2Mo1V	0.22~0.29	0.20~0.40	0.50~0.80	2.10~2.50	0.90~1.10	0.30~0.50			1040℃正火 700℃空冷	600	750	16	50	60	≤550℃的螺栓
20Cr1Mo1VNbTiB	0.17~0.23	0.35~0.50	0.30~0.60	0.90~1.30	0.75~1.00	0.50~0.70	0.11~0.25Nb 0.05~0.14Ti	0.004~0.01	1030~1050℃油冷 700~720℃空冷	750	850	15	60	50	≤570℃的螺栓
20Cr1Mo1VTiB	0.17~0.23	0.45~0.60	0.45~0.60	0.90~1.30	0.75~1.00	0.45~0.65	0.16 0.28Ti	0.005~0.01	1050℃油冷 700~720℃空冷	700	800	12	45	50	≤570℃的螺栓

注　若用作螺母可用于高出表列温度30~50℃。

| 表 7 - 12 | 25Cr2MoV 钢的高温性能 |

参 数	温 度 （℃）				
	450	475	500	525	550
蠕变强度 $\sigma_{1\times10^{-5}}$ （MPa）	230	145	80	53	30
持久强度 σ_{10^5} （MPa）	—	—	180	110	60

| 表 7 - 13 | 25Cr2MoV 钢在 500℃ 时的抗松弛能力 |

热 处 理	初应力（MPa）	在经过下列时间后的残余应力（MPa）				
		10^3h	2×10^3h	3×10^3h	5×10^3h	10^4h
920℃正火，650℃回火 2h（$\sigma_{0.2}$=867MPa，HB 为 277）	120	79	75	74	70	57
	250	160	153	140	125	92
	350	205	200	—	180	150
1000℃正火，650℃回火 2h（$\sigma_{0.2}$=866MPa，HB289）	120	88	85	83	78	70
	250	175	168	162	152	130
	350	235	230	222	215	190
920℃油淬，650℃回火 2h（$\sigma_{0.2}$=920MPa，HB293）	150	78	72	69	57	38
	250	120	110	104	93	72
	350	160	151	140	125	94

25Cr2Mo1V 钢在不同温度下的力学性能见表 7 - 14。

| 表 7 - 14 | 25Cr2Mo1V 在不同温度下的力学性能 |

温 度（℃）	$R_{p0.2}$（MPa）	R_m（MPa）	σ_{10^4}（MPa）	σ_{10^5}（MPa）	A（5×10^3h）（%）	抗松弛性能	
						初应力（MPa）	10^4h 的残余应力（MPa）
20	830	960					
540	700	850	230	150	13	300	100
550	570	650	180	130	2	300	70

25Cr2Mo1V 钢的抗松弛能力见表 7 - 15，该表中还列出了 25Cr2Mo1V 钢的两种热处理工艺。其中有一种是两次正火后，再加高温回火。第一次正火选择较高的温度，其目的是使碳化物中的合金元素能充分溶入奥氏体中，以提高合金化程度，从而提高钢的耐热性和抗松弛能力；第二次正火的目的是细化晶粒，以提高钢的塑性和韧性。

| 表 7 - 15 | 25Cr2Mo1V 钢的抗松弛能力 |

热处理状态	试验温度（℃）	初应力（MPa）	在下列时间（h）内的剩余应力（MPa）					
			200	500	1000	2000	3000	4000
1040℃ 1h 正火 960℃ 1h 正火 670℃ 6h 回火	525	300	198	183	169	—	135	131
		350	224	202	184	—	146	134
	550	300	177	159	117	—	87	—
		350	205	185	132	—	101	—

续表

热处理状态	试验温度（℃）	初应力（MPa）	在下列时间（h）内的剩余应力（MPa）					
			200	500	1000	2000	3000	4000
1030～1050℃ 正火 650℃ 6h 回火	525	250	180	168	150	130	125	—
		300	210	200	170	140	132	—
		350	250	230	210	187	170	—
	550	250	145	130	110	86	75	—
		300	190	160	132	100	90	—
		350	210	190	143	115	100	—
		400	220	205	178	152	137	—
1030～1050℃ 正火 950～970℃ 正火 680℃ 6h 回火	525	250	186	150	145	136	130	—
		300	210	197	180	160	155	—
		350	216	202	190	170	165	—
	550	250	145	130	120	105	100	—
		300	166	160	145	125	110	—
		350	197	177	160	140	125	—
		400	215	200	180	160	150	—

　　20Cr1Mo1VNbTiB 钢和 20Cr1Mo1VTiB 钢是我国自行研制的可在 560～580℃ 温度下工作的螺栓用钢，这两个钢种热强性更高，抗松弛能力也更好，而且组织稳定性也高。用 20Cr1Mo1VNbTiB 和 20Cr1Mo1VTiB 钢制造的螺栓，已在 200MW 和 300MW 的汽轮机上应用。

　　工作温度在 560～590℃ 的螺栓应选用 2Cr12WMoNbVB 马氏体耐热钢制造；工作温度在 650℃ 以下的螺栓应选用 Cr15Ni36W3Ti、Cr15Ni36W3CoTi、Cr15Ni36Mo3Ti 等奥氏体类耐热钢制造；工作温度在 650～750℃ 的螺栓则应用镍基合金如 Cr15Ni70W5Mo4Al2Ti 和 Cr16Ni80NbTiAl 等来制造。

三、螺栓的断裂分析

　　螺栓的断裂，特别是高温螺栓在运行过程中的断裂，是火电厂中常见的金属事故。按照螺栓断裂的特征可分为三种类型。

1. 脆性断裂

　　螺栓的脆性断裂在断裂事故中占的比重最大，断裂的宏观特征是断口粗糙，呈结晶状，断裂处无明显的塑性变形。有的断口上明显地分为两部分：一部分属于旧断口，其表面有严重的锈斑，无金属光泽；另一部分是新断口，表面呈结晶状，有金属光泽。这种现象说明了螺栓在断裂前，有一部分已产生了裂纹，最后是由裂纹扩展引起的断裂。

　　脆性断裂的螺栓，室温冲击韧性值很低，a_K 值仅为 5～32J/cm^2，说明螺栓的材质已经脆化。双头螺栓脆断部位常常发生在旋入端第一扣到第三扣螺纹的根部。

　　图 7-7 所示为一台 25MW 机组汽缸螺栓运行 7 年后，因材质脆化而断裂的照片。照片中的断口比实物缩小了三倍。从图中可见，断口平整，上部是先行裂开的断口，缝隙两侧尚有较为明显的疲劳破断区的特征。而

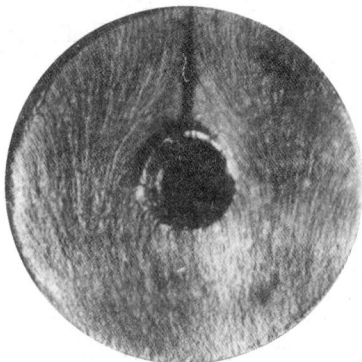

图 7-7　脆性断口形貌

下面部分是脆性断裂区，完全符合瞬时脆断的特点。对该脆断的螺栓进行了冲击试验，其 a_K 值仅为 $16.1J/cm^2$，说明韧性已经很低了。另外还有两张是该断口的显微组织照片。

从图 7-8 中可看出其显微组织是索氏体和回火贝氏体，但是碳化物已在晶界沉淀，呈黑色网络状。图 7-9 是又经放大后的金相照片，可清楚地看到裂纹沿晶界发展了。这是说明材质脆化，韧性降低，引起了脆性断裂破坏。

2. 疲劳断裂

螺栓的疲劳裂纹一般都产生在螺纹最大负荷扣的最大应力表面上，有的螺栓第一道螺纹上的应力达到全部应力的 50%（典型的应力集中现象！），有的裂纹发生在螺栓材料的某一缺陷处（疲劳源）。螺栓中一旦产生了裂纹，便在应力不断作用下，裂纹逐渐扩展，当剩余的有效断面不足以承受所加负荷时，就发生了突然的断裂。这种类型的螺栓断裂属于疲劳断裂，螺栓疲劳断裂的断口可分为疲劳断裂区和静撕裂区。

图 7-8　脆断后的显微组织（200×）　　　图 7-9　脆断裂纹处的显微组织（570×）

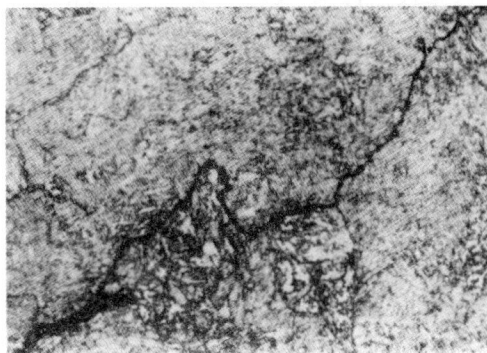

3. 其他断裂类型

螺栓热紧时由于加热不均匀造成局部地区温度过高，由此形成裂纹，导致螺栓断裂，断口呈粗晶型脆性断口，有放射状条纹。若螺栓初紧力过大，则可能造成韧性断裂，断口呈纤维状。

螺栓断裂的主要原因可归纳为螺栓用钢材质不良、螺栓结构不合理、加工和安装工艺不当、运行条件差等几个方面。

从材质角度来分析，影响螺栓脆性断裂的主要原因是螺栓材料的持久塑性低、缺口敏感性高和组织稳定性差。另外，钢材的冶金质量不好，非金属夹杂物过多，有发纹、疏松等宏观缺陷存在，都会促使螺栓脆断。

螺栓的结构设计不合理，螺纹加工质量不好，螺纹根部圆角半径太小，这样会在螺栓局部地区造成严重的应力集中而促使螺栓过早地损坏。

在安装检修时，紧固螺栓的初紧力过大、热紧时加热方法不当、螺栓偏斜等因素往往也是导致螺栓断裂的原因。

防止螺栓脆断的措施：

（1）控制螺栓的硬度和金相组织。25Cr2MoV 钢及 25Cr2Mo1V 钢制造的螺栓，硬度值应控制在 HBS=240～270，以保证其塑性和韧性；金相组织要求以均匀的索氏体为主，无明显的网状晶界。如果发现螺栓硬度偏高或金相组织中出现严重网状晶界时，应考虑重新进行热处理。

（2）改进螺栓结构。分析发现断裂的螺栓大多为双头螺栓，这种螺栓光杆部分的直径与螺纹直径相等，无过渡圆角，存在着严重的应力集中区域，因而断裂部位常常发生在旋入端螺纹与光杆交界处。为了避免这种现象，可将光杆直径减小，改成细腰螺栓以缓和应力集中现象，减少断裂的发生。

（3）提高螺栓的加工精度和表面质量。

（4）改进安装检修工艺，控制初紧应力，改进加热方法，螺纹部分要研磨光洁，加入防止螺栓与螺母"咬死"的涂料，法兰结合面要注意平整。

为了保证螺栓的安全运行，对螺栓要加强监督，发现有问题时，选择有代表性的螺栓作冲击试验。有些还要作硬度的测定和金相分析。如果冲击韧性指标低于允许值时，应进行恢复性热处理。

所谓恢复性热处理，是将已经网状组织及硬度升高、冲击韧性降低了的螺栓，采用该螺栓材料的热处理工艺再进行一次热处理。进行了恢复性热处理后，发现螺栓的韧性又提高了，脆性减小了，因此可以重新工作。用恢复性热处理来重新提高螺栓的韧性，恢复其工作性能，是一种较为经济的措施，已在不少电厂中应用。

第四节　耐磨件及磨损失效分析

工业比较发达的国家，目前能源的消耗约有三分之一是由于摩擦和磨损所造成的。发电厂易磨损件年消耗量很大，分析研究易磨损件的磨损机理，选择适用的耐磨材料和有效的防磨方法是很重要的。火电厂主要的易磨损件是煤粉制备系统中的机械和输煤出灰管道。

一、易磨损件的磨损失效及对材料性能的要求

煤粉制备机械中的零部件及输煤出灰管道的磨损主要是属于磨料磨损。有关磨损的概念以及磨料磨损的机理，在本书第四章中已经做了简单的解释。图7-10所示为风扇磨煤机冲击板经严重磨损后的实物照。

图7-10　冲击板磨损后的形貌

从图中可以看出，进粉的一边已磨损成弧形；出口边有些部位已被磨削掉了；板面受磨损后呈山峦重叠的波纹形。煤粒之所以会磨损冲击板是因为煤中含有硬度很高的SiO_2（俗称石英）和Al_2O_3（俗称刚玉），这些硬质点不断地对冲击板进行着"显微切削"，致使冲击板就被不断地磨损损耗了。进口边因受煤粒直接撞击冲刷，首当其冲损坏严重。煤粒冲刷到板面后，就沿板面向出口处滑动，由于气流运动以及煤粒中硬质点的浓度分布和冲击板本身材质等因素会造成局部受磨损严重，形成沟槽或局部损坏。还需要说明的一点是，水出灰的管道还存在水腐蚀的问题，这些在选材时都应该考虑到。对这一类耐磨件的性能有如下要求：

（1）较高的硬度。

（2）足够的韧性。

（3）具有一定的耐腐蚀性；尤其是在海水中工作的耐磨件，更应具有耐腐蚀性能。

（4）容易成型的加工性能。

二、磨煤机耐磨件材质介绍

（一）球磨机中的耐磨件

1. 磨球

目前中小型机组的制粉设备采用球磨机的比较多，它是低速磨机，效率虽低，但是比较安全可靠。球磨机中的磨球，常用的是 ZQCr2。这种磨球是含碳量为 2.5％左右，含铬量为 2％左右的白口铸铁球，此材质硬度高，耐磨性比较好；因为含铬量较低，价格低廉。此外，也有选用中铬甚至高铬白口铸铁球的，还有采用锻钢球的。电厂常用的铸造磨球其化学成分及力学性能见表 7-16。电厂应用的锻造磨球其化学成分及力学性能见表 7-17。

表 7-16　　　　　　　　　　　　　铸造磨球的化学成分及力学性能

牌　号	化　学　成　分（％）									力学性能	
	C	Si	Mn	S	P	Cr	Mo	Cu	Ni	冲击韧性（J/cm²）	硬度 HRC
ZQCr26	2.00～3.30	≤1.20	≤2.00	≤0.060	≤0.100	23.00～30.00	≤3.00	≤2.00	≤2.50		≥56
ZQCr15	2.00～3.30	≤1.20	≤2.00	≤0.060	≤0.100	14.00～18.00	≤3.00	≤1.20	≤2.50		≥58
ZQCr12	2.00～3.30	≤1.50	≤2.00	≤0.060	≤0.100	11.00～14.00	≤3.00	≤1.20	≤2.50		≥56
ZQCr8	2.10～3.20	1.50～2.20	≤2.00	≤0.060	≤0.100	7.00～11.00	≤1.50	≤1.20	≤1.00		≥56
ZQCr2	2.10～3.60	≤1.20	≤2.00	≤0.080	≤0.100	1.50～3.00	≤1.00	≤1.20	≤1.00		≥46
ZQSi3	3.00～3.90	2.00～3.50	0.50～1.50	≤0.030	≤0.100	≤0.50	≤0.30	≤0.30		≥5	≥50

注　1. 硬度为磨球的表面硬度值。

　　2. ZQ 为铸造磨球的代号。

表 7-17　　　　　　　　　　　　　锻造磨球的化学成分及力学性能

牌　号	化　学　成　分（％）								力学性能	
	C	Si	Mn	S	P	Cr	Mo	B	冲击韧性（J/cm²）	硬度 HRC
DQCr	1.80～2.40	≤1.00	0.50～1.50	≤0.080	≤0.080	0.80～1.60			≥3.5	≥40
DQMn2CrMo	0.80～1.40	≤1.00	1.50～2.50	≤0.040	≤0.040	0.80～1.50	≤0.50	≤0.008	≥4	≥50
DQCrMo	0.45～0.65	≤1.00	≤1.00	≤0.060	≤0.060	0.50～1.20	≤1.00		≥6	≥40
DQMn2	0.40～0.50	≤1.00	1.40～2.00	≤0.040	≤0.040				≥5	≥50
DQMn3B	0.40～0.70	0.20～2.50	2.50～3.50	≤0.040	≤0.040	≤2.00			≥12	≥50

注　1. 硬度为磨球的表面硬度值。

　　2. DQ 为锻造磨球的代号。

2. 衬板

衬板的材质必须要与磨球匹配，电厂常用衬板材质的化学成分及力学性能见表 7-18。

表 7 - 18   **球磨机衬板的化学成分与力学性能**

牌 号	化 学 成 分（%）									力学性能	
	C	Si	Mn	S	P	Cr	Mo	Cu	Ni	冲击韧性 (J/cm^2)	硬度 HRC
ZG40CrMo	0.30 ～0.50	0.40 ～1.20	0.60 ～1.50	≤0.040	≤0.040	0.80 ～1.50	0.30 ～0.50			≥16	≥42
ZG40NiCrMo	0.35 ～0.45	0.40 ～0.80	0.90 ～1.30	≤0.040	≤0.040	0.70 ～0.90	0.20 ～0.30		1.40 ～1.70	≥20	≥42
ZG60CrMoCu	0.50 ～0.70	0.40 ～1.00	0.60 ～1.20	≤0.040	≤0.040	0.80 ～2.00	≤0.50	≤0.50		≥12	≥50
ZG40Cr5Mo	0.35 ～0.45	0.40 ～1.00	0.40 ～1.00	≤0.040	≤0.040	4.50 ～5.50	0.50 ～1.00	≤1.00	≤1.00	≥15	≥45
ZG80Cr6Mo	0.60 ～0.90	0.40 ～1.00	0.50 ～1.50	≤0.040	≤0.040	5.00 ～7.00	0.50 ～1.00	≤1.00	≤1.00	≥10	≥50
ZGMn13 - 2	0.90 ～1.35	0.30 ～1.00	11.00 ～14.00	≤0.040	≤0.070					≥147	HB≤ 300
ZGMn13 - 4	0.90 ～1.30	0.30 ～0.60	11.00 ～14.00	≤0.040	≤0.070	1.50 ～2.50				≥80	HB≤ 300
KmTBCr15Mo	2.00 ～3.30	≤1.20	≤2.00	≤0.060	≤0.100	11.00 ～18.00	≤3.00	≤1.20	≤2.50		≥58
QTSi3	3.00 ～3.90	2.00 ～3.00	0.50 ～1.20	≤0.030	≤0.100	≤0.50	≤0.30	≤0.30		≥8	≥48

    注 1. ZG 为铸钢的代号；KmTB 为抗磨白口铸铁代号；QT 为球墨铸铁代号。

          2. ZGMn13 - 2 的抗拉强度 R_m≥685MPa，延伸率 A≥25%。

    （二）中速磨中的耐磨件

    目前新建的 300MW 或 600MW 机组，一般都选用中速磨作煤粉制备的机械。中速磨磨辊、磨环及磨盘瓦的化学成分与力学性能见表 7 - 19。

表 7 - 19   **中速磨磨辊、磨环及磨盘瓦的化学成分与力学性能**

牌 号	化 学 成 分（%）									力学性能
	C	Si	Mn	S	P	Cr	Mo	Cu	Ni	硬度 HRC
KmTBNi4Cr2	2.40～3.60	≤0.80	≤2.00	≤0.150	≤0.150	1.50～3.00	≤1.00		3.30～5.00	≥56
KmTBCr9Ni5	2.50～3.60	≤2.00	≤2.00	≤0.150	≤0.150	7.00～11.00	≤1.00		4.50～7.00	≥56
KmTBCr20Mo	2.00～3.30	≤1.20	≤2.00	≤0.060	≤0.100	18.00～23.00	≤3.00	≤1.20	≤2.50	≥58

    中速磨除采用磨辊或磨环，还有用中空的大磨球来磨煤的，这个中空的磨球通常是选用 ZG75Cr2Mo 钢来制造的。

    国内外还普遍使用堆焊或铸造的方法做成双金属复合材料的磨辊。堆焊磨辊其心部是 ZG35 钢；抗磨层则选用含碳量为 3.5%～4.5%，含铬量为 20%～30% 的高碳高铬白口铸铁焊条。浇注成型的磨辊其心部采用灰口铸铁；而表面的抗磨层选用 Cr15 或 Cr20 的高铬铸铁。应该说用双金属复合材料做磨辊是有特色且比较合理的。

    （三）风扇磨中的耐磨件

    风扇式磨煤机，属于高速转动的具有粉碎、干燥和输送煤粉等功能的制粉机械，简称风扇磨。其冲击板、护钩、护甲的化学成分和力学性能见表 7 - 20。

表 7 - 20　　　　　　　　　　风扇磨冲击板、护钩、护甲的化学成分与力学性能

牌　号	化　学　成　分（%）									力学性能		
	C	Si	Mn	S	P	Cr	Ni	Mo	Cu	抗拉强度（MPa）	冲击韧性（J/cm²）	硬度 HBS
ZGMn13 - 3	0.95~1.35	0.30~0.80	11.00~14.00	≤0.035	≤0.070					≥735	≥147	≤300
ZGMn13 - 4	0.90~1.30	0.30~0.80	11.00~14.00	≤0.040	≤0.070	1.50~2.50				≥735		≤300
ZGMn18	1.10~1.50	0.30~1.00	17.00~20.00	≤0.050	≤0.10	1.50~3.00	Ti0.10~0.50			≥650	≥60	≤250
ZGCrNiMoCu	0.32~0.42	0.40~0.80	0.90~1.30	≤0.040	≤0.040	0.50~0.90	1.20~1.60	0.20~0.50	0.50~1.20		≥50	HRC 42~52
KmTBCr15Mo	2.40~2.80	≤1.00	0.50~2.00	≤0.060	≤0.10	14.00~18.00	≤2.50	≤3.00	≤1.20			HRC ≥58

注　1. ZGMn13 - 3 的延伸率 $A \geq 30\%$；ZGMn13 - 4 的延伸率 $A \geq 20\%$；ZGMn18 的延伸率 $A \geq 8\%$。
　　2. KmTBCr15Mo 是复合冲击板抗磨层化学成分；衬垫层为 ZG20 钢。

风扇磨的易磨损件受到高速运动的煤粒的撞击和冲刷，而煤中难免会混有铁块、石块、木块，所以材质要有较高的韧性。目前不少电厂仍应用高锰钢来制造风扇磨的耐磨件，但冲击板的磨损仍主要是属于磨料磨损，为了提高抗磨能力，延长耐磨件的使用寿命，有些已改用低合金耐磨钢。原电力部曾推荐用双金属复合材料，即表 7 - 20 中的最后一种材质。它是用高铬白口铸铁做抗磨层，这种材料硬度高，抗磨性能好；用 ZG20 钢做衬垫层，这种材质韧性好，能经受冲击，不会断裂安全可靠。通常是应用铸造的方法成型的，这种双金属的材质和生产方法，也可用来制造球磨机的衬板，效果也很好。

三、耐磨管道材质介绍

1. 耐磨管道材质的品种及代号

电厂中应用的耐磨管道分成两类：一是单金属管道，二是复合管道。其代号示例如下：
单金属管道

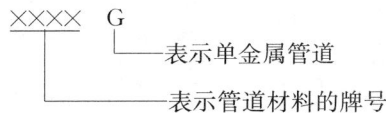

复合管道

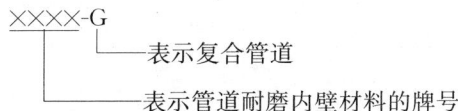

耐磨管道的品种、代号及公称通径见表 7 - 21。

表 7 - 21　　　　　　　　　　　　　　耐磨管道的品种、代号和公称通径

品　　　种			管 道 代 号	公称通径范围（mm）
单金属管道	低合金耐磨铸钢管道		ZGNiCrMoG	DN100～1000
			ZGCrNiMoG	DN100～1000
	中合金耐磨铸钢管道		ZGCr5MoG	DN100～1000
	抗磨白口铸铁管道		KmTBCr26G	DN100～1000
			KmTBCr15MoG	DN100～1000
			KmTBCr20MoG	DN100～1000
			KmTBCr2G	DN100～1000
	内壁硬化低合金钢管道		NYG	DN50～400
复合管道	抗磨白口铸铁复合管道		KmTBCr26 - G	DN100～600
			KmTBCr20Mo - G	DN100～600
			KmTBCr15Mo - G	DN100～600
			KmTBCr2 - G	DN100～600
	陶瓷复合管道	铝热法制造	TR - G	DN50～600
		粘贴法制造	TC - G	≥200
	橡塑复合管道		XS - G	DN80～1200
	高温耐磨衬里复合管道		WM - G	≥200
	铸石复合管道		ZS - G	DN100～600

2. 单金属管道

单金属管道是用同一种金属材料，通常是采用铸造成型的。内壁硬化的则用特殊的热处理工艺对内壁进行淬火处理。单金属管道的化学成分及力学性能见表 7 - 22。

表 7 - 22　　　　　　　　　　　　单金属管道的化学成分及力学性能

管道代号	化 学 成 分（%）									力学性能		
	C	Mn	Si	S	P	Cr	Ni	Mo	Cu	抗拉强度（MPa）	冲击韧性（J/cm²）	硬度HRC
ZGCrNiMoG	0.25～0.45	0.60～1.50	0.40～1.20	≤0.04	≤0.04	0.80～1.50	≤0.50	≤0.50		≥960	≥15	≥40
ZGNiCrMoG	0.35～0.45	0.90～1.30	0.40～0.80	≤0.04	≤0.04	0.70～0.90	1.35～1.65	≤0.30		≥1200	≥20	≥40
ZGCr5MoG	0.22～0.45	0.40～1.00	0.40～1.00	≤0.04	≤0.04	3.50～6.00	≤1.00	≤1.00		≥1200	≥25	≥40
KmTBCr26G	2.00～3.30	≤2.00	≤1.20	≤0.06	≤0.10	23.00～30.00	≤2.50	≤3.00	≤2.0			≥56
KmTBCr20MoG	2.00～3.30	≤2.00	≤1.20	≤0.06	≤0.10	18.00～23.00	≤2.50	≤3.00	≤1.20			≥58
KmTBCr15MoG	2.00～3.30	≤2.00	≤1.20	≤0.06	≤0.10	14.00～18.00	≤2.50	≤3.00	≤1.20			≥58
KmTBCr2G	2.10～3.60	≤2.00	≤1.20	≤0.10	≤0.15	1.50～3.00	≤1.00	≤1.00	≤1.20			≥46
NYG	0.37～0.45	0.70～1.00	0.17～0.37	≤0.04	≤0.04							≥50

3. 复合管道

输煤及出灰管道受磨损的均是内壁部分；弯头磨损严重的则是弯头外侧的内壁部分。因此，可以在磨损严重的部位，采用抗磨性能好的材质来做；而其他部分用价廉，塑性和韧性好的碳素钢制造，做成两种材质的复合管道。这样防磨层硬度高，抗磨性能好，能有效地延长管道的使用寿命，还因为衬托用的碳钢钢管塑性好，可焊性佳，便于安装，而且韧性好，安全可靠。

双金属复合管道是将低铬的 KmTBCr2 或高铬的 KmTBCr15Mo 或高铬的 KmTB-Cr20Mo 或高铬的 KmTBCr26 这类抗磨白口铸铁采用特定的工艺浇注到特别需要防磨的碳钢管道内壁中去，制造成的复合材料。还有采用抗磨性能较好的 ZG45Mn2 钢来作耐磨层与普通碳钢复合在一起做成双金属管道的弯头，它既耐磨损，又便于安装，安全可靠性能更佳，使用效果很好。

此外，目前电厂中应用的复合管道还有陶瓷复合管道、橡塑复合管道和铸石复合管道等耐磨管道。

复 习 思 考 题

1. 对锅炉管子用钢的基本要求有哪些？怎样来满足这些要求？

2. 试述在不同的工作温度下最常用的锅炉受热面管子用钢的成分、热处理工艺及特点。

3. 何谓锅炉受热面管子的长时超温爆管？爆破口宏观上有何特点？爆管前后的显微组织有何差异，为什么？

4. 何谓锅炉受热面管子的短时超温爆管？爆破口宏观上有何特点？爆管后的显微组织有什么变化？

5. 错用钢材有什么危害？如何避免错用钢材？

6. 为什么常用 1Cr13、2Cr13 钢作汽轮机的叶片材料？参数较高的大型汽轮机叶片常用哪些钢种制造？为什么？

7. 汽轮机叶片事故以何种形式的损坏为主？为什么？怎样才能减少和避免叶片断裂事故？

8. 对转子用钢有何特殊要求？为什么？

9. 高温螺栓易产生何种形式的破坏？工程上采用哪些防范措施？

10. 何谓磨料磨损？粉煤灰中引起磨损的主要是哪两种硬颗粒？

11. 目前最常用的磨球材料为何种牌号？该材质有什么特点？

12. 管道弯头什么部位最易磨损？复合材质的耐磨管道弯头有何特性？

附录　国内外钢号对照表

中 国	俄 罗 斯	美 国	英 国	日 本	法 国	德 国	捷 克	瑞 士
A3，GB	CT3，ГOCT			SS41，JIS		St37，DIN St42，DIN		
15，GB	15，ГOCT	C1015，AISI 1015，SAE	En2，BS En2B，BS En2E，BS	S15C，JIS	XC12，NF	C15，DIN （W-Nr.1.0401）	12023，ČSN	
20，GB	20，ГOCT	C1020，AISI 1020，SAE	En2C，BS 4S21，BS T54，BS	S20C，JIS	C20，NF	C22，DIN （W-Nr.1.0402） CK22，DIN （W-Nr.1.1151）	N2024，ČSN	
35，GB	35，ГOCT	C1035，AISI 1035，SAE	En8A，BS S93，BS	S35C，JIS	XC38，NF C35，NF	C35，DIN （W-Nr.1.0501）	12040，ČSN	
45，GB	45，ГOCT	C1045，AISI 1045，SAE		S45C，JIS	C45，NF	C45，DIN （W-Nr.1.0503）	12050，ČSN	
60，GB	60，ГOCT	C1060，AISI 1060，SAE	En43D，BS	SWRH4A，JIS SWRH4B，JIS	C60，NF	C60，DIN （W-Nr.1.0601）	12061，ČSN	
50Mn，GB	50Г，ГOCT	C1052，AISI 1052，SAE	En43A，BS En43B，BS En43C，BS		XC48，NF		13150，ČSN	
A3，GB	CT3K，ГOCT	A30，ASTM A285，Gr.B，ASTM A414，Gr.B，ASTM		SB35A，JIS				
15，GB	15K，ГOCT	A285，Gr.A，ASTM A414，Gr.A，ASTM	1633，Gr.A，BS	SB35B，JIS			St35.8，DIN （W-Nr.1.0305） H I，DIN （W-Nr.1.0345）	

续表

中　国	俄 罗 斯	美　国	英　国	日　本	法　国	德　国	捷　克	瑞　士
20,GB	20K,ГОСТ	A30,ASTM A285,Gr.B,ASTM A414,Gr.B,ASTM	1633,Gr.B,BS	SB42B,JIS	A42C,NF	ASt41,DIN (W-Nr.1.426) HⅡ,DIN (W-Nr.1.0425)		
22,GB	22K,ГОСТ	A285,Gr.C,ASTM A414,Gr.C,ASTM	1633,Gr.C,BS	SB46B,JIS	A48C,NF	St45.8,DIN (W-Nr.1.0405) HⅢ,DIN (W-Nr.1.0435)		
12Mn,YB	10Г,ГОСТ			SM21,大同制 钢株式会社	12MF4,NF	13Mn6,DIN		
16Mn,YB			1633,Gr.L,BS	SM22,大同制 钢株式会社		19Mn5,DIN 17Mn4,DIN		
15MnV,YB		A225,Gr.A,Gr.B, ASTM		HTP57VW,川 崎制铁株式会社				
14MnMoV,YB		~A302,Gr.B,ASTM				~BHW38,亨利钢厂		
14MnMo-VBRe		~A302,Gr.B,ASTM						
12CrMo,YB	12XM,ГОСТ	A335,P2,ASTM A213,Gr.T2,ASTM ~4119,SAE	3064-660,BS 1501-620,BS		12CD4,NF	13CrMo44,DIN (W-Nr.1.7335)	N5120,ČSN	
15CrMo,YB	15XM,ГОСТ	A387,Gr.B,ASTM	1653,BS	STT42,JIS STB42,JIS STC42,JIS	12CD4,NF	16CrMo44,DIN (W-Nr.1.7337)	15121,ČSN	
12Cr1MoV,YB	12X1МΦ, ГОСТ					13CrMoV42,DIN (W-Nr.7709)		
30Mn2,YB	30Г2,ГОСТ	1330,AISI 1330,SAE	~En14B,BS S92,S514,BS 3T35,3T45,BS 503AD.T.D	SMn24,大同制 钢株式会社	32M5,NF	30Mn5,NIN (W-Nr.5066)	13141,ČSN	

续表

中 国	俄 罗 斯	美 国	英 国	日 本	法 国	德 国	捷 克	瑞 士
35SiMn, YB	35СГ, ГОСТ					37SiMn5, DIN (W-Nr.1.5122)	13240, ČSN	
25Mn2V, YB						25MnV8, DIN		
20CrMo, YB	20ХМ, ГОСТ	4119, SAE	CDS12, BS CDS110, BS	SCM22, JIS	20CD4, NF	20CrMo5, DIN (W-Nr.1.7264)	15124, ČSN	
35CrMo, YB	35ХМ, ГОСТ	E4132, AISI E4135, AISI	En19B, BS CDS13, BS	SCM3, JIS	35CD4, NF	34CrMo4, DIN (W-Nr.1.7220)	15340, ČSN	
34CrMo	34ХМ							
34CrMo1A	34ХМ1А							
20CrMn-Mo, YB	18ХГМ, ГОСТ							
17CrMo1V								S560TS
24CrMoV, YB				~FBS-2		24CrMoV5.5, DIN (W-Nr.1.7733)		
35CrMoV, YB	35ХМФ, ГОСТ						N5320, ČSN	
25Cr2MoV, YB	25Х2МФА, ГОСТ(ЭИ10)						~N5236, ČSN (PoldiHDM)	
25Cr2Mo1V, YB	25Х2М1ФА, ГОСТ(ЭИ723)	~A193B16, ASTM	~5012, D.T.D					
27Cr2Mo1V	25Х1М1Ф, ГОСТ(Р2)							
30Cr2MoV, YB			En40C, BS S106, BS		30CD12, NF	30CrMoV9, DIN (W-Nr.1.7707)	15330, ČSN	
40Cr2MoV, YB								
38CrMoA1A, YB	38ХМЮА, ГОСТ	Nitralloy 135(G) 6470E, AMS	En41B, BS 87B, D.T.D	SACM1, JIS	45CAD6-12, NF	~34CrAlMo5, DIN (W-Nr.1.8507)	15340, ČSN	

续表

中国	俄罗斯	美国	英国	日本	法国	德国	捷克	瑞士
20Cr3MoWV, YB	20X3MBΦ, ГОСТ(ЭИ415)		~ HGT3, 306, D.T.D			21CrVMoW12, DIN (W-Nr.1.8212)	15420, ČSN	
34CrNi1Mo		4337, 4340, AISI				34CrNiMo6, DIN (W-Nr.1.6582)		
34CrNi2Mo								
34CrNi3Mo	34XH3M							
65, GB	65, ГОСТ	C1064, AISI 1064, SAE	En43E, BS En42E, BS	SUP2, JIS SWR7, JIS SWRS4, JIS	XC65, NF	CK67, DIN (W-Nr.1.1231)	12071, ČSN	
85, GB	85, ГОСТ	C1085, AISI 1085, SAE	En42D, BS	SUP3, JIS	XC85, NF		12090, ČSN	
65Mn, GB	65Γ, ГОСТ	C1065, AISI 1065, SAE	~ En43E, BS					
60Si2Mn, YB	60C2, ГОСТ	9260, AISI-SAE	En45A, BS	SUP6, JIS SUP7, JIS		65Si7, DIN (W-Nr.1.0906) 55Si7, DIN (W-Nr.1.0904)	13261, ČSN 13270, ČSN	
60Si2CrA, YB	60C2X, ЧМТУ	9254, AISI-SAE	~ En48A, BS			67SiCr5, DIN (W-Nr.1.7103)	14260, ČSN	
50CrVA, YB	50XΦA, ЧМТУ	6150, AISI-SAE	En47, BS	SUP10, JIS	50CV4, NF	50CrV4, DIN (W-Nr.1.8159)	15260, ČSN	
45Cr1MoV						45CrMoV67, DIN (W-Nr.7737)		
30W4Cr2VA, YB				SKD4, JIS		30WCrV179, DIN	19720, ČSN	
ZG25, GB	25Л, ГОСТ	A27, Gr.60-30, Gr.65-35, ASTM		~ SC42, JIS SC46, JIS	~ A48M3S, NF	GS-C25, DIN (W-Nr.1.0619)		

续表

中国	俄罗斯	美国	英国	日本	法国	德国	捷克	瑞士
ZG35, GB	25Л, ГОСТ	A27, Gr. 70-36, ASTM		SC49, JIS	~ A56M, NF			
ZG22Mn						GS-20Mn5, DIN	422710, ČSN	
ZG20Cr-Mo	20ХМ-Л	A356, Gr. 5, ASTM	1398Gr. B, B S	~ SCA51, JIS		GS-17CrMo5.5, DIN（W-Nr. 1.7357）		
ZG20CrMoV	20ХМФ-Л	A356, Gr. 7, ASTM	~ 1398Gr. E, BS			~ GS-17CrMoV5.11, DIN（W-Nr. 1.7706）		
ZG15Cr-1MolV	15X1M1Ф-Л	A356, Gr. 9, ASTM						
ZG40Mn18Cr3								
Cr5Mo, YB	X5M, ГОСТ 12X5M, ГОСТ	501, AISI 502, AISI 51501, SAE			Z12CD5, NF	12CrMo19.5, DIN（W-Nr. 1.7354）	17102, ČSN	
Cr6SiMo, YB	X6CM, ГОСТ							
4Cr9Si2, YB	X9C2, ГОСТ		En52, BS STA5/V24, BS 13B, D.T.D	SEH1, JIS	Z45CS10, NF	X45CrSi93, DIN（W-Nr. 1.4718）		
1Cr13, YB	1X13, ГОСТ（米1）	403, AISI	En56A, BS En56AM, BS S61,3S	SUS21, JIS	Z12C13, NF	X10Cr13, DIN（W-Nr. 1.4006）	17021, ČSN	
2Cr13, YB	2X13, ГОСТ（米2）	410, AISI 50410, 60410, SAE A-296, CA-15, ASTM	En56B, BS En56C, BS S62, BS	SUS22, JIS	Z20C13, NF	X20Cr13, DIN（W-Nr. 1.4021）	17022, ČSN	
3Cr13, YB	3X13, ГОСТ（米3）	420, AISI 51420, SAE 60420, SAE A296CA-40, ASTM	En56M, BS STA5/V 25M, BS	SUS23, JIS	Z30C13, NF		17023, ČSN	
4Cr13, YB	4XB, ГОСТ（米4）		En56D, BS 271, D.T.D		Z40C13, NF	X40Cr13, DIN（W-Nr. 1.4034）	~ 17029, ČSN	

续表

中 国	俄 罗 斯	美 国	英 国	日 本	法 国	德 国	捷 克	瑞 士
Cr11MoV, YB	15X11MΦ, ГОСТ							
Cr12WMoV	15X12BMΦ, ЧМТУ (эи802)							
Cr12WMo-NbVB	15X12вмБФр, чмту							
Cr21Ti								StB10X21
Cr25Ti, YB	X25T, ГОСТ (эИ439)	446, AISI; 51446, SAE; 60446, SAE; A296CC-50HC, ASTM			Z15C27, NF; Z20C25, NF	X8Cr28, DIN (W-Nr.4084)	N7061, ČSN	
1Cr18N9, YB	1X18H9, ГОСТ (Я1)	302, AISI; 30302,60302, SAE; A296CF-21, ASTM	En58A, BS; STA5/V27, BS	SUS40, JIS	Z12CN18-10, NF	X12CrNi18.8, DIN (W-Nr.1.4300)		
1Cr18N9-Ti, YB	1X18H9T, ГОСТ (Я1T)	321, AISI; 30321, SAE	En58B, BS; En58C, BS; S110, BS	SUS29, JIS	Z10CNT18-10, NF; Z10CNT18-08, NF	X10CrNiTi18.9, DIN (W-Nr.1.4541)	17246, ČSN	
Cr17Ni13-W								St17/13WTS
Cr14Ni18W2Nb-BCe	X14H18B2БP1, ГОСТ (эИ726)							
Cr15N36W3Ti, YB	XH35BT, ГОСТ (эИ612)	330, AISI	~316, D.T.D		Z10NCS36-18, NF	X12NiCrSi3616DIN (W-Nr.1.4864)		

参 考 文 献

［1］汽轮机·锅炉·发电机金属材料编写组，汽轮机·锅炉·发电机金属材料. 上海：上海人民出版社，1973.

［2］火力发电厂金属材料手册编委会，火力发电厂金属材料手册. 北京：中国电力出版社，2001.

［3］冶金工业部钢铁研究院. 合金钢手册. 北京：中国工业出版社，1971.

［4］周顺琛. 低合金耐热钢. 上海：上海人民出版社，1976.

［5］金属学编写组. 金属学. 上海：上海人民出版社，1977.

［6］［苏］A. П. 古里亚耶夫. 金属学. 3 版. 北京：机械工业出版社，1963.

［7］［苏］M. B. 普里丹采夫，K. A. 芝斯卡雅. 锅炉制造用钢. 北京：中国工业出版社，1963.